U0949865

全国应用型本科物流“十三五”规划教材

Logistics Transportation and Distribution Management

物流运输与配送管理

（第二版）

主　编　唐连生

副主编　刘铁莉　刁　瑜　刘晓佳

WUHAN UNIVERSITY PRESS
武汉大学出版社

图书在版编目(CIP)数据

物流运输与配送管理/唐连生主编. —2版.—武汉：武汉大学出版社，2017.1(2021.7重印)

全国应用型本科物流“十三五”规划教材

ISBN 978-7-307-17508-2

Ⅰ.物…　Ⅱ.唐…　Ⅲ.①物流—货物运输—管理—高等学校—教材　②物资配送—物资管理—高等学校—教材　Ⅳ.F252

中国版本图书馆CIP数据核字(2016)第026027号

责任编辑：柴　艺　　责任校对:李孟潇　　版式设计：马　佳

出版发行：**武汉大学出版社**　(430072　武昌　珞珈山)

(电子邮箱：cbs22@ whu.edu.cn　网址：www.wdp.whu.edu.cn)

印刷:武汉图物印刷有限公司

开本:787×1092　1/16　印张：14　字数：322千字　插页：1

版次:2010年1月第1版　2017年1月第2版

2021年7月第2版第5次印刷

ISBN 978-7-307-17508-2　定价：38.00元

前　　言

本书为新世纪高等教育教学改革工程立项项目“物流运输与配送管理”精品课程建设的配套教材，作为精品课程经验总结并实践多年，取得较好的教学效果。

物流运输与配送管理是学生从单纯的理论知识学习向实战管理技术学习转变的一门课程。该课程内容覆盖面广、概念多。本书强调工学基本素质和能力培养，在加强对问题分析的基础上，采用大量国际贸易中物流运作的实际案例，使学生在学习时不会因为物流专业课程学习目的不明确而困惑。

编者根据近年教学实践中的经验和体会，对教材各章内容进行总结、提炼和归纳。教材给出各章教学重点和扩展内容，帮助读者理清思路、抓住重点，有的放矢地进行学习，方便学生掌握物流运输与配送管理的基本概念、基本原理和基本分析方法。书中选择具有代表性的典型案例题，从分析问题、解决方法、结果讨论等多方面进行详细阐述，巩固基本概念。通过这部分学习，掌握解题要领，做到举一反三，增强分析问题、解决问题的能力。本教材通过一定量的案例解读与分析，帮助学生获得认知能力、实操能力的提升。

对于某些章节中容易混淆、不易掌握的概念，通过问题讨论或案例分析的方式作深入探讨，加深对内容的理解，拓宽知识面。

为帮助教师开展多媒体教学，促进该课程教学资源的信息化，我们在开展网络精品课程教学的基础上研制了物流运输与配送管理课程的多媒体电子课件，最大限度地满足教学要求。

本书由宁波工程学院唐连生教授、刘铁莉老师、刘晓佳博士、刁瑜博士共同编写完成，唐连生博士编写第 1~2 章，刘晓佳博士编写第 3~4 章，刘铁莉老师编写第 5~7 章、第 10~11 章，刁瑜博士编写第 8~9 章。全书由唐连生教授进行总撰和定稿。

感谢同济大学经济与管理学院院长博士生导师霍佳震教授、西南交通大学物流学院院长博士生导师张锦教授、西南交通大学机械工程学院博士生导师程文明教授、于兰峰教授以及不少物流行业专家在本书编写过程中提供了宝贵的意见和资料。感谢宁波工程学院院长朱占峰教授等院领导、校教务处、教材科在本书编写过程中给予了极大的支持和鼓励，使得本书能够顺利地与读者见面。此外，我们参考了大量的专业文献、教材和专著，在此一并向这些专家、作者表示衷心感谢。

本教材获得宁波工程学院学术专著出版基金资助。

由于编写时间仓促，编者水平有限，难免书中有纰漏，恳请读者批评指正。

编　者

2017 年 1 月于宁波

目　　录

第1章　绪　　论

☞ **知识目标**

- 掌握运输的概念、功能及其在物流系统中的地位和作用；
- 掌握运输生产的特点；
- 理解运输系统的含义、要素及分类；
- 掌握配送的定义及作用；
- 掌握运输与配送的关系。

☞ **技能目标**

- 灵活运用所学知识，剖析运输、配送的内涵；
- 结合实际，分析运输与配送的关系。

运输与配送作为物流系统的重要功能要素具有共同的特点，即同属于物流系统中的线路活动，都是为了实现物品的位置转移这一主要功能，在整个物流系统中占有重要的地位。但运输以远距离、大批量货物的空间位置转移为主，配送则主要从事近距离、小批量货物高频率的空间位置转移。二者相辅相成，互为补充，共同创造物品的空间效用。

1.1　运输概述

1.1.1　运输的概念

运输是人类社会的基本活动之一，是一项范围广泛、与社会生产和人民生活密切相关的经济活动，它已经渗透到人类社会生活的方方面面，并且成为最受关注的社会经济活动之一。

物流业作为国民经济发展的动脉和基础产业，日益得到各界人士的普遍关注，而在整个物流中，运输是最基本的功能，是整个物流系统功能的核心，提到物流，人们首先想到的便是运输。作为企业“第三利润源”的物流，其全部费用的近50%由运费组成，如表1-1所示。由此可见，运输在物流中占有重要地位。从物流系统来讲，运输是实现物品空间位置转移，是创造物流空间效用的要素；从整个国民经济来讲，运输业是国民经济的一个重要部门，是实现物流系统输送功能的产业。

表 1-1　　　　　　　　　　**中国 2014 年物流费用构成表**

物流费用	成本（万亿元）	构成（%）
运输费用	5.6	52.9
保管费用	3.7	34.9
其他费用	1.3	12.2
社会物流总费用	10.6	100

资料来源：http：//www.gov.cn/xinwen/2015-04/17/conTent_2848863.htm。

因此，加强对运输活动的研究，实现运输合理化，无论对物流系统整体功能的发挥，还是对促进国民经济持续、稳定、协调的发展，都有着极为重要的意义。那么到底什么是运输呢？

我国国家质量技术监督局（现为国家质检总局）于 2001 年 4 月发布的国家标准《物流术语》（GB/T 18354—2001）将运输定义为："用设备和工具，将物品从一地点向另一地点运送的物流活动。其中包括集货、分配、搬运、中转、装入、卸下、分散等一系列操作。"

运输是人或物借助运力在空间上产生的位置移动。所谓运力，是由运输设施、路线、设备、工具和人力组成的，具有从事运输活动能力的系统。对旅客的运输简称为"客运"，对货物的运输简称为"货运"，本书内容专指货运。

◎ **小贴士**

交通与运输的差别

在人们的习惯意识中，常将交通与运输等同，而实质上二者是有差别的，《辞海》对交通的解释为：各种运输和邮电通信的总称，即人和物的转运和输送，语言、文字、符号、图像等信息的传递播送。由此可见，交通包括运输，运输是交通的一个组成部分。

1.1.2　运输的功能及运输在物流系统中的作用

（1）运输的功能。在商业社会中，因为市场的广阔性、商品的生产和消费不可能在同一个地方进行，一般来说商品是集中生产、分散消费的。为了实现商品的价值和使用价值，使商品的交易过程能够顺利完成，必须经过运输这一个环节，把商品从生产地运到消费地，以满足社会消费的需要和进行商品的再生产。如果将原材料供应商、工厂、仓库及客户看做物流系统中的固定节点，那么商品的运输过程正是连接这些节点的纽带，是商品在系统中流动的载体。因此，可以把运输称为物流的动脉。运输具有两大功能：

①产品转移功能。产品转移功能，即通过运输实现产品远距离的位置移动，创造产

品的“空间效用”（或称“场所效用”）。

所谓空间效用，是指物品在不同的位置，其使用价值实现的程度（即效用价值）是不同的。通过运输活动，将物品从效用价值低的地方转移到效用价值高的地方，使物品的使用价值得到更好的实现，即创造物品的最佳效用价值。

②产品存储功能。产品储存功能，是指运输除了创造空间效用外，还能够创造时间效用，具有一定的储存功能。

所谓时间效用，是指产品处在不同的时刻，因其使用价值实现的程度不同，其效用价值是不一样的。通过储存保管，将产品从效用价值低的时刻延迟到效用价值高的时刻再进入消费，使产品的使用价值得到更好的实现。运输货物需要时间，特别是长途运输（如国际海运）需要的时间更长在运输过程中，货物需储存在运输工具内，并且为了避免产品损坏或丢失，还必须为运输工具内的货物创造一定的储存条件，这在客观上创造了产品的时间效用。

◎ 小贴士

运输具有仓储功能

供应链中常采用延迟运输时间的方式，保证生产线对运输原材料的准时需求，延迟的运输过程可以看做是短暂的仓储，这个过程所牺牲的运输时间能够为生产线换来一定的存储空间和调整时间，因此具有一定的价值。

（2）运输在物流系统中的地位和作用。

①运输是物流系统功能的核心。物流具有空间效用、时间效用和形质效用三大功能。运输可以创造出商品的空间效用和时间效用，运输通过改变商品的地点或者位置所创造出的价值称为商品的空间效用；运输使得商品能够在适当的时间到达消费者的手中，就产生了商品的时间效用。通过这两种效用的产生，才能够真正地满足消费者消费商品的需要。物流过程中的流通加工活动不创造商品的使用价值，而是带有完善、补充、增加性质的加工活动，这种活动必然会形成劳动对象的形质效用（加工附加价值）。如果运输系统瘫痪，商品不能在指定的时间送到指定的地点，则消费者消费商品的需要就得不到满足，整个物流过程就不能得到实现。在社会物流总成本费用中，运费占有 50%左右的比例，因此运输是物流系统功能的核心。

②运输是物流网络构成的基础。物流系统是一个网络系统，由线路和节点组成。运输和配送活动是线路活动，其他活动为节点活动，若没有运输和配送这类线路活动，网络节点将成为孤立的点，网络结构也就不存在。

③运输是物流系统合理化的关键。物流系统合理化是在各子系统合理化的基础上形成的最优物流系统总体功能，运输是物流系统功能的核心，只有运输合理化，才能使物流系统更加合理，功能更强，总体功能最优。

④运输可以扩大商品的市场范围。在古老的市场交易过程中，商品只在本地进行销售，每个企业所面对的市场都是有限的。随着各种运输工具的发明，企业通过运输可以

到很远的地方去进行销售，企业的市场范围可以大大地扩展，企业的发展机会也大大增加。

⑤运输可以保证商品价格的稳定性。各个地区由于地理条件的不同，拥有的资源也各不相同。如果没有一个顺畅的运输体系，其他地区的商品就不能到达本地市场，那么本地市场所需要的商品也就只能由本地来供应。正是这种资源的地域不平衡性，造成了商品供给的不平衡性。因此，在一年中，商品的价格可能会出现很大的波动。但是，如果拥有了一个顺畅的运输体系，当本地市场的商品的供给不足时，外地的商品就能够通过这个运输体系进入本地市场，本地的过剩产品也能够通过这个体系运送到其他市场，从而保持供求的动态平衡和价格的稳定。

⑥运输能够促进社会分工的发展。随着社会的发展，为了实现真正意义上的社会高效率，必然推动社会分工的发展。对于商品的生产和销售来说，也有必要进行分工，以达到最高的效率。但是，当商品的生产和销售两大功能分开之后，如果没有一个高效的运输体系，这两大功能都不能够实现。运输是商品生产和商品销售之间不可缺少的联系纽带，有了它才能真正地实现生产和销售的分离，促进社会分工的发展。

1.1.3 运输生产的特点

运输是一种特殊的物质生产活动，它具有很强的服务性，运输按其在社会再生产中的地位、运输生产的过程和产品的属性和工农业生产比较，有很大的差别。

(1) 运输生产对象的广泛性。运输生产是一切经济部门生产过程的延续，运输生产的对象包括工、矿、农、林、牧、渔等各种产品的商品，种类繁多，且随着新产品的不断淘汰，其类别和品名也在不断地变化。

(2) 运输生产不创造新的实物形态的产品。运输生产不像工农业生产那样改变劳动对象的物理、化学性质和形态，而只改变劳动对象的空间位置，并不创造新的实物形态产品。

(3) 运输生产的非实体性。运输产品是看不见、摸不着的，和被运输的实体产品结合在一起的产品，它只是实现空间的位移。

(4) 运输生产与消费同时进行。在运输生产过程中，劳动工具和劳动对象是同时运输的，运输产品的生产与消费同时进行，运输产品既不能储存，也不能调拨。

(5) 运输生产不平衡性。运输生产的不平衡性表现在时间和空间上。工农业生产和销售的季节性导致运输往往在年内各季、季内各月以及月内各旬、日之间不均衡。资源分布和生产率的配置导致货物运输具有方向性，即往返程货运量不相等。如我国自然资源主要分布在西部和北部内陆地区，而工业基地则主要分布在东部和南部沿海，决定了我国物资由北向南、由西向东的基本流向。

(6) 各种运输方式产品的同一性。各种运输方式虽然线路、运输工具以及技术装备各不相同，但生产的是同一种产品，即货物在空间上的位移，对社会具有同样的效用。

(7) 巨大的外部性与成本转移性。所谓的外部性是指向市场以外其他人强加的成本和利益。发达的运输可带动周边区域的经济发展，它能使区域繁荣、商品价格下降、地价上涨，产生巨大的经济效益，“要想富，先修路”说的就是运输业的正外部性；同时运输活动也产生噪声、环境污染、能源消耗等不良后果，带来了巨大的负外部性。上述产生的后果并非运输企业自身承担，而是由所有人共同承担，即将成本转移到运输企业的外部。

◎ 小实例

运输成本转移

如40座的公共汽车可挤80人甚至更多，4吨的货车可超载到8吨甚至更多。运输业可以在成本几乎不增加（或少量增加）的情况下，成倍增加供给量，获得几倍的利益。但伴随而来的是运输条件的恶化、旅客接受的运输服务质量下降、路面的加剧损坏，使得本该由运输企业承担得成本，部分转移到消费者身上或转移给社会。

(8) 运输生产的部分可替代性。又分为内部可替代和外部可替代两种。内部可替代是指运输方式间的替代性，外部可替代是指可被非运输方式来替代，如现代通信与网络技术。

1.1.4 运输系统

作为物流系统核心功能要素的物流运输，其自身也是一个由若干要素组成的系统。物流运输系统的构成要素包括基础设施、运输工具和运输参与者。

(1) 运输系统的概念。系统是指由相互作用和相互依赖的若干组成部分结合而成的、具有特定功能的有机整体，而且这个整体也是从属的更大系统的组成部分，是更大系统的子系统。

运输系统是由运输诸要素组成的，各要素相互联系并组成运输功能合理化的整体。即运输系统是指在一定的时间、空间内，由运输过程所需的基础设施、运输工具和运输参与者等若干动态要素相互作用、相互依赖和相互制约所构成的具有特定运输功能的有机整体。

(2) 运输系统的构成要素。要素是系统最基本的单位，是系统存在的基础和实体载体。构成运输系统的要素主要包括三部分：基础设施、运输工具和运输参与者。

①基础设施。基础设施分为运输线路和运输节点两个要素。

运输线路是供运输工具定向移动的通道，也是运输赖以运行的基础设施之一，是构成运输系统最重要的要素。现代运输系统的运输线路主要有铁路、公路、水路、民航和管道。

运输节点是指以连接不同运输方式为主要职能，处于运输线路上的承担货物集散、运输业务办理、运输工具保养和维修的基地与场所。如车站、港口、码头等。

②运输工具。运输工具是指在运输线路上用于载重货物并使其发生位移的各种设备和装置，它们是运输能够进行的基础设备，也是运输得以完成的主要手段，包括机车

(有动力装置，但不具有装载货物的容器如铁路机车、牵引车、拖船等）和车厢（无动力装置，但具有装载货物的容器的从动运输工具如车皮、挂车、驳船等)。

③运输参与者。运输活动的主体就是运输参与者，活动作用的对象是货物。运输是物流活动，必须由物主和运输参与者共同参与才能进行。

物主即货物的所有者，包括托运人（或称委托人）和收货人。

承运人即运输活动的承担者如铁路货运公司、民航货运公司等。承运人受托运人的委托来实际完成货物的运输。

政府总是期望有一种稳定而有效的运输环境，以使经济能持续增长。因此政府通常采用多种方式来干预和影响运输市场。

货运代理人是根据用户的指示，并为用户的利益而揽取货物运输的人，其本人不是承运人。

运输经纪人是替托运人、收货人和承运人协调运输安排的中间商。其协调的内容包括装运装载、费率谈判、结账和跟踪管理等。经纪人也属非作业中间商。

（3）运输系统的分类。不同的分类标准对应于不同的分类结果：

①按运输方式划分。按运输方式划分，物流运输系统可分为由公路运输、铁路运输、水路运输、航空运输和管道运输。本书后面的章节将会进行详细阐述。

②按运输线路的性质划分。按运输线路的性质划分，运输系统可分为干线运输、支线运输、二次运输和厂内运输。

干线运输是运输的主体，是指利用铁路、公路的干线和大型船舶的固定航线进行的长距离、大批量的运输，是进行远距离空间位置转移的重要运输形式。

支线运输是在与干线相接的分支线路上的运输。支线运输是干线运输与收、发货地之间的补充性运输形式，一般路程较短，运输量相对较小，因支线的建设水平低于干线，运输工具水平也往往低于干线，因而速度较慢。

二次城运输是指干线、支线运输运到目的站后，目的站与用户仓库或指定地点之间的运输，是一种补充性的运输形式，路程较短，运量较小。

厂内运输是在工业企业范围内，直接为生产过程服务的运输。一般在车间与车间之间、车间与仓库之间进行。

③按运输作用划分。按运输作用划分，运输系统可分为集货运输和配送运输两部分。

集货运输是将分散的货物进行集中的运输形式。集货运输是干线大规模运输的前提，在货物集中后才能利用干线进行大批量、长距离的运输，所以集货运输多是短距离、小批量的运输。

配送运输是将结点按用户要求配装好的货物分送到各个用户的运输方式。一般发生在干线运输之后，属于运输的末端，是对干线运输的一种补充和完善，多为短距离、小批量的运输。

④按运输的协作程度划分。按运输的协作程度划分，运输系统可分为一般运输、联合运输和多式联运。

一般运输是指孤立地采用不同运输工具或同类运输工具而没有形成有机协作关系的

运输方式，如单纯的汽车运输、火车运输等。

联合运输简称联运，是使用同一运输凭证，由不同运输方式或不同运输企业进行有机衔接的运输货物，利用每种运输手段的优势，充分发挥不同运输工具效率的一种运输形式。采用联合运输，既可简化托运手续，方便用户；又可加快运输速度，有利于节省运费。经常采用的联合运输形式有铁海联运、公铁联运、公海联运等等。

多式联运是联合运输的一种现代形式，通常在国内大范围物流和国际物流领域中广泛采用。

⑤按运输中途是否换载划分。按运输中途是否换载划分，运输系统可分为直达运输和中转运输。

⑥按运输领域划分。按运输领域划分，可分为生产领域的运输和流通领域的运输。

⑦按运输主体划分。按运输主体划分，可分为自有运输、营业运输和公共运输。

⑧按运输业的产权性质。按运输业的产权性质，可分为国有运输和民营运输。

⑨按运输的空间范围划分。按运输的空间范围划分，可分为市内运输、城际运输、乡村运输，或者分为国内运输、国际运输。

◎ **小案例**

佐川急便的五个运输要素

构成佐川急便的运输要素有五个，分别是：

1. 网点

网点数量多，在日本有600多个网点；网点分布较广，从北海道向南到四国均有分布；采用“两店”“两中心”的模式对网点进行管理，能够有效协调业务。

2. 收集和递送体制

各网点的收集和递送体制，是用户服务的重要因素。各地都有因地制宜的收集和递送体制。

3. 道路网

联结网点的是道路运输网。佐川急便不分昼夜地利用这个道路网进行运输。

4. 信息网

佐川急便开发各种各样的信息系统，整理综合各种信息，在全国范围内使用。对于1年处理10亿件以上货物的佐川急便来说，这个信息系统可以称为保障的生命线。

5. 驾驶员

上述四个尽管很重要，但物流企业最重要的要素还是驾驶员。

资料来源：百度文库，http：//wenku. baidu. com/link？url=czDh5BsLRMG-BA97ki9 TWqop-nOvSZYFh7ldI_BW6YT7ftIh5PrkCPq_Swlq6JUpUwTd5WpjmU_ioVqpC9rosjRaTuNfcq3319bfTSkHs6dO。

讨论：这五种运输要素如何应用于物流配送？谈谈你的想法。

1.2 配送概述

配送一般处于物流末端，是直接面对用户提供服务的环节，具有提高物流经济效益，优化、完善物流系统，改善物流服务，降低成本等功能，在物流系统中占有重要的地位。

1.2.1 配送的概念

（1）配送的定义及内涵。配送是物流中一种特殊的、综合的活动形式，是商流与物流的紧密结合。几乎包括所有的物流功能要素，是物流的一个缩影。一般的配送集装卸、包装、保管、运输于一身，通过一系列物流活动将货物送达目的地。它的目标方向是安全、准确、优质服务和较低的物流费用。

我国国家标准《物流术语》中对配送的定义是："在经济合理区域范围内，根据用户要求，对物品进行拣选、加工、包装、分割、组配等作业，并按时送达指定地点的物流活动。"

从配送的概念中，可以清楚地看到配送具有以下含义：

①"配"是指配货，则将用户所需的不同货物组合在一起。

②"送"是指送货，即将需要的商品送到用户手上，是"配"和"送"的有机结合。一般而言，经济发达的地区"配"的比例大些，经济落后地区"送"的比例大些。

③配送要按用户的要求进行。用户对物资配送的要求包括数量、品种、规格、供货周期、供货时间等。

④配送是由物流据点完成的。物流据点可以是物流配送中心、物资仓库，也可以是商店或其他物资集散地。

⑤配送是流通加工、整理、拣选、分类、配送、配装、末端运输等一系列活动的集合。

◎ 小贴士

配送与传统送货的区别

配送与送货有着明显的区别，送货只是供需双方的一种实物交接形式，而配送的含义要广泛得多，其主要区别体现在以下几方面：

第一，送货主要体现为生产企业和商品经营企业的一种推销手段，通过送货达到多销售产品的目的。而配送则是社会化大生产，高度专业化分工的产物，是商品流通社会化的发展趋势。

第二，送货方式对用户而言，只能满足其部分需求，这是因为送货人有什么送什么。而配送则将用户的要求作为目标，具体体现为用户要求什么送什么，希望什么时候送，便什么时候送。

第三，送货通常是送货单位的附带性工作，也就是说送货单位的主要业务并非送货。而配送则表现为配送部门的专职，通常表现为专门进行配送服务的配送中心。

第四，送货在商品流通中只能是一种服务方式。而配送则不仅仅是一种物流手段，更重要的是一种物流体制，最终要发展为“配送制”。

第五，由配送企业集中设立库存，保证向企业内部的各生产单位进行物资供应，可以取代原来分散在各个企业为保证生产持续进行而设立的库存，这样，使企业实现零库存成为可能。这点在物流发达国家和我国一些地区实践中已得到证明。送货则不具有这种功能。我国开展物资配送的时间虽然不长，但配送的范围正不断扩大，配送物资的数量也在不断增加，配送的水平也逐步向规范化的高层次发展。

(2) 配送的特点。

①配送是从物流据点至用户的一种特殊送货形式。从“送”的功能来看，其特殊性表现为：从事送货的是专职流通企业，而不是生产企业；配送是中转型送货，而一般送货尤其是从工厂到用户的送货往往是直达型；一般送货是生产什么送什么，有什么送什么，配送则是企业需要什么送什么。

②配送是一种末端运输。配送不是单纯的运输或输送，而是与其他活动共同构成的组合体。配送中所包含的那一部分运输活动在整个输送过程中处于“二次输送”、“支线输送”、“终端输送”的位置，其起终点为物流节点到用户。

③配送是一种“门到门”服务。配送不是广义概念的组织物资订货、签约、进货及对物资处理分配的供应，而是以供给者送货到户式的服务性供应。从服务方式来讲，是一种“门到门”服务，可以将货物从物流节点一直送到用户的仓库、营业场所、车间乃至生产线的起点。

④配送是一种综合服务。配送是在全面配货基础上，完全按照用户对商品种类、品种搭配、数量、时间等方面的要求所进行的运送。因此，除了各种“运”、“送”活动外，配送还要从事大量的分货、配货、配装等工作，是“配”和“送”的有机结合形式。

1.2.2 配送的作用

(1) 提高物流的经济效益。采取配送方式，增大订货经济批量，可以降低进货成本；通过将客户所需的各种商品配备好，集中起来向客户发货，以及将多个客户的批量商品集中在一起进行一次发货等方式，可以提高物流经济效益。配送环节可实现规模经济，使单位存货和管理的总成本下降，同时加强调节能力，提高经济效益。

◎ 小贴士

在库存、运输结构分散的状态下，就汽车运输而言，汽车的货物实载率一般都比较低，有的只有25%，而在结构合理、运力集中的状态下，车辆的货物实载率可提高到70%~80%。可见配送大大提高了资源配置的合理性。

（2）通过集中库存使企业降低库存量。实现高水平的配送之后，尤其是采取定时定量配送方法之后，生产企业可以依靠配送中心的准时配送使自己实现“零库存”或低库存，减少大量储备资金的占用，改善企业的财务状况。

（3）简化手续、方便客户。采用配送方式，客户只需向一个企业订购，就可以订购到以往需向许多企业订购才能订到的货物，接货手续得以简化，大大降低客户工作量，节省开支，方便客户，从而提高物流服务质量。

（4）提高供应保证程度。由生产企业自己保持库存维持生产，出于受到库存费用的制约，供应保证程度很难提高。而采取配送方式，配送中心比任何单独企业的储备量大得多，对每个企业而言，由于缺货而影响生产的风险便相对缩小。

（5）完善输送及整个物流系统。第二次世界大战之后，大吨位、高效率运输工具的出现，使干线运输在铁路、海运或公路方面都达到了较高水平。长距离、大批量的运输实现了低成本化，但在干线运输之后，往往还要以支线转运或小搬运，这种支线运输及小搬运成了物流过程中的一个薄弱环节。这个环节与干线运输相比有其特殊要求：灵活性、适应性、服务性。采用配送方式，将支线运输、小搬运统一起来，使输送过程得以优化和完善。

1.3　运输与配送的关系

1.3.1　运输与配送的相同点

物流活动根据物品是否产生空间位置移动可分为两大类，即线路活动和节点活动，产生空间位置移动的物流活动称为线路活动，否则为节点活动。节点活动是在一个组织内部的场所中进行，不以创造空间效用为目的，主要是创造时间效用或形质效用。如在工厂车间内、仓库内、物流中心或配送中心内进行的装卸、搬运、包装、储存、流通加工等，都是节点活动。

物流系统的线路活动是通过运输和配送来完成，运输和配送活动都是通过运输工具在运输路线上的移动使物品产生空间位置的转移，创造空间效用，均属于线路活动。

1.3.2　运输与配送的区别

运输与配送虽然都是线路活动，但二者间也存在一定的区别，主要表现在以下几个方面（见表 1-2）：

（1）活动范围不同。运输是在大范围内进行的，如国家之间、地区之间、城市之间等；配送一般仅局限在一个地区或一个城市范围之内。

（2）功能上存在差异。运输是实现以大批量、远距离的物品位置转移为主，运输途中客观上存在着一定的存储功能，配送以实现小批量、多品种物品的近距离位置转移为主，但同时要满足用户的多种要求兼有加工、分割、包装等多种功能。

（3）运输方式和运输工具不同。运输可根据货物特点、货物批量、时间要求、到货地点以及经济合理性来选择五种运输工具的任意一种。而配送则由于距离短、运输批量小、频率高，只适于采用装载量不大的短途运输工具，主要是汽车。

表 1-2　　运输与配送的区别

内　容	运　输	配　送
运输性质	干线运输	支线运输 、末端运输
管理重点	效率优先	服务优先
货物性质	少品种、大批量	多品种、小批量
运输工具	大型货车、火车、轮船等	小型货车
附属功能	装卸、捆包	物流的多功能

1.3.3　运输与配送的关系

运输和配送虽同属于线路活动，但由于功能上的差异使它们并不能互相替代，而是形成了相互依存、互为补充的关系。物流系统创造物品空间效用的功能是要使生产企业制造出来的产品最后到达消费者手中或进入消费，否则产品生产者的目的就无法达到。

从运输、配送的概念以及它们的区别可以看出，仅有运输或仅有配送是不可能达到上述要求的，因为根据运输的规模原理和距离原理，大批量、远距离的运输才是合理的，但它不能满足分散消费的要求；配送虽具有小批量、多批次的特点，但不适合远距离输送。因此必须由两者互相配合，取长补短，方能实现理想的目标。

为了更直观地理解运输与配送的关系，下面以直达供货中转供货系统为例予以说明。

生产企业生产的产品可有两种途径到达用户手中，一种是直接供货，即产品不经过中转环节直接送到用户手中，如图 1-1 所示。图 1-1（a）为直接运输方式，图 1-1（b）为直接配送方式。直接运输方式是对那些批量大、距离远，或是大型产品才是合适的。但是如果用户需求的量不大，或在时间上很分散，而且又不是大型产品，这时就应该采取配送方式。

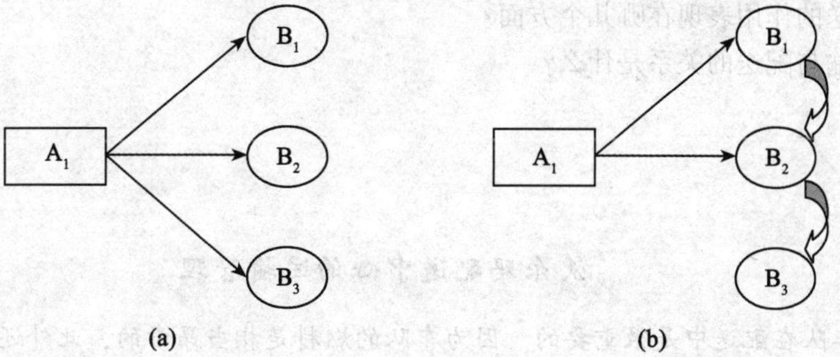

图 1-1　直接供货

产品从生产厂到达用户手中的另一种途径是中转供货，即产品要经过物流中心或配送中心后再运送到用户手中，如图 1-2 所示。

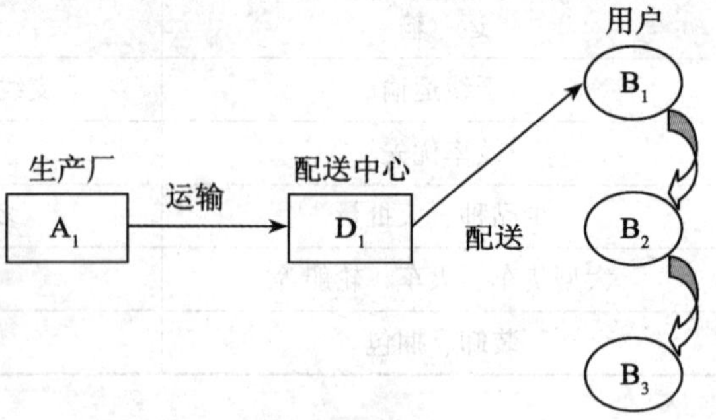

图 1-2 中转供货

从上述的讨论可以看出，运输和配送要根据产品特点和用户需求的状况来选择。在一个物流系统中，运输和配送至少有一种形式存在，当两种形式同时存在时，配送处于末端位置。这正像商流活动中的批发环节与零售环节的关系一样，批发和零售至少有一个环节存在，并由它完成商品交易功能。当零售环节存在时，它一定处在商流过程的末端，商品经过零售环节后即退出流通领域。实际上，配送正是为商流中的零售交易提供的一种配套的物流作业方式。

一般来说，在运输和配送同时存在的物流系统中，运输处在配送的前面，先通过运输实现物品长距离的位置转移，然后交由配送来完成短距离的输送。

思考题

1. 什么是运输？运输生产的特点有哪些？
2. 运输的功能及运输在物流系统中的地位和作用是什么？
3. 何谓运输系统？其构成要素有哪些？
4. 什么是配送？其特点有哪些？
5. 配送的作用表现在哪几个方面？
6. 运输与配送的关系是什么？

案例分析

沃尔玛配送中心的运输管理

车队在配送中是很重要的。因为车队的燃料是相当昂贵的，此外还需要雇用司机。在整个物流过程中，最昂贵的就是运输这部分，车队省下的成本越多，那么整个供应链当中所节省的钱就越多，让利给消费者的部分也就越多。沃尔玛用一种尽可能大的卡车，大约可能有16米加长的货柜，相当大，比集装箱运输卡车更长或者更高。如果你到过美国，在公路上可能就会看到沃尔玛的车队，你会看到它有多大。

沃尔玛的车辆都是自有的，而且这些司机也是沃尔玛的员工。它们在美国各个州之间的高速公路上运行，而且车中的每立方米都填得满满的，这样非常有助于沃尔玛节省成本。沃尔玛的车队大约有5000名非司机员工，还有3700多名司机。车队每周每一次运输可以达7000~8000千米，而且是300万千米无事故的。这些卡车也是沃尔玛整个供应链当中的一部分。沃尔玛采用全球定位系统，来对车辆进行定位。因此，在任何时候，调度中心都可以知道这些车辆在什么地方，离商店还有多远，同时他们也可以了解到某个产品运输到了什么地方，还有多长时间才能运到商店，沃尔玛可以精确到小时。沃尔玛知道卡车在哪里，产品在哪里，就可以提高整个系统的效率。沃尔玛的卡车不仅是比较昂贵的，而且卡车会比较危险，可能会出事故等，因此，对于运输车队来说，要保证他们的安全，也要保证公路的安全，来减少出事故的危险，沃尔玛口号是“安全第一，礼貌第一”。在运输过程当中，如果其他车的人需要帮助的话，这些卡车司机也经常帮助。卡车司机们都非常遵守交通法规。沃尔玛定期也对公路进行调查。卡车上面都带有公司的号码，如果看到沃尔玛司机的违章，包括闯红灯或者违章的驾驶，就可以根据车上的号码来进行报告。而事实上，很多人打来的电话都是表扬沃尔玛司机的，说他们非常有礼貌，而且非常遵守交通规则，这样的公众来信有很多，大都表扬这些司机对于其他开车人的帮助。这些都证明，沃尔玛的司机做得非常好，实际上他们的行动并不是沃尔玛进行的一种公关的活动，对于沃尔玛来说，卡车不出事故，就是节省公司的费用，就是节省成本。

那么，沃尔玛在运输方面有一些什么样的策略呢？沃尔玛把卡车装得非常满，将货物晚上送到商店，就不会影响其白天的运营。在配送中心，沃尔玛也和供货商定好时间，按照确定的时间表收货。沃尔玛可以对时间进行很好的管理，提高效率。沃尔玛最终的目的就是将更加物美价廉的产品提供给消费者。当然，如果有些供货商对这个过程不了解，沃尔玛还告诉他们怎样进行日程上的安排。如果他们遵守时间、提高效率，对双方都有利，而且最终让消费者受益。

资料来源：百度文库，http：//wenku. baidu. com/link？url = tOBRmg7b1Hqeyyelgq0_4wyqDx5eUezsAnExb3GUcJrtig6wLQFfS7klDkGF8N9MrPz-TX71FwUJrbt2E3QCvlv3C9e7j8BpTMhaBdWW0dS。

思考题：

1. 沃尔玛采用了哪些具体方法来提高运输的生产效率？
2. 通过案例总结沃尔玛车队管理具体包括哪些内容。

◎ 实训设计

某运输企业或配送中心的调查研究

【实训目标】

通过对某运输企业或配送中心进行调查研究，认清该企业（中心）的性质与经营特点，进而熟悉该运输企业类型和主要功能（或该配送中心的类型和主要功能），在此基础上，深入分析该运输企业（配送中心）在实际运作的过程中所发挥的作用及面临的困难，旨在加强学生对各种运输模式（配送模式）的理解，并将所学理论运用到实践，探索适合企业发展与客户需要的运输企业（配送中心）模式。

【实训内容与要求】

1. 描述企业概况

（1）运输企业（配送中心）的性质与经营特点；

（2）物流运输或配送在企业经营中的地位与作用；

（3）运输（配送）商品的品种、数量。

2. 熟悉运输企业（配送中心）的情况

（1）该运输企业（配送中心）的物流设施、设备情况；

（2）该运输企业（配送中心）的类型、功能与作用；

（3）该运输企业（配送中心）的运营模式及特点。

【成果与检验】

通过课堂讨论和课后作业两个环节来达到实训效果，其中，课堂讨论成绩占 40%，课后作业占 60%。

第2章 铁路运输

☞ **知识目标**

- 理解铁路运输的概念和发展历程;
- 掌握铁路运输的特点、重要性和发展趋势;
- 理解铁路运输的设备系统组成和它们各自的作用;
- 掌握铁路运输的各种组织和工作方式;
- 理解铁路货运事故内容及理赔方式。

☞ **技能目标**

- 综合运用所学的知识,分析铁路运输的案例;
- 具备灵活分析现实铁路运输问题的能力。

铁路是国家的重要基础设施,国家的大动脉、大众化交通工具。在综合交通体系中处于骨干地位,没有铁路运输的现代化就难以实现国家的现代化。我国幅员辽阔、内陆深广、人口众多,资源分布及工业布局不平衡,铁路运输在各种运输方式中占有的优势更加突出,是统一运输网中的骨干和中坚,在经济社会发展中具有特殊重要的地位和作用。

2.1 铁路运输概述

铁路运输是指铁路运输部门,运用火车、车辆等工具,通过铁道、车站、货场等各种有关的设施,将其所运载的货物、旅客实现空间位置转移的一系列生产活动,是一种现代陆地的运输方式。铁路运输的产生标志着社会生产力达到一个新的水平,它适应大工业特别是煤炭和钢铁工业发展对大量、廉价运输的需要而迅速发展。

2.1.1 铁路运输的产生和发展

世界上铁路运输已有近200年的历史。

1825年,英国在斯托克顿和达灵顿之间修建了一条运输煤炭和旅客的铁路,用蒸汽机车牵引列车。这就是世界上第一条公用铁路,它在陆地运输发展史上树立了一个里程碑。

中国于1876年由英商修筑了从上海到吴淞长约15千米的窄轨铁路——淞沪铁路。1881年为了运输唐山煤炭到海口,修筑了从唐山到胥各庄的标准轨铁路。唐胥铁路是我国保留下来的最早的铁路。

中国铁路运输建设大体上可分为两个阶段。1949年中华人民共和国成立初期，铁路运输营业里程为21810千米，这是19世纪后期和20世纪前期建成的，主要分布于东北地区和沿海各省，线路标准低，技术设备落后。中华人民共和国成立后，开展了大规模的铁路运输建设。到1981年铁路运输营业里程达50181千米，为1949年的2.3倍，平均每年增加近900千米。截至2004年，全国铁路完成地方政府及企业对国家铁路和合资铁路投资14.94亿元。全年共完成新线铺轨1139.6千米，复线铺轨630.2千米；新线投产1433.2千米，复线投产351.7千米，电气化铁路投产408.6千米。铁路延伸到中国西南、西北广大地区，2006年7月青藏铁路的建成通车，更标志着我国各省（自治区）都有了铁路。此外，对原有线路的路基、桥梁、隧道等建筑物和轨道结构也进行了技术改造，铺设了8000多千米双线，显著改变了过去铁路少、布局不合理和技术标准低的状况。目前我国的铁路运营里程已达到12万千米。根据铁路“十三五”规划，“十三五”期间，铁路将建成新线2.3万千米，投资2.8万亿元。到“十三五”末，全国铁路营业里程将达到14.5万千米，铁路运输服务会涵盖20万以上人口城市和80%以上县级行政区。

2.1.2　铁路运输的特点

铁路运输是一种适宜于担负大量长距离物资运输、中长途旅客运输的重要运输方式，是我国交通运输的主力，每年完成的旅客周转量占全社会旅客周转量1/3多，完成货物周转量约占全社会货物周转量的55%，我国多年来铁路货运周转量一直占全国货运总周转量的70%。

（1）铁路运输的优点。

①铁路运输受气候和自然条件影响较小，可以按计划运行，能保证运行的经常性和持续性。

②具有定时性、连续性和可靠性，安全和准时。

③中长距离运货运费低廉，铁路单位运输成本低于航空与公路运输，有的还低于内河运输。

④可以大批量运输，运输能力大，这使它适合于大批量低值商品的长距离运输，一列火车可运3000~5000吨，单线单方向全年运量可达1000万吨以上，双线可达2000万~4000万吨。

⑤可以实现高速运输，在实际运行中一般铁路时速为80~150千米，高速铁路运行可达220~275千米。

⑥网络遍布全国，可以运往各地，方便地实现背驮运输、集装箱运输及多式联运。

⑦节能，环境污染程度小。单位功率所能牵引的货物重量大约比汽车高10倍。铁路货运对空气和地面的污染低于公路及航空运输。

（2）铁路运输的不足之处。

①始建投资大，建设时间长，大量资金、物资用于建筑工程，如路基、站场等，一旦停止营运，不易转让或回收，损失较大。

②货车编组、转轨需要时间，货物滞留时间长，运费没有伸缩性。

③不能采取门对门服务，通常要依靠其他运输方式配合，才能完成运输任务，除非托运人和收货人均有铁路专用线。

④车站固定，不能随处停车，不适合紧急运输。

⑤铁路运输中的货损率比较高，而且由于装卸次数多，货物毁损或丢失事故通常也比其他运输方式多。

⑥始发与终到作业时间长，不利运距较短的运输业务，且运费昂贵。

⑦受轨道限制，灵活性较差，必须有其他运输方式为其集散客货。

（3）铁路运输的技术特征。铁路运输的技术经济特征，可以用一定的技术经济指标来反映。例如运营技术指标、实物指标和价值指标。

运营技术指标主要有：运输的经常性（不间断性、均衡性和节奏性）的程度，通过能力和输送能力，货物送达和旅客运送的速度和时间，运输货物的完好程度和旅客的舒适程度，运输的安全性和可靠性程度以及机动性。

实物指标包括：劳动生产率和劳动力需要量，燃料和电力（能量）、金属和其他材料的单位需要量。

按照运营技术指标和实物指标来说，各种运输方式的所有差别，通常都要在经济价值指标上反映出来。列入经济价值指标的有：运营支出和运输成本；基建投资需要量以及运输生产基金需要量；在途货物所需要的国民经济流动资金，与运送时货物的丢失、腐烂和损坏有关的损失和非生产性支出。

①货物送达速度。货物送达速度指标是评价各种交通运输方式经济效果的主要指标之一。

铁路运输的技术速度较高，但铁路在货物运送过程中，需要进行列车会让或越行及解编等技术作业，因而旅行速度低于技术速度。

货物送达速度，还取决于始发和到达作业时间和货物在库场的停留时间。目前，铁路的始发和到达作业时间在运输时间中所占的比重较大，大宗货物作业停留时间约占40%，技术站中转停留时间占25%，在途行驶时间只占35%。

运输的经常性，对货物送达速度也有一定的影响，铁路运输高度的经常性，是保证货物送达速度较高的重要条件之一。

②运输成本。运输成本是运输业的一个综合性指标，它反映运输过程中物化劳动和部分活劳动的消耗。

运输生产过程中，采用先进的技术设备、合理的组织管理工作、技术作业过程都可以获得较高的劳动生产率和设备利用率，节约燃材料，从而可以达到较低的运输成本，节约运输费用。成本结构就是各项费用要素或成本项目在成本中所占的比重。

③基本建设投资。各种运输方式的物质技术基础的构成各有其特点，从而形成初期投资和后期投资的差异。

一般来说，固定设施（线路和港、站建筑）比重大而活动设备（运输工具）比重小的运输方式，所需的初期投资大、后期投资小；反之亦然。铁路运输业，由于固定设施的工程费和建材、劳力消耗大。因此，它的线路投资高。

④劳动生产率。劳动生产率因其运输工具的载重量和运输能力不同，有着显著的差

异。水运干线的船舶或船队载重量大，它具有较高的劳动生产率。汽车运输因汽车载重量小，占用劳动力较多，因此劳动生产率低。而铁路运输的劳动生产率较水运为低，而显著地高于公路。

⑤其他指标。运输能力、运输经常性与灵活性，各种运输方式有很大差别。水运和铁路都是具有通过能力大，能够担负大量运输任务的运输方式；铁路运输的经常性最强，汽车运输次之，水运较差；而灵活性以汽车为最好，铁路次之。

2.1.3 铁路运输在我国社会经济体系中的地位和作用

我国是一个典型的大陆性国家，经济联系和相互交往跨度大，需要有一种强有力的运输方式将整个国家和国民经济联系起来，并引导和促进其他运输方式的发展。铁路运输最显著的特点是载运质量大、运行成本低、能源消耗少，即在大宗、大流量的中长以上距离的客货运输方面具有绝对优势，而且在大流量、高密度的城际中短途旅客运输业中具有很强的竞争优势，是最适合我国经济地理特征和人们收入水平的区域骨干运输方式，具有不可替代的作用。

(1) 铁路运输在能源、原材料运输中的作用是其他运输方式不可替代的。

我国的资源分布不平衡与产业分布不对称。资源主要分布在华北西部、西北、西南地区，产业和经济主要分布在东部地区，由此形成了能源与原材料由西向东和由北向南大宗的、长距离货物流，陆路运距一般达在800~1000千米，甚至2000千米以上，至沿海港口的运距一般在500~700千米。这些物资主要依靠大运输能力、低运输成本的铁路运输或铁海联运才能满足需要，公路运输的可分担的程度有限，主要是为这些货物的短途集疏运以及部分中短途距离的运输作补充。

从未来的发展看，我国正处于工业化的加速发展期，基础工业还将会有一个较大发展，对能源、矿石、原材料等仍将会保持较大的增长需求。到2020年，在提高能源利用效率和大力节能的情况下，能源供给需要增长一倍，即达到30亿吨煤，才能支撑国民经济翻两番的目标。由此可以推断，未来铁路承担的大宗能源、原材料等货物运输且还将继续以一定的速度增长。即使是公路运输能力大幅增强，公路长距离运输这些物资仍然缺乏经济性。

(2) 铁路运输能显著地提高交通运输可持续发展。

铁路干线在节约土地资源方面具有一定优势。铁路与公路的功能和作用各有侧重，但在两者之间存在着一定的替代性。替代的程度，一方面取决于两种运输方式用户使用成本的高低，另一方面也取决于两种运输方式所提供的服务能力大小及便捷程度。如果铁路网络系统比较发达、服务水平较高，就可吸引和分担更多的客货运输量，从而相应地减少对沿线公路基础设施的需求。铁路干线与公路相比，在节省土地占用方面具有一定的优势，特别是在大流量的通道中较为明显，国家I级双线铁路与四车道和六车道的高速公路的工程总体占地比为1∶1.40~1∶1.37，单位货运能力占地比为1∶1.87~1∶2.80。

铁路运输可以更有效地减少交通能源消耗和减轻交通环境污染。铁路运输的发展有利于缩小地区差距，促进社会可持续发展。铁路运输与其他运输方式相比，区域的纽带作用更强，对弥补地区间社会经济的非均衡发展作用更大，铁路的发展更有利于区域之间的客货交流和交易成本的降低，可以更大程度地提高可达性和市场范围，促进地区间的交流和缓解地区矛盾。经济落后地区一旦被铁路运输所覆盖或辐射，就会使其在更大空间范围上融入国民经济发展的整体中，在与外部经济的联系中加快自身经济发展进程，才更有可能减缓区域经济发展差距的技大，增强社会稳定和民族团结，实现社会可持续发展。

(3) 铁路运输显著地降低物流成本，提高产品竞争力。

交通运输为国民经济服务，主要是体现在“最终实现便利产品流通，增加生产者的经济价值”。因此，面对经济全球化的大环境，如何从我国经济发展大战略的角度，根据我国的资源特征来发展和优化我国的综合运输体系，在不断提高对运输需求适应度的同时，增强我国产品的国际竞争力，将直接影响到交通运输发展对国民经济增长的贡献问题。

(4) 铁路运输的发展能充分发挥市场开拓和国土开发功能，在大城市交通中起主导作用。

我国正处在建设社会主义市场经济体系的关键时期，东、中、西部地区的经济发展还很不平衡。特别是随着我国东部地区的不断快速发展，如何解决西部地区经济发展，加强国防建设和促进民族团结等问题，已日益重要。西部地区的经济发展和国土开发，都迫切需要铁路。事实表明，铁路修到哪里，哪里的市场就得以开拓，哪里的国土也就得以开发，哪里的经济和社会就得以发展。

国外大城市依靠建立以铁路为主要运输方式的公共交通系统解决了城市交通问题，这种做法和经验值得我们学习和借鉴。目前我国城市交通问题日益严重，因此需要加大发展市郊、市内高架和地下铁路的力度。

2.2　铁路运输设备

铁路运输的设备包括固定设备和活动设备，这是铁路运输的物质基础。固定设备有线路，车站，通信设备，机车车辆的检修、整备、给水设备和建筑物以及电气化铁路的供电设施等。活动设备主要有机车、客车、货车等。此外，还有为客货运输服务和保证行车安全的设备。

2.2.1　铁路线路

铁路线路是机车车辆和列车运行的基础。铁路线路由轨道、路基和桥隧建筑物组成的一个整体工程结构，见图 2-1。

轨道由钢轨、联结零件、轨枕、道床、防爬设备以及道岔组成。钢轨是用连接零件固定在轨枕（木枕或钢筋混凝土枕）上的。两根钢轨头部内侧间与轨道中心线相垂直的距离称为轨距。我国绝大多数线路轨距为 1435mm，这也是国际上多数国家通用的轨距，故称标准轨距。较其大者称为宽轨；反之则称为窄轨。道床是为了传递轨枕载荷、固定轨枕位置、排除地表积水、增加轨道弹性、便于校正线路等目的而铺在

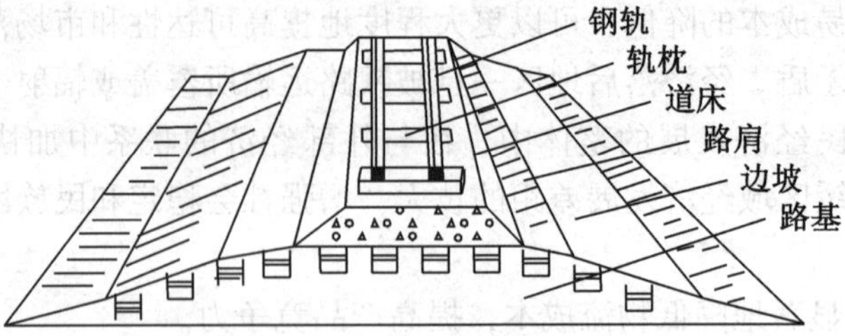

图 2-1　铁路线路的横截面

路基上的道渣层，主要材料为碎石。道岔是使机车车辆能从一条线路进入另一条线路的设备。

轨道承受机车车辆的重力和冲击力并将荷载传布给路基。轨道的强度是根据运量的大小、机车的轴重和行车速度的高低确定的。轨道结构可分为重型、次重型、中型和轻型几种。为了提高线路的运输能力和行车的稳定性，许多国家对轨道结构进行了改造。主要措施是采用重型钢轨，铺设新型高速道岔和无缝钢轨，采用新型轨下基础：如预应力钢筋混凝土轨枕、宽轨枕、弹性扣件和弹簧垫板等。美国铁路最重钢轨为每米 30~40 千克，西欧国家用的钢轨多为每米 45~55 千克。日本等国的窄轨铁路用的钢轨多为每米 30~40 千克，标准轨距的新干线基本上采用每米 60 千克的钢轨。为了提高钢轨的耐磨性能，各国铁路纷纷采用全长淬火合金钢轨，大大延长了钢轨寿命，同时还加强了道床和轨枕等设备。为了适应高速行车的要求，许多国家在建设新线或改造旧线时还尽可能地裁弯取直，加大曲线半径并建立交道口以减少干扰，保证行车安全。

2.2.2　铁路机车

机车是铁路运输的基本动力。由于铁路车辆大都不具备动力装置，列车的运行和车辆车站内有目的移动均需机车牵引或推送。一般来说，列车的重量和速度主要取决于机车的功率和性能，而且机车的保有数量、牵引性能、保养和检修质量以及正确组织对机车的运用，对于铁路能否完成运输任务有很大的影响。

从原动力来看，机车分为蒸汽、内燃及电力机车。按照运用可分为客运机车、货运机车和调车机车。客运机车要求速度快，货运机车需要功率大，调车机车要有机动灵活的特点。

蒸汽机车是通过蒸汽机，把燃料的热能转换成机械功，用来牵引列车的一种机车(见图 2-2)。在现代铁路运输中，蒸汽牵引已逐渐被其他新型牵引形式取代。

内燃机车是以内燃机作为原动力的一种机车。一般说来，内燃机车由动力装置(即柴油机) 传动装置、车体与车架、走行部、辅助设备、制动装置和车钩缓冲装量等主要部分组成 (见图 2-3)。内燃机车的热效率可达 30%左右，其独立性也最强，线路投资省，见效快，整备时间比蒸汽机车短，启动、加速快、运行线路长、通过能力大、单位功率重量轻，劳动条件好，可实现多机联挂牵引。我国于 1958 年跨入内燃机车时

图 2-2　蒸汽机车

代，至 1997 年，内燃机车占总机车数的 62.5%。东风 4 系列内燃机车是我国铁路干线客货运主型内燃机车，占国产内燃机车总数的一半以上。

图 2-3　内燃机车

电力机车靠其顶部升起的受电弓从接触网上取得电能，并转换成机械能牵引列车运行。电力机车由电气设备、车体与车架、走行部、车钩缓冲装置和制动装置等主要部分组成（见图 2-4）。电力机车功率大，获得能量不受限制，因而能高速行驶。牵引较重列车，启动加速快，爬坡性能强，容易实现多机牵引，更适用于坡度大，隧道多的山区铁路和繁忙干线。电力机车不单纯依赖石油燃料，因而在油价高昂的今天已成为各国进一步发展牵引动力的重点。

图2-4 电力机车

2.2.3 铁路车辆

铁路车辆是运送旅客和货物的基本工具。车辆一般不具备动力装置，需要连挂成车列后由机车牵引运行。车辆的构造和技术水平对提高列车的重量、降低运输成本、实现作业机械化和自动化，以及保证舒适的旅行条件有重要意义。根据其用途，车辆可分为客车和货车两大类。

客车有敞开式和包房式的软、硬席座车和卧车。此外，还有为长途旅客供应饮食的餐车，运送邮件的邮政车，运送行李包裹的行李车，便于旅客观赏沿线风景的瞭望车，便于办公的公务车，以及各种特种车，如文教车、医务车、供应车等（见图2-5）。客车的发展趋势侧重于提高运行速度和舒适程度，以及减轻车体自重。中国新造客车全部采用了滚动轴承，在一些客车中增设空气自动调节装置，车辆结构和车内设备也有所改善。

货车的基本类型有敞车、棚车、平车和罐车（见图2-6、图2-7、图2-8、图2-9）。敞车主要装运不怕湿的散装货物及一般机械设备；棚车主要装运怕湿及贵重的货物；平车主要装运长大货物与集装箱；罐车主要装运液体、半液体或粉状货物。在这些基本车型的基础上又发展出各种专用货车，如保温车、水泥车、家畜车、通风车、活鱼车、活顶棚车、自卸漏斗车、集装箱专用平车、长大货物车等。货车应具有坚固而稳定的结构，以保证列车安全而平稳地运行，并同机车的构造速度相适应。目前，货车发展的基本趋势增加载重，减轻自重，提高速度和改进结构。

图 2-5 铁路客车

图 2-6 铁路敞车

图 2-7 铁路棚车

图 2-8 铁路平车

图 2-9 铁路罐车

2.2.4 通信设备和信号设备

（1）铁路的通信设备。通信设备是实现铁路运输生产高度集中与统一指挥的保证，人们通常把它比为铁路运输的“耳朵”。铁路通信按传输方式分为有线通信和无线通信；按服务区域分为长途通信、地区通信、区段通信及站内通信；按业务性质分为公用通信、专用通信及数据传输等。

铁路专用通信是指专门用于组织及指挥铁路运输生产的通信设备。这些设备有特定用途，接通指定用户、自成系统，包括各种调度电话、其他专用电话、列车预确报、扩音装置等（见图 2-10）。

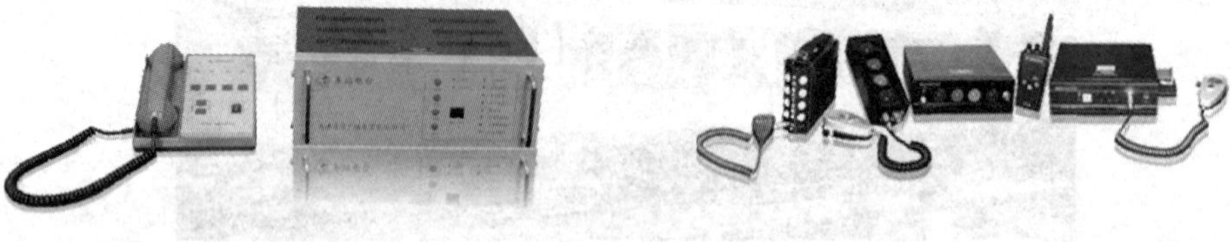

图 2-10　铁路通信设备

列车调度电话是调度所调度员指挥沿线各车站及列车段、机务段等有关列车运行人员关于列车运行业务的通信设备。其总机操纵部分安装在调度所，分机安装在沿线各站。列车无线调度电话则可供调度人员和司机通话。站内无线通信是为站内调车作业指挥人员和调车机车司机相互通话而设置，可以更好地防止作业事故，提高作业效率。

（2）铁路的信号设备。铁路信号设备包括信号、联锁和闭塞三种。人们通常把它比为铁路运输的“眼睛”。先进的铁路信号设备对保证铁路行车安全、提高运输效率、减少人员和节约运营支出具有重大意义。

①信号。信号是指示列车运行和调车工作的命令。因此所有铁路有关人员必须按照信号的指示办理，方能保证铁路的运输安全。铁路信号分为视觉信号（如信号机、手信号的显示）和听觉信号（如汽笛、口笛的鸣示）两类。还可分为固定设置的固定固定信号和临时设置的移动信号两种。固定信号一般设在列车运行方向的左侧或所属线路中心线的上空。我国铁路的固定信号机主要有：进站信号机、出站信号机、通过信号机、调车信号机、驼峰信号机。信号显示以红、黄、绿为基本色，分别表示停止、注意或减速、按规定速度运行三种含义。此外还有白色和蓝色，分别表示准许和不准许超过该信号机调车（见图 2-11）。

②联锁。车站道岔区上道岔的不同的开通方向，构成多条作业线路。为了保证车站内行车和调车作业的安全，必须实现进路、道岔及信号机三者的联系和制约，这称为联锁（见图 2-12）。

按照道岔和信号的控制方式可分为非集中联锁和电气集中联锁两种。

电锁器联锁为我国目前主要的非集中联锁方式。道岔由人工分散在现场操纵，每个道岔握柄都装有电锁器，在供电情况下，道岔可以扳动，利用电锁器上定位接点或反位接点沟通不同进路的信号电路。当某进路信号开放后，电路断开，道岔不能再动，称为进路锁闭。只有作业完成、信号关闭、进路解锁后，道岔才能恢复自由动作。

电气集中联锁分为小站电气集中联锁和大站电气集中联锁。小站电气集中联锁是为了适应小站运营特点设计的，全站所有信号机和道岔都用电气方式集中在信号楼操纵，而进路、道岔和信号机之间的联锁也全部借助于电气锁闭原理来完成，亦即在室内用按

图 2-11　铁路信号

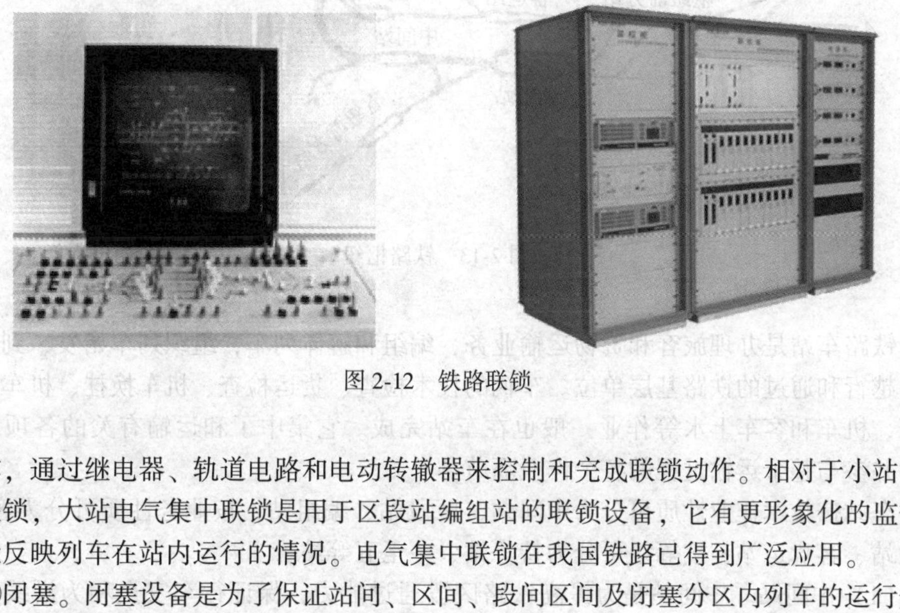

图 2-12　铁路联锁

钮操作，通过继电器、轨道电路和电动转辙器来控制和完成联锁动作。相对于小站电气集中联锁，大站电气集中联锁是用于区段站编组站的联锁设备，它有更形象化的监督设备，能反映列车在站内运行的情况。电气集中联锁在我国铁路已得到广泛应用。

③闭塞。闭塞设备是为了保证站间、区间、段间区间及闭塞分区内列车的运行安全及提高运输效率而设置的区间信号设备。它能控制列车运行，在同一时间内只允许一个区间（或闭塞分区）内运行一个列车。

路签（花牌）闭塞是较早期采用的行车闭塞方法。半自动闭塞是一种以出站信号机的显示作为是否准许占用区间的闭塞方式。自动闭塞是将站间区间再分为若干个闭塞分区，以通过信号机作分界点防护。

我国的铁路自动闭塞广泛采用三显示的信号制度。即信号机采用红、黄、绿三种灯光，使列车有较好的运行条件，因为列车之间至少隔开两个闭塞分区，经常在绿灯下运行，并能得到前方信号机的显示预告，行车速度可以提高，行车安全得以保证。

2.2.5 铁路枢纽和车站

铁路枢纽是在铁路网点或铁路网端，由各种铁路线路、专业车站以及其他为运输服务的设备组成的技术设备总称（见图2-13）。铁路枢纽一般包括铁路线路、车站、疏散设备等其他设备。铁路枢纽是客货流从一条铁路线转运到另一条铁路线的中转地区，也是城市、工业区客货到发和联运的地区。

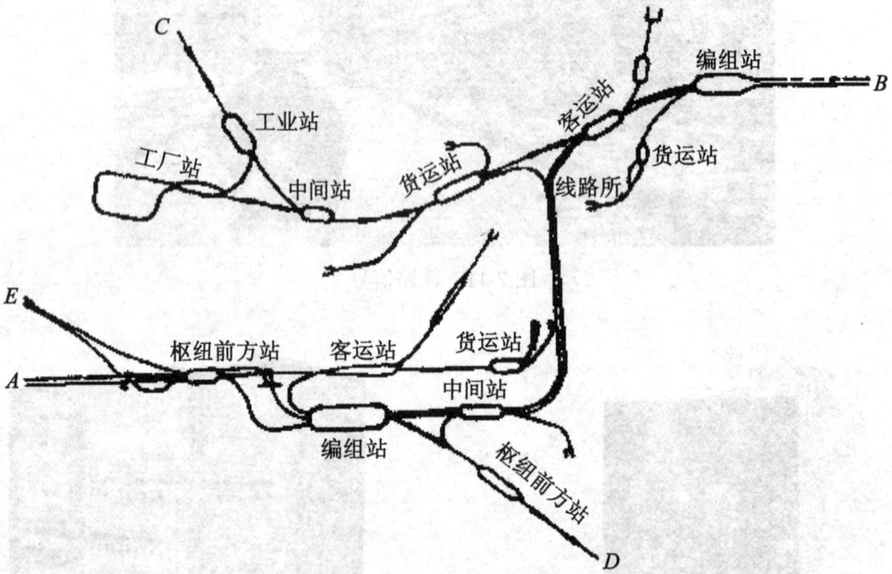

图2-13 铁路枢纽

铁路车站是办理旅客和货物运输业务，编组和解体列车，组织列车始发、到达、交会、越行和通过的铁路基层单位。车辆的技术检查、货运检查、机车换挂、机车乘务组换班、机车和客车上水等作业一般也在车站完成。它集中了和运输有关的各项技术设备，并参与整个运输过程的各个作业环节。

车站按技术作业性质可分为中间站、区段站、编组站；按业务性质可分为客运站、货运站、客货运站；按等级可分为特等站、一至五等站。

(1) 中间站。中间站是为提高铁路区段通过能力，保证行车安全和为沿线城乡及工农业生产服务而设的车站。其主要任务是办理列车会让、越行和客货运业务。

中间站的主要作业有：①列车的到发、通过、会让和越行；②旅客的乘降和行包的承运，保管与交付；③货物的承运、装卸、保管与交付；④本站作业车的摘挂作业和向货场、专用线取送车辆的调车作业；⑤客货运量较大的中间站，还有始发、终到客货列车的作业。

(2) 区段站。区段站多设在中等城市和铁路网上牵引区段的分界处。其主要任务是办理货物列车的中转作业，进行机车的更换或机车乘务组的换班以及解体，编组区段列车和摘挂列车；

区段站主要办理以下五类作业：

①客运业务：与中间站基本相同，但数量较大。

②货运业务：与中间站基本相同，但作业量要大。

③运转作业：主要办理旅客列车接发、货物列车的中转作业，区段、摘挂列车的编组与解体、向货场及专用线取送车作业等。某些区段站还担当少量始发直达列车的编组任务。

④机车业务：主要是机车的更换或机车乘务组的换班，对机车进行整备、检修。

⑤车辆业务：办理列车的技术检查和车辆检修业务。

(3) 编组站。编组站是铁路网上办理大量货物列车解体和编组作业，并设有比较完善调车设备的车站，有列车工厂之称。编组站和区段站统称技术站，但二者在车流性质、作业内容和设备布置上均有明显区别。区段站以办理无改编中转货物列车为主，仅解编少量的区段、摘挂列车；而编组站主要办理各类货物列车的解编作业，且多数是直达列车和直通列车，改编作业量往往占全站作业量的60%以上，有的高达90%。

编组站的主要任务是解编各类货物列车；组织和取送本地区车流——小运转列车，供应列车动力，整备检修机车；货车的日常技术保养等四项。编组站的主要作业为运转作业、机车作业和车辆作业。运作作业包括列车到达作业、车列解体作业、车列编组作业和列车出发作业。

(4) 客运站和货运站。客运站的主要任务是组织旅客运输，安全、准确、迅速、舒适地为输送旅客服务，它的服务质量的好坏，体现在每项具体工作之中。货运站主要任务是办理货物装卸作业、联运或换装。货运站又可分为综合性货运站和专业性货运站两种。前者办理多种不同品类货物的作业，后者则专门办理某一种品类货物的作业，如危险品、粮食、煤、矿建材料等。

2.3 铁路货物运输工作组织

科学的工作组织和先进的技术设备是提高铁路货物运输能力、运输效率、服务质量和经济效益的两个基本因素。铁路是一个组织结构复杂的企业，具有环节多、分布地域广、人员和设备流动性大的特点。只有各部门、各环节、各工种高度协调一致、相互配合，才能安全、迅速、准确、便利、经济地实现货物运输。因此，科学地组织管理货物运输生产活动，对铁路货物运输有特别重大的意义。

2.3.1 铁路货物运输的基本条件

铁路货物运输是根据货主的要求，在规定时间内将一定品名、一定数量的货物从指定的发站安全地运到指定的到站，交付给收货人。

根据每批货物的数量及使用运输车辆的方式不同，铁路货物运输分为整车、零担、集装箱三种。

如一批货物的重量、体积或形状需要一辆30吨或其以上货车运输的，应按整车托运；不够整车运输条件的，按零担托运；符合集装箱货物运输条件的，可以按集装箱托运。按零担托运的货物，一件体积最小不得小于 0.02 立方米（一件重量在 10 千克以上的除外），每批不得超过 300 件。

需要冷藏、保温或加温运输的货物，规定限按整车办理的危险货物，易于污染其他货物的污秽品，蜜蜂，不易计件的货物，都必须按整车托运。

按一批托运的货物，发货人、收货人、发站、到站和装卸地点必须相同（整车分卸货物除外）。整车货物每车为一批；跨装及使用游车的货物，每一车组为一批。零担货物或使用集装箱运输的货物，以每张货物运单为一批。使用集装箱运输的货物，每批必须是同一箱型，至少一箱，最多不超过铁路一辆货车能装运的箱数。

2.3.2　铁路货物运输作业组织

铁路货物运输作业是铁路货运工作的基础。提高车站货运作业的质量，对完成铁路运输任务，加速车辆周转，保证货物完整和行车安全，提高运输效率，降低运输成本，加强竞争力等都有重要的作用。

铁路货运作业的基本内容包括：组织货源货流，办理货物的承运、保管和交付，货物的装车和卸车，计算和核收运输费用，填制货运票据。此外，在某些车站还办理铁路与其他运输工具的联运，车辆的洗刷消毒及冷藏车的加冰加盐作业等。

按照货物运输过程的阶段划分，铁路货运作业可分为发送、运输途中以及到站作业。发送作业为受理、进货、承运和装车；途中作业包括途中交接、货物的中转、换装和整理以及货物运输变更；到达作业为货物到达卸车，交付和出货，如图 2-14 所示。

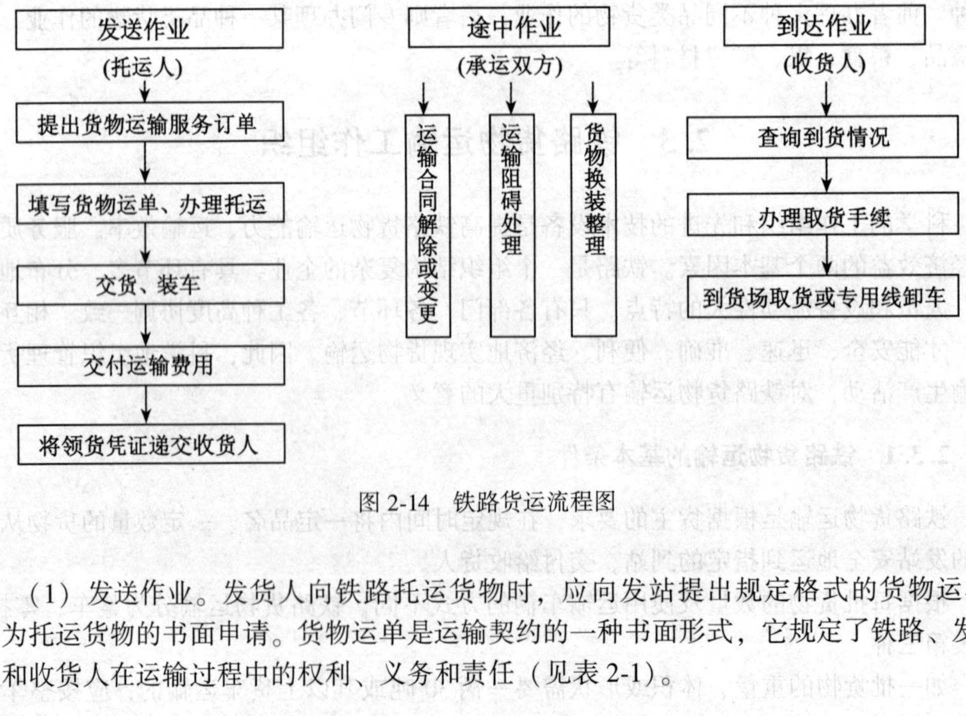

图 2-14　铁路货运流程图

（1）发送作业。发货人向铁路托运货物时，应向发站提出规定格式的货物运单，作为托运货物的书面申请。货物运单是运输契约的一种书面形式，它规定了铁路、发货人和收货人在运输过程中的权利、义务和责任（见表 2-1）。

表 2-1　**铁路货物运单样式**

铁路货物运单

承运人/托运人装车	货物指定于　　月　　日搬入	××铁路局
承运人/托运人施封	货位：	货物运单
	计划号码或运输号码：	
运到期限日	托运人→发站 → 到站 → 收货人	货票第　　号

托运人填写					承运人填写				
到站		到站（局）			车种车号			货车标重	
到站所属省市（自治区）					施封号码				
托运人	名称		邮编		经由	铁路货车篷车号码			
	住址		电话						
收货人	名称		邮编		运价里程	集装箱号码			
	住址								
货物名称	件数	包装	货物价格	托运人确定重量	承运人确定重量	计费重量	运价号	运价率	运费
合计									
托运人记载事项		保险			承运人记载事项				

车站受理货物运单时，应确认托运的货物是否符合规定的运输条件，并对营业办理限制、装卸货物的起重能力、证明文件等项进行审查，确认无误后即可指定进货日期或装车日期。

对搬入货场的货物，车站按规定进行验收；检查货物品名与运单是否相符，运输包装和标记、标志是否符合规定的要求。按件数承运的货物还应对照运单点清件数。对个人物品，必要时可按照物品清单核对货物数量或声明价格。

货物装车前，必须对车辆进行技术检查和货运检查。在确认能保证货物完整时，才能装车。装车时力求充分利用车辆的载重能力和容积，并防止偏载、超载、亏吨、倒塌和超限。装车完了后，应严格检查货物的装载情况是否符合规定的技术条件，然后按规定对货车进行施封、安插车牌及表示牌。

零担货物在进站、验收后，整车货物在装车完毕并在运单上填记车号、货物实装吨数后，填制货票（见表 2-2）、核收运输费用。货票是一种财务性质的票据，是根据货物运单记载的内容填制的。货票分甲、乙、丙、丁四联。货票在发站是向发货单位核收运输费用的收款收据，在到站是与收货单位办理交付的凭证之一。在铁路内部则是清算运输费用，确定货物运到的实际期限，统计完成的货运量、运输收入以及有关货运工作指标的根据。

表 2-2 **铁路货票样式**

货 票 **No：**

计划号码或运输号码 ×××铁路局 甲联（发站存查）

发站		到站（局）		车种车号		货车标重		承运人/托运人装车	
经由		货物运到期限		施封号码或铁路篷布号码					
运价里程		集装箱号码		保价金额		现付金额			
						费用	金额	费用	金额
托运人名称及地址						发到运费		运行运费	
收货人名称及地址						印花费		京九分流	

货物品名	品名代码	件数	货物重量	计费重量	运价号	运价率	建设基金		电气化附加费	
集装箱号码										
记事							合计			

发站在发货人交付运输费用后，在货物运单和货票上加盖站名日期戳，即为承运。承运标志着铁路开始对发货人托运的货物承担运送的义务和责任。

（2）途中作业。货物在运送过程中，铁路内部需要经过多次交接，才能运至到站交给收货人。为了保证货物运输的安全与完整，划清运输责任，交接时，应按照规定办理交接手续。

货物在运输途中如发现装载偏重、超重；货物撒漏；货物装载有异状；货车篷布苫盖不严，捆绑不牢；以及车辆技术状态不良，经车辆部门扣留不准继续运行，或有可能危及行车安全和货物完整时，由发现站或指定站及时换装或整理，并进行登记。

对铁路已承运的货物，发货人或收货人若按批向发站提出发送前取消托运，向货物所在中途站或到站提出变更到站、变更收货人等，均称为货物运输变更。零担货物的中转作业，超限、超长、集重货物的途中检查，鲜活货物的途中作业等，都属货物的途中作业。

（3）到达作业。到站在接收到达重车和货运票据后，应即时将车辆送至卸车地点。在铁路货场的卸车作业由铁路负责，在其他场所卸车，均由收货人负责。用罐车运输的货物、冻结易腐货物、未装容器的活动物、蜜蜂、鱼苗、一件重量超过1吨的放射性同位素以及用人力卸带有动力的机械和车辆由收货人负责。

铁路组织卸车的货物卸车前，车站工作人员应认真检查车辆状态，施封是否完好，篷布苫盖或装载有无异状，卸车时则根据货物运单清点件数，核对货物标记，检查货物状态，如发现货运事故，应立即编制货运记录。因为货运记录是分析事故责任和处理事故赔偿的重要依据。

卸下的货物应堆码整齐稳固、合理使用货位，堆放在场地上的货物，应与钢轨外侧保持1.5米以上的距离，保证调车作业的安全。

铁路组织卸车的货物，到站应在不迟于卸车完了的次日，向收货人发出催领通知。收货人应于铁路发出催领通知次日起算的规定时间内将货物搬出，超过规定时间未搬出铁路将对其超过的期间核收货物暂存费。收货人在到站领取货物时，须提出领货凭证或有效的证明文件。到站在收货人办完领取手续和缴付费用后，将货物连同货物运单一并交给收货人。

铁路与发、收货人间的运输契约，终结于到站向收货人交付货物。铁路组织卸车和发站由铁路组织装车到站由收货人组织卸车的货物，在向收货人点交货物或办理交接手续后，即为交付完毕；发站由发货人组织装车，到站由收货人组织卸车的货物，在货车交接地点交接完毕，即为交付完毕。

（4）货物运到期限。货物运到期限是铁路在现有技术设备和工作组织条件下，将货物运到一定的距离所需时间的最大限度。如果铁路承运方超过运到期限，铁路方应按规定向承运人支付人一定数额的违约金。但对于自然灾害、由于发货人的责任致使货物途中换装、整理、其他非铁路责任等情况导致超过运到期限情况，铁路不承担任何违约责任。

2.3.3 铁路货物运输计划

铁路货物运输计划制度是通过编制和执行各种工作计划来实现的。在各种工作计划中，货物运输计划是最基本的。货物运输计划分为长远计划、年度计划和月度计划三种。

月度货物运输计划是保证完成年度货物运输计划在计划月度内的具体安排。它是在国家经济政策和运输政策的指导下，根据计划月份国民经济各部门的生产计划、供应计划和销售计划对铁路运输的需要，进行编制的。

月度货物运输计划的基本任务是：

（1）正确分配各重点品类和铁路局的运量；

(2) 组织合理运输、直达运输和成组装车，经济合理地使用铁路设备；

(3) 组织水陆联运，综合利用各种运输工具；

(4) 组织均衡完成国家年度运输任务。

月度货物运输计划的主要内容包括：

(1) 全国的、各铁路局的品类别货运量；

(2) 国际联运进出口运输计划；

(3) 水陆联运计划；

(4) 装车地直达列车和成组装车计划；

(5) 卸车计划；

(6) 其他计划。

月度运输计划的综合平衡原则是：

(1) 贯彻党和国家有关经济和运输的方针政策，正确安排农业、轻工业和重工业的运输；

(2) 保证重点，全面安排；

(3) 贯彻执行国家各种物资合理运输办法，水陆运输合理分工办法，积极组织直达、成组运输和均衡运输，以经济合理地使用运输工具。

2.3.4 铁路货物运输成本及运费构成

(1) 铁路货物运输成本。铁路货物运输成本是指铁路运输企业完成每单位运输产品所支出的各类成本费用，通常以统计期内企业所支出的全部费用与企业所完成的运输产量的比值表示，一般用在一定时期内的按单位周转量分摊的全部费用来确定，计量单位为：元/吨·千米。

铁路货物运输成本包括固定成本、半变动成本和变动成本。

与其他运输成本核算不同，铁路货物运输的固定成本包括基础设施建设成本、用于路网运行的运营成本和维护成本。

半变动成本包括建筑、设备和道路维护等费用。

变动成本包括劳动力成本、燃料和能源成本。

影响铁路货物运输成本的主要因素分为四个方面：一是用户需求特点，由货物平均运输里程反映；二是铁路运输固定设施的基本特点，由相关的成本费用差异体现；三是铁路货物运输设备运用效率，这其中还包含运输组织与管理的质量和效率，由各效率指标反映；四是被运送对象与运输设备之间的适应状况，由静载重给予反映。

对于铁路运输企业来说，这些因素有些是可控的，有些是不可控的。货物平均运输里程是由用户货物运输需求决定的，属于不可控因素。静载重因素受货物本身的特征以及运输工具、运输安全等方面技术要求限制，只能在一定程度上加以控制。

对于运输企业来说，为了降低成本必须从提高设备运用效率和降低支出两方面考虑。对于运行部分，在支出水平不变的条件下，使用牵引力大的机车并且提高机车牵引力的引用效率是降低成本的有效途径之一；在车辆运用方面，降低重车周转距离、空载率和提高货物列车的运行速度也是降低成本的重要途径之一；节约货物和车辆的各类作业时间对于降低成本水平具有极为重要的意义。

（2）铁路货物运输费用。① 铁路货运运费（即铁路货物运输费用）是对铁路运输企业所提供的各项生产服务消耗的补偿，包括车站费用、运行费用、服务费用和额外占用铁路设备的费用等。

铁路货运运费按运输类型可分为三种：整车货物运费计算、零担货物运费计算和集装箱运费计算。

计算货物运输费用的程序：

①按“货物运价里程表”计算出发站至到站的运价里程。

②根据货物运单上填写的货物名称查找“铁路货物运输品名分类与代码表”、“铁路货物运输品名检查表”，确定适用的运价号。

③整车、零担货物按货物适用的运价号，集装箱货物根据箱型、冷藏车货物根据车种分别在“铁路货物运价率表”（见表 2-3）中查出适用的运价率。

表 2-3　　　　**铁路货物运价率表**

办理类别	货价号	发到基价		运行基价	
		单位	标准	单位	标准
整车	1	元／吨	4.60	元／（吨·千米）	0.0212
	2	元／吨	5.40	元／（吨·千米）	0.0243
	3	元／吨	6.20	元／（吨·千米）	0.0284
	4	元／吨	7.00	元／（吨·千米）	0.0319
	5	元／吨	7.90	元／（吨·千米）	0.0360
	6	元／吨	8.50	元／（吨·千米）	0.0390
	7	元／吨	9.60	元／（吨·千米）	0.0437
	8	元／吨	10.70	元／（吨·千米）	0.0490
	9			元／（吨·千米）	0.1500
	冰保	元／吨	8.30	元／（吨·千米）	0.0455
	机保	元／吨	9.80	元／（吨·千米）	0.0675
零担	21	元／吨	0.087	元／（吨·千米）	0.000365
	22	元/10 千克	0.104	元/（10 千克·千米）	0.000438
	23	元/10 千克	0.125	元/（10 千克·千米）	0.000526
	24	元/10 千克	0.150	元/（10 千克·千米）	0.000631

① http：//www.raildoor.com/hb/html/c31/2009-07/413.htm。

续表

办理类别	货价号	发到基价		运行基价	
		单位	标准	单位	标准
集装箱	1 吨箱	元／箱	7.40	元／（箱·千米）	0.00329
	5.6 吨箱	元／箱	57.00	元／（箱·千米）	0.2525
	10 吨箱	元／箱	86.20	元／（箱·千米）	0.3818
	20 英尺箱	元／箱	161.00	元／（箱·千米）	0.7128
	40 英尺箱	元／箱	314.70	元／（箱·千米）	1.3935

④货物适用的发到基价加上运行基价与货物的运价里程相乘之积后，再与按铁路货运价格规则确定的计费重量（集装箱为箱数）相乘，计算出运费。

⑤杂费按铁路货运价格规则的规定计算。

货物单位重量的运费计算办法：

整车货物每吨运价＝发到基价+运行基价×运价千米

零担货物每 10 千克运价＝发到基价+运行基价×运价千米

集装箱货物每箱运价＝发到基价+运行基价×运价千米

（3）货物计费重量的确定。整车是以吨为单位，吨以下四舍五入；零担是以 10 千克为单位，不足 10 千克进为 10 千克；集装箱是以箱为单位。每项运费的尾数不足 1 角时，按四舍五入处理；每项杂费不满 1 个计算单位，均按 1 个计算单位计算。零担货物的起码运费每批为 2 元。

（4）《铁路货运价格规则》（以下简称《价规》）所附几项运输费用核收方法。

①铁路电气化附加费核收办法。

凡货物运输中途经过表 2-4 所列电气化区段时，均按《铁路电气化附加费核收办法》（《价规》附录一）的规定收取电气化附加费。

电气化附加费计算公式：

电气化附加费＝费率×计费重量（箱数或轴数）×电化里程

表 2-4　**电气化附加费费率表**

项目种类	计费单位	费率
整 车 货 物	元/（吨·千米）	0.012
零 担 货 物	元/（10 千克·千米）	0.00012
自轮运装货物	元/（轴·千米）	0.036

续表

项目种类			计费单位	费率
集装箱		1吨箱	元/（箱·千米）	0.0072
集装箱		5、6吨箱	元/（箱·千米）	0.06
集装箱		10吨箱	元/（箱·千米）	0.1008
集装箱		20英尺箱	元/（箱·千米）	0.192
集装箱		40英尺箱	元/（箱·千米）	0.408
集装箱	自备空箱	1吨箱	元/（箱·千米）	0.0036
集装箱	自备空箱	5、6吨箱	元/（箱·千米）	0.03
集装箱	自备空箱	10吨箱	元/（箱·千米）	0.0504
集装箱	自备空箱	20英尺箱	元/（箱·千米）	0.096
集装箱	自备空箱	40英尺箱	元/（箱·千米）	0.204

②新路新价均摊运费核收办法。

铁路建设中新建线路不断增加，为了既体现国家实行新路新价的原则，又方便计算运费，凡经国家铁路运输的货物，按发站至到站国铁正式营业线和实行统一运价的运营临管线的运价里程，均按《新路新价均摊运费核收办法》（《价规》附录二）的规定收取新路新价均摊运费。新路新价均摊运费率见表2-5。

新路新价均摊运费计算公式：

新路新价均摊运费=费率×计费重量（箱数或轴数）×运价里程

表2-5　**新路新价均摊运费费率表**

项目种类			计费单位	费率
整车货物			元/（吨·千米）	0.011
零担货物			元/（10千克·千米）	0.000011
自轮运装货物			元/（轴·千米）	0.0033
集装箱		1吨箱	元/（箱·千米）	0.000066
集装箱		5、6吨箱	元/（箱·千米）	0.0055
集装箱		10吨箱	元/（箱·千米）	0.00924
集装箱		20英尺箱	元/（箱·千米）	0.0176
集装箱		40英尺箱	元/（箱·千米）	0.0374
集装箱	自备空箱	1吨箱	元/（箱·千米）	0.00033
集装箱	自备空箱	5、6吨箱	元/（箱·千米）	0.00462
集装箱	自备空箱	10吨箱	元/（箱·千米）	0.0504
集装箱	自备空箱	20英尺箱	元/（箱·千米）	0.088
集装箱	自备空箱	40英尺箱	元/（箱·千米）	0.0187

注：整车货物中，化肥、磷矿石、棉花（子棉、皮棉）的费率为0.0021元/（吨·千米）。

③铁路建设基金计算核收办法。

铁路收取建设基金的目的是专款专用，保证铁路建设的不断发展。费率见表 2-6。

铁路建设基金的计算公式：

建设基金=费率×计费重量（箱数或轴数）×运价里程

表 2-6　**铁路建设基金费率表**

<table>
<tr><th colspan="3">项目种类</th><th>计费单位</th><th>农药</th><th>磷矿石
棉花</th><th>其他货物</th></tr>
<tr><td colspan="3">整车货物</td><td>元/（吨·千米）</td><td>0.019</td><td>0.028</td><td>0.033</td></tr>
<tr><td colspan="3">零担货物</td><td>元/（10 千克·千米）</td><td>0.00019</td><td colspan="2">0.00033</td></tr>
<tr><td colspan="3">自轮运装货物</td><td>元/（轴·千米）</td><td colspan="3">0.099</td></tr>
<tr><td rowspan="10">集装箱</td><td colspan="2">1 吨箱</td><td>元/（箱·千米）</td><td colspan="3">0.0198</td></tr>
<tr><td colspan="2">5、6 吨箱</td><td>元/（箱·千米）</td><td colspan="3">0.165</td></tr>
<tr><td colspan="2">10 吨箱</td><td>元/（箱·千米）</td><td colspan="3">0.2772</td></tr>
<tr><td colspan="2">20 英尺箱</td><td>元/（箱·千米）</td><td colspan="3">0.528</td></tr>
<tr><td colspan="2">40 英尺箱</td><td>元/（箱·千米）</td><td colspan="3">1.122</td></tr>
<tr><td rowspan="5">自备空箱</td><td>1 吨箱</td><td>元/（箱·千米）</td><td colspan="3">0.0099</td></tr>
<tr><td>5、6 吨箱</td><td>元/（箱·千米）</td><td colspan="3">0.0825</td></tr>
<tr><td>10 吨箱</td><td>元/（箱·千米）</td><td colspan="3">0.12386</td></tr>
<tr><td>20 英尺箱</td><td>元/（箱·千米）</td><td colspan="3">0.264</td></tr>
<tr><td>40 英尺箱</td><td>元/（箱·千米）</td><td colspan="3">0.561</td></tr>
</table>

注：整车化肥、黄磷免征铁路建设基金。表中棉花仅指子棉、皮棉。

（5）部分临管铁路和新线特殊运价。根据国家有关政策，国家发改委、铁道部对部分临管铁路和新线运费实行特殊运价。

（6）货物装卸搬运费率。铁路货物装卸搬运作业费收费项目分整车、零担、集装箱、杂项作业 4 种。各地区、各车站按其实际发生的项目和铁道部规定的费率标准核收。

计算装卸搬运费重量：整车货物以吨为单位，吨以下四舍五入；零担货物以 10 千克为单位，不足 10 千克进为 10 千克；集装箱货物以箱为单位。

货物堆放地点与车辆的最大距离：整车、零担货物为 30 米，集装箱货物为 50 米。人力装卸堆放于仓库和雨棚以外的货物、整车包装成件货物的装车距离为 20 米，散堆装货物除木材、毛竹、草秸类货物重复装车为 20 米外，其他货物均为 6 米。

凡超过上述规定的装卸距离，其超过部分按搬运处理。

货物装卸，搬运费用，按各铁路局规定收取。

（7）其他运输费用。根据货物运输的需要，按《价规》的规定，核收货物快运费。

铁路国际联运货物、水陆联运货物、军事运输货物，分别按有关规定收取。

(8) 运输费用退补。托运人、收货人要求承运人退还多收运输费用时，须提出货票丙联或运费杂费收据。要求承运人支付货物运到逾期违约金时，须提出货物运单和货物全部搬出货场实际时间的证明。

承运人与托运人或收货人相互间要求退补费用的有效期间为180日，要求承运人支付违约金的有效期间为60日。每批货物发生退补的款额不足5元（零担货物每批不足1元）互不退补、互付或核收。个人托运的搬家货物、行李不受以上规定款额的限制。

2.4 铁路货运事故及理赔

2.4.1 铁路货物运输合同和保险

铁路货物运输业务活动，同全国的各个行业，各个经济组织、社会团体以及专业户、个体户、公民个人等，都存在着广泛的联系。在货物的托运、承运之间存在着极为广泛、极为复杂的货物运输法律关系。这种法律关系通常用合同的方式体现出来。处理好这一法律关系，对于搞好铁路货物运输，保证托运、承运双方的合法权益，促进我国的社会主义事业的建设和发展，有重大的意义。

(1) 铁路货物运输合同。铁路货物运输合同，是承运人（即铁路一方）根据托运人（统称为货主）的委托，按照预先约定的条件，将货物运到指定的地点交付给收货人；托运人给付承运人一定数额的货运费用（即货物运费和货运杂费），并明确相互间的权利义务关系的协议。

铁路货物运输合同的种类，按照不同的分类形式，可以有许多种分法。按照运输货物的不同性质划分，可以分为一般货物运输合同、危险货物运输合同、鲜活货物运输合同等；按照托运人的意思表示的不同进行划分，又可以分为整车货物运输合同、零担货物运输合同、集装箱货物运输合同。另外，还有地方铁路过轨联运合同等。

(2) 铁路货物运输保险。铁路货物运输保险，是对于被保险人（即投保货物运输险的托运人）由于自然灾害或意外事故所致经济损失给予补偿的一种制度。

铁路货物运输保险业务的办理以自愿保险为原则，即托运人在托运国家规定必须保险的货物应当投保货物运输险外，托运其他货物，不论是否办理货物运输保险，承运人不能变相强制其办理保险。

根据规定，中国人民保险公司可委托铁路车站代办铁路货物运输保险，铁路车站（承运人）在受理托运人托运货物时，应当积极动员托运人投保货物运输险。

2.4.2 铁路货物运输事故

(1) 货运事故的分类和分等。

①货运事故的分类。根据事故发生的情况，货运事故分为9类：

- 火灾；
- 被盗（指有被盗痕迹的）；

• 丢失（指全批未到或部分短少，没有被盗痕迹的）；

• 损坏（指破裂、变形、磨伤、摔损、部件破损）；

• 腐坏（指变质、腐烂、植物枯死、活动物非中毒死亡）；

• 污染（污损、染毒、活动物中毒死亡）；

• 湿损；

• 票货分离（指有货物（车）无运送票据，有运送票据无货物（车），但已查明下落者）；

• 其他（指误运送、误交付、误编记录、伪编记录；违反营业办理限制及其他造成影响而不属于以上各类的事故者）。

②货运事故的分等。按照事故的性质和损失程度，货运事故分为三等：

• 重大事故：

由于货物染毒或危险货物发生事故，造成人员死亡 3 人或死亡重伤合计 5 人以上的；

货物（包括设备及其他损失，以下同）损失款额在 5 万元以上的。

• 大事故：

由于货物染毒或危险货物发生事故，造成人员死亡或重伤，伤亡人数不够重大事故条件的；

货物损失款额在 5000 元以上未满 5 万元的。

• 一般事故：

不属于以上各等的事故为一般货运事故。

有些事故虽已发生，但影响极微且能够较快地得到纠正，又未造成经济上的损失时，不作事故统计。例如：

货物被盗在 10 日内破案，并退回全部经济损失时；

整车（包括整零车）票货分离，在前方编组站（区段站）纠正，未影响编组列车时；

零担货物票货分离，在到达前方卸车站前纠正，未接到货运记录时；

误交付及时发现，并在 5 日内取回，未发生经济损失时；

误编少件或无货记录，自站及时发现并自记录编制之日起 7 日内发电报纠正时；或被他站发现，自收到他站记录之日起 3 日内发电报纠正时；

货物损失款额 30 元以下时。

(2) 事故记录的编制。货运事故一旦发生，应正确及时地处理事故，判明事故真相，分析事故发生的原因及划清责任，必须根据事故的不同情况，分别编制必要的记录。货物在铁路运输过程中发生的货运事故，凡涉及铁路（承运人）与托运人、收货人间或铁路内部各单位间发生物质责任时，应在发现事故的当日编制记录，作为分析责任的基本材料和提出赔偿的依据。

根据发生事故的情况和实际需要，目前采用的记录有两种。一种是货运记录，一种是普通记录。两种记录又分为带号码记录和不带号码记录两种。带号码记录由铁路局或铁路分局编印掌握，不带号码记录只限作抄件或货运员发现事故时作报告用。

货运记录是分析事故责任和请求赔偿的一种基本文件，货运记录内应记明该批货物原有及现有件数、重量、包装种类以及货物损坏程度和发现事故的详细情况。普通记录是一般的证明文件，不作为货物损失赔偿的依据，编制普通记录时，除应按照规定栏目逐一填写清楚外，特别要注意详细地记载发生问题的时间、地点和情况。

(3) 铁路货物运输事故理赔。凡投保货物运输险的货物，以承运货物时起到将货物交付收货人或按规定处理完毕时止，因自然灾害或意外事故引起的货物发生灭失、短少、变质、污染、损坏时，由承运人和保险公司按规定承担赔偿经济损失的责任。

①承运人承担的责任。

由于承运人的责任所造成的货物损失，承运人对成件货物每件价值在700元以上的，按实际损失赔偿，但每件最多不超过人民币700元；非成件货物每吨价值在500元以上的，按实际损失赔偿，但每吨最多不超过人民币500元。每件价值不足700元的成件货物或每吨价值不足500元的非成件货物，由承运人按照货物实际损失赔偿。

属于承运人责任的，货物实际损失（每件超过700元的成件货物或每吨超过500元的非成件货物），按规定手续，由保险公司负责赔付后，承运人再向保险公司偿还应由承运人负责赔偿的部分。

②保险公司承担的责任。对投保货物运输险的货物在铁路运输过程中由于下列原因造成的损失，保险公司负赔偿责任：

- 因火灾、爆炸、雷电、冰雹、暴风、暴雨、洪水、地震、地陷、崖崩所造成的损失。
- 因铁路运输工具发生火灾、爆炸、碰撞所造成的损失，以及因铁路运输工具在危难中发生卸载所造成的损失或支付合理的费用。
- 在装货、卸货或转载时发生意外事故所造成的损失。
- 因列车倾覆、出轨、隧道坍塌所造成的损失。
- 发生上述灾害事故时，遭受盗窃或在纷乱中造成的损失。
- 在发生保险责任范围内的灾害或事故时，因施救或保护货物支出的合理费用，也负赔偿责任。

上述所列的损失赔偿，必须是保险责任范围内的损失赔偿，是在规定的保险金额内给予的赔偿。不包括超出保险责任范围以外和规定的保险金额以外的损失赔偿。如《铁路货物运输实行保险与负责运输相结合的补偿制度的规定》第六条第一款规定：货物损失，成件货物每件价值在700元以上的，按实际损失赔偿，但每件最多不超过人民币700元；非成件货物每吨价值在500元以上的，按实际损失赔偿，但每吨最多不超过人民币500元。超过承运人负责赔偿限额的部分，由保险公司在保险金额内给予补偿。《铁路货物运输实行保险与负责运输相结合的补偿制度的规定》规定：“承运人责任与保险公司责任的确定问题，由当地铁路部门与当地保险公司具体商定。”

③铁路货物运输赔偿处理。

- 投保货物运输险的托运人（或收货人）在向保险公司（或受委托的承运人）申请赔偿时，应提供下列单证：

确定发生损失原因的证件（如由承运人编制的货运记录）；

货物运单、物品清单和保险单；

救护保险货物所支出合理费用的单据。

保险公司（或承运人）接到上述申请和单证后，即根据保险责任范围，迅速核定应否赔偿。有关赔偿金额，经与托运人（或收货人）达成协议后立即赔付。

• 保险货物遭受损失以后的残存部分，应当充分利用，作价折归托运人（或收货人）并在赔款中扣除。

• 托运人（或收货人）从获悉保险货物遭受到损失的当天起，如果经过一年不向保险公司或承运人申请赔偿，不提出必要的单据、证件，或者不领取应得的赔款，即作为自愿放弃权益。

• 在赔偿处理问题上发生争议，应本着实事求是的精神协商解决。双方不能达成协议时，可提交仲裁机构仲裁或法院处理。

④ 铁路货物运输事故除外责任。保险货物在铁路运输中由于下列原因造成的损失，保险公司和承运人不负赔偿责任：

• 战争或军事行动；
• 直接由于货物的自然损耗，市价跌落，本质上的缺陷造成的损失；
• 托运人（或收货人）的故意行为或过失；
• 其他不属于保险责任范围内的损失。

非经保险公司（或承运人）同意并特别约定，保险货物由于直接破碎渗漏、短量、串味等所造成的损失，保险公司或承运人不负赔偿责任。

思考题

1. 什么是铁路运输？简要说明铁路运输的产生和发展过程。
2. 简述铁路运输的发展趋势。
3. 铁路运输的特点是什么？铁路运输的技术特征有哪些？
4. 论述铁路运输在我国社会经济体系中的作用。
5. 什么是铁路线路？什么是铁路轨道？
6. 什么是铁路机车？铁路机车分哪几种？各自的特点是什么？
7. 什么是铁路车辆？铁路车辆分哪几种？各自的作用是什么？
8. 什么是铁路的通信设备和信号设备？
9. 铁路的信号设备由哪几部分组成？各个部分有什么作用和意义？
10. 什么是铁路枢纽？什么是铁路车站？
11. 铁路车站按技术作业分为哪几类？各自的任务和作业流程是什么？
12. 简述铁路货物运输的作业组织。
13. 什么是铁路货物运输合同？什么是铁路货物运输保险？
14. 简述铁路货物运输事故的分类分等。
15. 简述铁路货物运输赔偿处理的过程。

案例分析

南宁铁路局完善物流链条促进增运上量

近期，南宁铁路局加快老旧货场改造，完善货场全程物流服务链条，强化市场营销，全力满足货主需求，促进增运上量。

南宁局按照现代物流体系标准，组织技术人员对全局货场进行合理规划，对老旧货场设备设施进行改造，努力打造一批物流园区式的现代化货场。他们加快推进39个铁路物流中心建设，加大货场改造资金投入，对玉林、廉江、梧州等货场实施“短平快”改造，进一步完善仓储、装卸、配送等物流服务功能。

这个局努力完善全程物流服务链条，与56家社会物流企业开展接取送达联营合作。他们统筹调配全局叉车、托盘等装卸工具，强化对货运中心和车务站段结合部的管理，提高装卸效率；对新揽货源实施全程重点跟踪，优化内部生产组织，努力满足客户对货物装载、运到时限的要求。2015年10—11月，全局共发送零散货物5.8万吨，环比增长11.3%。

南宁局加快货运无轨站建设，2015年内将建成100个货运无轨站，延伸货运触角，提高揽货能力。2016年，全局还将再建100个货运无轨站，形成覆盖管内主要市县区的货运营销网络。

思考题：

1. 你如何评价南宁铁路局为提升货物装卸现代化而进行的努力和摸索？

2. 结合配送中心技术化的相关理论和知识，如何做到进一步完善配送中心的作业管理？

◎ 实训设计

南宁铁路局货物装卸现代化的研究与设计

【实训目标】

通过实训，学生更好地理解配送中心作业管理及信息化建设的理论知识，并能将所学运用于实际，在现实环境中掌握配送中心作业管理流程和信息系统流程，认识到配送中心信息化建设的重要性，并分析在进行作业管理信息化的流程完善中可能遇到的困难，同时培养学生收集、整理分析资料和解决实际问题的能力。

【实训内容与要求】

1. 描述企业概况

（1）物流企业所处领域、业务功能和区位等方面的优势；

（2）物流企业定位与发展规划；

（3）对物流企业的作业管理流程、信息化管理的其他相关流程的调查和分析。

2. 实训内容

根据配送中心作业管理和信息化系统建设的理论知识，结合物流企业的发展规划和实际情况，在教师和企业人员指导下分组制定完善作业管理及信息化建设的方案：

（1）调查物流企业的基本情况；

（2）对物流企业配送中心影响作业管理、信息化建设的因素进行分析；

（3）运用所学方法规划设计作业管理流程和信息化建设流程；

（4）结合实际情况对所选方案给予评价；

3. 实训要求

据具体情况，选择物流企业，经调查、分析的基础上给出该物流企业配送中心的作业管理流程及信息化建设方案，限期一周。

【成果与检验】

将各小组的情况填入下表，并计算总分。

小　组	设计构想（35 分）	设计效果（25 分）	报告表述（25 分）	团队合作（15 分）	总　分
1					
2					
3					
4					

第3章　公路运输

☞ 知识目标

◆ 理解公路运输的概念和发展历程；
◆ 掌握公路运输的特点、重要性和发展趋势；
◆ 理解公路运输的设备系统组成和它们各自的作用；
◆ 掌握公路运输的各种组织和工作方式。

☞ 技能目标

◆ 综合运用所学的知识，分析公路运输的案例；
◆ 具备灵活分析现实公路运输问题的能力。

在现代交通运输中，公路运输在现代科技的支撑下日益成为发展速度最快、应用范围最广、承担运量最大、发展潜力最大、地位日趋重要的运输方式。公路运输时保证区域经济实现内外循环的基本手段，是区域与区域之间和区域内部实现全方位联系的纽带，是综合运输系统中不可缺少的一个子系统，它在各种运输方式中所占的比重也越来越大。公路运输是实现现代物流配送的最主要和最重要的方式。道路在国民经济中的地位犹如人体的血液，它把营养送到全身，而在国民经济体系中是按配置的要求把资源送到国民经济各个部分的。公路运输既是一个独立的运输体系，又是连接铁路车站、港口和机场，集散物资的重要手段，是连接铁路运输、水路运输和航空运输起端和末端不可缺少的运输方式。

3.1 公路运输概述

公路运输又称道路运输，是指人们利用公路、机动车辆等运输工具将货物从一个地点向另一个地点运送，包括集货、分配、搬运、中转、装卸、分散等一系列空间位移的活动。公路运输是一种主要使用汽车等车辆在公路上运送货物的运输方式，主要承担近距离、小批量的货物短途运输和水运、铁路运输等难以到达地区的长途、大批量的货物运输。

3.1.1 公路运输的产生和发展

(1) 公路运输的产生和历程。在现代化运输业的发展过程中，世界上许多国家有一个共同的发展规律，即海运、铁路运输发展在先，公路运输则后来居上，20 世纪 60 年代以后，其发展速度大大超过铁路和其他运输方式。自 20 世纪 70 年代以来，世界上一些经济发达国家大都改变了一个多世纪以来以铁路运输为中心的局面，公路运输在各种运输方式中的主导作用日益增强。

我国公路运输的发展也主要分为三个阶段：①从新中国成立初期至改革开放的1978年。旧中国的公路交通极为落后，1949年全国公路通车里程仅8.07万千米，公路密度仅0.8千米/百平方千米。新中国成立初期，公路交通经历一段时期的恢复后开始获得长足发展，1952年公路里程达到12.67万千米。20世纪50年代中后期，为适应经济发展和开发边疆的需要，我国开始大规模建设通往边疆和山区的公路，相继修建了川藏公路、青藏公路，并在东南沿海、东北和西南地区修建国防公路，公路里程迅速增长，1959年达到50多万千米。20世纪60年代，我国在继续大力兴建公路的同时，加强了公路技术改造，有路面道路里程及其高级、次高级路面比重显著提高。70年代中期我国开始对青藏公路进行技术改造，80年代全面完成，建成了世界上海拔最高的沥青路面公路。②1978—2001年。这一阶段，国家开始利用国际金融组织贷款修建国际标准高速铁路，允许利用贷款、集资修路，并收取车辆通行费偿还贷款等政策。国家也明确了公路运输是国民经济发展的瓶颈产业，开始大规模地建设汽车专用公路，建成了沈阳至大连、上海至嘉定等许多高速铁路，国道网规划研究基础上研究形成了“五纵七横”12条国道主干线规划，设想用二三十年时间逐渐建成以二级以上汽车专用公路为主组成的过道主干线网，这阶段高等级公路通车里程增长也非常迅速。③2001年至今，我国着力加快交通基础设施建设。全国公路主骨架系统建设：我国在2001—2010年重点建设“五纵七横”国道主干线中余下的“五纵五横”主要路段，到2010年基本建成公路主骨架。国家要求重点发展省会到地市或到主要县城的公路及国道主干线连接线等干线公路，加快区域干线公路和大中城市过境公路及出入口公路建设，加大乡村公路通达工程的建设力度，使有条件通公路的乡、行政村特别是西部老、少、边穷地区有条件通公路的乡、行政村尽快通公路。

“十三五”规划总规模8.6万千米的“7981”国家高速公路网主骨架基本全面完成。预计“十三五”末，全国高速通车总里程达到14.5万~15万千米。

（2）公路运输的发展趋势。

①加强公路建设，特别是高速公路得到迅速发展。近些年来运输结构发生了根本变化，汽车运输所完成的客货运量及周转量均超过铁路运输，主要原因是汽车工业和公路建设得到迅速发展，四通八达的高速公路网的建立，使汽车运输在长途客货运输中超过铁路运输，成为一支重要力量。

②新材料的广泛应用和开发。新材料开发的主要方向是改善公路桥梁建筑物的稳定性和耐久性，增大它们的使用寿命，大大降低使用周期内的养护成本。如高性能混凝土不仅强度大大提高，而且具有轻质、耐腐蚀、稳定性好等特点。

③智能运输系统（ITS）蓬勃发展。智能运输系统是利用先进的通信技术，形成人、车、路三位一体，从而大大提高道路交通的安全性、运输效率、行车的舒适性及有利于环境保护的道路交通系统。现在ITS有关技术已经产生了显著效益，如电子自动收费系统（ETS），它无须停车即可实现收费功能，大大提高了道路的通行效率。

3.1.2　公路运输的特点

公路运输是目前我国最重要和普遍的短途运输方式。公路运输是各种运输方式中完成运输量最大、向社会提供就业机会最多，实现营业收入最高的一种运输方式，在综合运输体系中不仅发挥了重要的基础作用，而且在部分地区和领域起到了重要的骨干作用。

（1）公路运输的优点。

①机动灵活，适应性强，受地形气候限制小。公路运输在时间方面机动性大，车辆可随时调度、装运，各环节之间的衔接时间较短。公路运输对客货运量具有很强的适应性，既可以单车独立运输，也可以由若干车辆组成车队同时运输。在一些没有开通铁路、水路运输的偏僻地区，公路运输一般先行。

②可实现“门到门”直达运输。由于汽车体积较小，中途一般也不需要换装，除了可沿分布较广的路网运行外还可离开路网深入到工厂企业、农村田间、城市居民住宅等地，既可以把货物和旅客从事发地门口直接运送到目的地，实现“门到门”直接运输。

③在中、短途运输中，运送速度较快。由于公路运输途中不需要倒运、转乘就可以直接将客货运达目的地，因此在中、短途运输中，其客、货在途时间较短，运送速度较快。

④原始投资少，经营简单，资金周转快。与水、航运输方式相比，所需固定设施简单，车辆购置费用一般也比较低。因此，投资兴办容易，投资回收期短。据相关资料表明，在正常经营情况下，公路运输的投资每年可周转 1~3 次，而铁路运输则需要 3~4 年才能周转一次。

⑤驾驶技术容易掌握。培训汽车驾驶员一般需半年左右时间，而培养火车、轮船及飞机驾驶员则需几年时间。相比较而言，汽车驾驶技术比较容易掌握。

⑥技术经济性能高，货损货差小。随着新技术的运用，汽车的动力性能、安全性能、运输监控性能等都得以发展，特别是这些技术在专用车辆、集装箱上被广泛使用，保证了公路运输质量。

（2）公路运输的不足之处。

①载运量小，安全性差。尽管汽车载重已提高到一定的程度，与水运、铁路运输比还是相差甚远。公路运输的人、车成分复杂，交通事故频繁。

②平均运距较短，运行持续性较差。据有关统计资料表明，在各种现代运输方式中，公路的平均运距是最短的，运行持续性较差。

③单位运输成本高，对环境污染大。由于汽车载重受限，劳动生产率低，特别是长途运输中单位运输成本远高于铁路、水路运输，加之受当前汽车燃料限制，在空气污染、噪声、振动方面公路运输危害较大。

（3）公路运输在运输业和国民经济中的地位与作用。公路运输是经济和社会发展的基础结构部门之一。在一个国家经济和社会发展过程中，能源、交通等属于基础结构部门，它对经济和社会发展起着基本保障作用。

公路运输是交通运输的重要组成部分，它深入社会生活的各个方面，可以说，航空运输是点状的运输，铁路、水运是线状的运输，而独有公路运输是网状的运输，它除了可独立完成“门到门”运输任务外，还为航空、铁路、水运等集散客货提供运输服务，是其他运输方式不可缺少的衔接和补充手段。在没有铁路、水运和航空运输的地方，公路汽车成了主要的交通工具。

公路运输还是城市范围以内的主要运输方式。城市是国家或地区政治、经济活动的中心，一般都是物质生产部门的集中地，商品流通的集散中心，也是沟通和组织广大城乡经济活动和人们交往的交通枢纽。在城市运输中，汽车运输是主要的运输方式。

3.2 公路运输设备

目前，全世界现代交通网中，公路线长占2/3，约2000万千米，公路运输所完成的货运量占整个货运量的80%左右，货物周转量占10%。在许多国家，公路运输在物流领域占有重要的地位。公路运输设备主要包括公路、桥梁涵洞和隧道等结构物，以及运输车辆、车站、停车场、交通安全管理设施等。

3.2.1 公路概述

公路是一种线形工程构造物。它主要承受汽车荷载的重复作用和经受各种自然因素的长期影响。因此，对于公路的要求，不仅要有和缓的纵坡、平顺的线形，而且要有牢固可靠的人工构造物、稳定坚实的路基、平整不滑的路面以及其他必要的防护工程和附属设备。

根据公路的作用及使用性质，可划分为：国家干线公路（国道）、省级干线公路（省道）、县级干线公路（县道）、乡级公路（乡道）以及专用公路。国道是指具有全国性政治、经济意义的主要干线公路；省道是指具有全省性的政治、经济、国防意义的主要干线公路；县道是指具有全县（县级市）政治、经济意义的公路；乡道是指为乡村经济、文化、生产、生活服务以及乡村与外部联系的公路；专用公路是指由工矿、农林等部门投资修建，主要为该部门使用的公路，如厂矿公路、林区公路。

根据所适应的交通量水平和使用任务，则分为五个等级：高速、一级、二级、三级和四级公路。各级公路所适应的交通量和技术指标见表3-1和表3-2。

表3-1　　**公路分级**

等级	高速	一级	二级	三级	四级
AADT	>25000	15000~30000	3000~3500	1000~4000	1500（双车道）
标准车	小客车	小客车	中型货车	中型货车	中型货车
出入口控制	完全控制	部分控制			
设计年限（年）	20	20	15	10	10

注：AADT为标准车的年平均日交通量（辆/d）。

表 3-2 **各级公路主要技术指标**

公路等级		高速公路		一		二		三		四	
地形		平原微丘	山岭重丘	平原微丘	山岭重丘	平原微丘	山岭重丘	平原微丘	山岭重丘	平原微丘	山岭重丘
计算行车速度（km/h）		120	80	100	60	80	40	60	30	40	20
行车道宽度（m）		2×7.5	2×7.5	2×7.5	2×7.5	9	7	7	6	3.5	
路基宽度（m）		26	23	23	19	12	8.5	8.5	7.5	6.5	
最大纵坡（%）		3	5	4	6	5	7	6	8	6	9
平曲线最小半径（m）	极限值	650	250	400	125	250	60	125	30	60	15
	一般值	1000	400	700	200	400	100	200	65	100	30
停车视距（m）		210	110	160	75	110	40	75	30	40	20

3.2.2 公路运输车辆

汽车是公路运输的基本运输工具，它由车身、动力装置和底盘三部分组成。车身包括驾驶室和车厢两部分，动力装置时驱动汽车行驶的动力源，现代汽车的动力装置主要是汽油机和柴油机。

公路运输使用的汽车按其用途大致可以分为四类：客车、载货汽车、特种车和牵引车（牵引车及挂车）。各种运输车辆的使用性能指标包括容载量、外形尺寸和重量的利用程度、速度性能、通过性能、安全性能、经济性、乘坐的舒适性、运行储备性能等方面。

（1）客车。客车是专门用来运送旅客的汽车。客车可分为小客车和大客车（公共汽车）两种。小客车包括小轿车、吉普车等。

（2）载货汽车。载货汽车又称载重汽车，专供运送货物之用。载货汽车按其载重量的不同可分为轻型（载重量在 3 吨以下）、中型（载重量在 4~8 吨）、重型（载重量在 8 吨以上）三种。

载货汽车的车身具有各种不同的形式。敞车是载货汽车车身的主要形式，它适用于运送各种不同种类的货物（见图 3-1）。厢式车的装置可以保持货物的安全，多用以运送日用工业品、食品等。罐车（液槽车）是运送液体货物如燃料油、酸类、液体食物等的专用车辆，有的还装有冷却和加温的设备（见图 3-2）。自卸汽车可以自动卸货，适于运送散装货物如煤炭、矿石、黄沙等，其载重量一般都较大，多用于建筑工地、矿山等的内部运输。

图 3-1　敞车

图 3-2　罐车

（3）特种车。即变型车，这类车辆是在汽车底盘上安装专用的设备或车身，专供特种用途的汽车。例如消防车、救护车、工程车、超重车（吊车）和洒水车等（见图 3-3）。

（4）牵引车和挂车。牵引车又称拖车，是专门用以拖挂或牵引挂车的。牵引车可分为全挂式和半挂式（鞍式）两种。半挂式牵引车与半挂车一起使用，半挂车的部分重量是由牵引车的底盘承受的。全挂式牵引车则与全挂车一起使用，其车架较短。除牵引车外，一般的载货汽车也可作为全挂式牵引车使用（见图 3-4）。

图 3-3　消防车

图 3-4　牵引车

挂车本身没有发动机驱动，而是通过杆式或架式拖挂装置，由牵引车或其他的汽车牵引。挂车的车身通常也做成车厢的形式，可以装载旅客和货物。因此，它必须与牵引车或其他汽车一起组成汽车列车，方能构成一个完整的运输工具。

挂车有全挂车、半挂车、轴式挂车（无车厢的挂车）以及重载挂车等类型。全挂车由牵引车或一般汽车牵引。半挂车则必须和鞍式牵引车一起使用。轴式挂车是一种单轴车辆，专用于运送长度较大的货物。重载挂车是大载重量的挂车，它可以是全挂车也可以是半挂车，专用于运送沉重的特大货物，其载重量可达 200~300 吨（见图 3-5）。

挂车结构简单，保养方便，而且自重较小，因此在公路运输中使用挂车可以提高运输效率。与其他运输方式（如铁路）组织联运时，有其优越之处。

图 3-5 挂车

3.2.3 公路站场

站场是公路运输办理客、货运输业务及保管、保修车辆的场所，它是汽车运输企业的技术基地，又是基层生产单位，是公路运输网点的重要组成部分。按其使用性质的不同，可分为客运站、货运站、技术站和停车场（库）。

（1）客运站。汽车客运站按其位置的不同，可分为起点站、终点站和中间站。

中间站办理旅客上下和行李包裹的托运和交付作业，一般不办理有关车辆作业，因而设备比较简单，规模也较小。中间站设有旅客站房，多数是候车、售票、行李托运和交付集中在一起，因其旅客较少，这样布置既方便乘客，又节省用地，车站布局也紧凑。起（终）点站除办理与乘客有关的业务外，一般还设有保养场，办理车辆的保养和小修作业，客运量也较大，客运设备规模较大。一般将售票厅、候车室和行包托运处分开布置。

（2）货运站。汽车货运站一般规模都比较小，以适应汽车运输的灵活性。货运站多设于仓库、工业区或铁路货运站及货运码头附近（见图 3-6）。

货运站分为两类，一类是运输整车货物的运输公司的基地，它由办公用房和停车场组成，车辆较多时还设有保养场甚至保修厂。另一类是以零担货物运输为主要作业的车站，与第一类车站的不同之处是站内设有仓库和货物存放场地。

由于汽车货运站的运输对象和作业不同，站场的布置也各不相同，应根据具体情况进行规划和设计。

（3）技术站。技术站的主要任务是对汽车进行保养和维修，按作业性质不同，技术站分为保养场和修理厂，或二者合而为一。汽车保养站是执行汽车各级技术保养，进行维护性作业的基地。汽车修理厂是专门修理汽车和总成的单位，一般设置在汽车站内部，也有的是独立企业。

（4）停车场（库）。停车场的主要任务是保管停放车辆，是公路运输站场的一部分。停车场（库）从建筑形式上可分为暖式车库、一般车库、车棚和露天停车场四种形式。另外，一般情况下，客、货车站兼办部分车辆技术作业，即成为混合型车站。

图3-6　货运站

3.3　公路货物运输组织

3.3.1　公路货物运输分类

在现代物流运输中，公路货物运输可以按照不同的标准进行以下分类：

(1) 按货物运营方式分类。按照货物运营方式的不同可以分为整车运输、零担运输、集装箱运输、包车运输等类别。

整车运输是指托运人一批托运的货物在3吨以上（包括3吨）；或虽不足3吨但其性质、体积、形状需要一辆3吨以上的汽车运输的运输业务。

零担运输是指托运人一批托运的货物不足整车的货物运输。

集装箱运输是将适箱货物集中装入标准化集装箱，采用现代化手段进行的货物运输。

包车运输是指应托运人的要求，经双方协议，把车辆包给托运人安排使用，并按时间或里程计算运费的业务。

(2) 按货物种类分类。根据货物种类分为普通货物运输和特种货物运输。普通货物分为一等、二等、三等三个等级。特种货物包括超限货物、危险货物、贵重货物和鲜货货物。

(3) 按托运的货物是否保险或保价分类。按照这种分类方法可以分为不保险（不保价）运输、保险运输和保价运输。保险和保价运输均采用托运人自愿的办法，凡保险或保价的，需按规定缴纳保险金或保价费。保险运输须需托运人向保险公司投保和委托承运人代办。保价运输时托运人必须在货物运单的价格栏内向承运人声明货物的价格。

(4) 按货物运送速度分类。按货物运送速度分为一般货物运输、快件货物运输和特快专运。一般货物运输即普通速度运输或称慢运；快件货物运送的速度从货物受理当日 15 点钟起算，运距在 300 千米内 24 小时运达，运距在 1000 千米内 48 小时运达，运距在 2000 千米内 72 小时运达；特快专运是指按托运人要求在约定时间内运达。

3.3.2　公路货物运输作业组织

公路货运作业基本流程为备货、托运、派车装货、运送与交货、运输统计与结算等。

(1) 备运。备运是确保运输经济、及时、准确和安全的必要条件。备运的主要任务是根据货物的去向，进行单证处理、组配、制单、分拣、包装与集货等。

(2) 托运。

①订立合同。进行货物运输首先要订立合同。汽车货物运输合同采用书面形式、口头形式和其他形式。

书面形式合同种类分为运输合同和道路货物运单。汽车货物运输合同由承运人和托运人本着平等、自愿、公平、诚实、信用的原则签订。

• 货物运输合同。主要包含以下内容：托运人、收货人和承运人的名称、地址、电话、邮政编码；货物名称、性质、质量、数量、体积；装货地点、卸货地点、运距；货物的包装方式；承运日期和运到期限；运输质量；装卸责任；货物价值，是否保价、保险；运输费用的结算方式；违约责任；解决争议的方法。

• 公路货物托运单。托运一般采用书面方式，先由货主填写托运单（公路汽车零担货物托运单，见表 3-3）。托运单是货主（托运方）与运输单位（承运方）之间签订的货运合同。由货主填写托运单经过运输单位审核并由双方签章后，具有法律效力。托运单确定了承运方与托运方在货物运输过程中的权利、义务和责任，是货主托运货物的原始凭证，也是运输单位承运货物的原始依据。根据托运单，货主负责向运输单位按时提交准备好的货物，并按规定的方式支付运费；运输单位应负责及时派车将货物安全运送到托运方指定的卸货地点交给收货人。

表 3-3　**公路汽车零担货物托运单**

发件人				装货地点		车号		
收货人				卸货地点		驾驶员		
货名	性质	包装	件数	重量（t）	体积（m^3）	计费里程（km）	计费重量（t）	运费
发货人声明						装车日期		
车站记载事项								

②货物托运。为保证货物安全运输、准时到达，对货物托运有相关规定。这样才能避免货损。发生事故，能够分清责任。

在托运的货物中，不得夹带危险货物、贵重货物、鲜活货物和其他易腐货物、易污染货物、货币、有价证券以及政府禁止或限制运输的货物等。

托运货物的包装，应当按照承托双方约定的方式包装。对包装方式没有约定或者约定不明确的，可以协议补充；不能达成补充协议的，按照通用的方式包装；没有通用方式的，应在足以保证运输、搬运装卸作业安全和货物完好的原则下进行包装。

托运人应根据货物性质和运输要求，按照国家规定，正确使用运输标志和包装储运图示标志。使用旧包装运输货物，托运人应将包装上与本批货物无关的运输标志、包装储运图示标志清除干净，并重新标明制作标志。

托运特种货物，托运人应按要求在运单中注明运输条件和特约事项。如托运需冷藏保温的货物，托运人应提出货物的冷藏温度和在一定时间内的保持温度要求；托运鲜活货物，应提供最长运输期限及途中管理、照料事宜的说明书。货物允许的最长运输期限应大于汽车运输能够达到的期限；托运危险货物，按交通部《汽车危险货物运输规则》办理；托运采用集装箱运输的货物，按交通部《集装箱汽车运输规则》办理；托运大型特型笨重物件，应提供货物性质、质量、外廓尺寸及对运输要求的说明书；承运前承托双方应先查看货物和运输现场条件，需排障时，由托运人负责或委托承运人办理；运输方案商定后办理运输手续。

运输途中需要饲养、照料的生物、植物，尖端精密产品，稀有珍贵物品、文物，军械弹药，有价证券、重要票证和货币等，托运人必须派人押运；大型特型笨重物件、危险货物、贵重和个人搬家物品，是否派人押运，由承运双方根据实际情况约定。

（3）承运。

①货物承运。承运标志着企业对发货人托运的货物开始承担运送义务和责任。承运以签章合同或签章道路货物运单托运人存查联为凭。货物承运后，承运人对货物运输的全过程负责，必须适时检查，妥善保管，注意防火、防潮、防腐、防丢失，发现情况，及时采取措施。有特殊要求的货物，必须遵守商定的事项。

承运人应与托运人约定运输路线。起运前运输路线发生变化必须通知托运人，并按最后确定的路线运输。运输期限由承托双方共同约定后应在运单上注明。承运人应在约定的时间内将货物运达。零担货物按批准的班期时限运达，快件货物按规定的期限运达。

②变更和解除。在承运人未将货物交付收货人之前，托运人可以要求承运人中止运输、返还货物、变更到达地或者将货物交付给其他收货人，但应当赔偿承运人因此受到的损失。允许变更和解除的原因主要是：

- 由于不可抗力使运输合同无法履行。

货物运输过程中，因不可抗力造成道路阻塞导致运输阻滞，承运人应及时与托运人联系，协商处理，发生货物装卸、接运和保管费用按以下规定处理：

第一，接运时，货物装卸、接运费用由托运人负担，承运人收取已完成运输里程的运费，退回未完成运输里程的运费。

第二，回运时，收取已完成运输里程的运费，回程运费免收。

第三，托运人要求绕道行驶或改变到达地点时，收取实际运输里程的运费。

第四，货物在受阻处存放，保管费用由托运人负担。

- 由于合同当事人一方的原因，在合同约定的期限内确实无法履行运输合同。
- 合同当事人违约，使合同的履行成为不可能或不必要。
- 经合同当事人双方协商同意解除或变更，但承运人提出解除运输合同的，应退还已收的运费。

③运输装卸。货物受理后，承运人应根据承运货物的需要，按货物的不同特性，提供技术状况良好、经济适用的车辆，并能满足所运货物质量的要求。使用的车辆、容器应做到外观整洁，车体、容器内干净无污染物、残留物。承运特种货物的车辆和集装箱运输车辆，需配备符合运输要求的特殊装置或专用设备。

货物装车、卸车是货物始发或到达所不可缺少的作业。货物装卸，不论是由托运人自理，或者由承运人承办，都应强化质量意识，杜绝或减少货损货差事故的发生。事实证明，货物运输中的质量事故，很多是在装卸作业过程中发生或由于装卸作业质量不好而导致运输过程中发生的。货物承运人应监装监卸，使装卸质量得到保证，并尽量压缩装卸作业时间。

货物装卸作业应做到按车辆的额定吨位装货，不得任意超载。轻泡货物以折算质量装载，不得超过车辆额定吨位和有关长、宽、高的装载规定。搬运装卸危险货物，按交通部《汽车危险货物运输、装卸作业规程》进行作业。搬运装卸作业应当轻装轻卸，堆码整齐；清点数量；严禁有毒、易污染物品与食品混装、危险货物与普通货物混装、性质相抵触的货物混装。要防止货物装卸时的混杂、污染、散落、漏损、砸撞。装车货物应数量准确，捆扎牢固，做好防丢措施；卸货时点交清楚，码放、堆放整齐，标志向外，箭头向上。

货物在运输途中如发生装卸、换装、保管等作业，驾驶员之间、驾驶员与站务人员之间，应认真办理交接检查手续。一般情况下交接双方可按货车现状及货物装载状态进行，必要时可按货物件数和质量交接，如接收方发现有异状，由交出方编制记录备案。货物在运输途中如发现有装载偏重、超重、货物撒漏，车辆技术状况不良而影响运行安全，货物装载状态有异状，加固材料折断或损坏，货车篷布遮盖不严或捆绑不牢等情况出现，且有可能危及行车安全和货物完好时，应采取及时措施，对货物及时加以整理或换装，必要时调换车辆，同时登记备案。

(4) 到达。货物运达承、托双方约定的地点后，到达站或收货人应组织卸车。卸车时，对卸下货物的品名、件数、包装和货物状态应作必要的检查。

收货人应凭有效单证提（收）货物，无故拒提（收）货物，应赔偿承运人因此造成的损失。收货人不明或者收货人无正当理由拒绝受领货物的，依照《中华人民共和国合同法》的相关规定，承运人可以提存货物。货物交付时，承运人与收货人应当做好交接工作，发现货损货差，由承运人与收货人共同编制货运事故记录，交接双方在货运事故记录上签字确认，以备追索事故责任方的责任。

3.3.3　公路货物运输成本及运费构成

(1) 公路运输成本构成。

①直接费用。直接费用是在公路物流业务活动过程中，直接耗费的活劳动和物化劳动，它所支付的直接费用，主要有：职工薪酬；原材料、燃料及轮胎费用；提取折旧费、修理费；支付养路运输管理费；辅助生产车间的修理工时等。详细的科目包括：

工资和职工福利指按规定支付给营运车辆司机和助手的基本工资、工资性津贴和按规定计算的各种奖金，以及按照规定的工资总额和比例计提的职工福利费等。

燃料费指营运车辆运行过程所耗用的各种燃料，如汽油、柴油等。自卸车时及装有空调的车辆使用空调时所耗用的燃料，也在本项目核算。

轮胎费指营运车辆耗用的外胎、内胎、垫带、轮胎翻新和修补充气费。

修理费指营运车辆进行各级维护和修理所发生的工料费用、修复旧件费用和行车用机油费用。采用总成互换修理作业的企业，维修部门领用周转总成价值和卸下总成的修理费用，也在本项目内核算。

折旧费指营运车辆按规定计提的折旧费。

养路费指营运车辆按规定缴纳的养路费。

运输管理费指按规定向公路运输管理部门缴纳的运输管理费。

车辆保险费指向保险公司缴纳的营运车辆保险费用。

事故损失费指营运车辆在营运过程中，因行车事故所发生的损失，扣除保险公司赔偿后的事故费用。

税金指营运车辆按规定缴纳的车船使用税。

其他费用指营运车辆在营运过程中发生的不属于以上项目的行车杂费等，如过桥费、过路费、过渡费、过隧道费、司机途中宿费、车辆清洗费及营运司机领用的低值易耗品（篷布、工具、保温套等）和劳动保护用品等。

②间接费用。运输企业以下的基层分公司、车队、车站发生的营运管理费用，但不包括企业行政管理部门发生的管理费用。

(2) 公路货物运输费用。计算公路货物运输费用时应按照运输费用的构成逐项核查，确认无误后再进行计算，公路货物运输费用计算的步骤：

①确定计费质量，按质量构成有关规定确定。

②确定货物等级，按《汽车货物运输规则》规定的等级确定。

③确定计费里程，按《营运里程图》规定的里程确定。

④确定计费时间，按计时包车货运时间确定，无包车的不计该项。

⑤进行运费计算，按以下运费计算公式计算：

- 整批货物运费计算公式

整批货物运费=吨次费×计费重量+整批货物运价×计费重量×计费里程+其他费用

吨次费是指在计算整批货物运输费用的同时，按货物重量加收的费用。

- 零担货物运费计算公式

零担货物运费=计费重量×计费里程×零担货物运价+货物运输其他费用

• 集装箱运费计算公式

重(空)集装箱运费=重(空)箱运价×计费箱数×计费里程+箱次数×计费箱数+其他费用

箱次费是指在计算汽车集装箱运输费用的同时，按不同箱型分别收取的费用。

（3）公路运输价格。公路货物运输价格分为基本运价、普通货物运价和特种货物运价三大类。

①基本运价。基本运价分为整批货物基本运价、零担货物基本运价和集装箱基本运价三种。

• 整批货物基本运价，指一整批普通货物在等级公路上运输的每吨千米运价。

• 零担货物基本运价，指零担普通货物在等级公路上运输的每千克千米运价。

• 集装箱基本运价，指各类标准集装箱重箱在等级公路上运输的每箱千米运价。

②普通货物运价。普通货物分为一等货物、二等货物和三等货物三个等级，并实行分等计价。一等货物为煤、土、砂、石等不需要运输包装保护、可直接散装的货物；二等货物为粮、棉等农副物品和工业物品等需要包装保护的普通货物；三等货物为价高、易碎、易污染等需要重点包装保护的货物。计价时以一等货物为计价基础，二等货物加成15%，三等货物加成30%。

③特种货物运价。特种货物运价分为长大笨重货物运价，危险货物运价和贵重、鲜活货物运价三种。

• 长大笨重货物运价

一级长大笨重货物运价在整批货物基本运价的基础上，加成40%~60%。

二级长大笨重货物运价在整批货物基本运价的基础上，加成60%~80%。

• 危险货物运价

一级危险货物运价在整批（零担）货物基本运价的基础上，加成60%~80%。

二级危险货物运价在整批（零担）货物基本运价的基础上，加成40%~60%。

• 贵重、鲜活货物运价

贵重、鲜活货物运价在整批（零担）货物基本运价的基础上，加成40%~60%。

此外，使用特种车辆运送货物的，按车辆的不同用途，在基本运价的基础上加成计算，但如果同时运用特种车辆运价和特种货物运价两个价目时，不得同时加成计算；快运货物运价按计价类别在相应运价的基础上加成计算；包车运价按照不同的包用车辆分别制订；非等级公路货物运价在整批（零批）货物基本运价的基础上，加成10%~20%；出入境汽车货物运价，按双边或多边出入境汽车运输协定，由两国或多国政府主管机关协商确定。

④集装箱运价。如果使用集装箱运输，要按集装箱专门运价进行，可分为以下三种情况。

• 标准集装箱运价

标准集装箱重箱运价按照不同规格箱型的基本运价执行，标准集装箱空箱运价在标准集装箱重箱运价的基础上减成计算。

• 非标准集装箱运价

非标准集装箱重箱运价按照不同规格的箱型，在标准集装箱基本运价的基础上加成计算；非标准集装箱空箱运价在非标准集装箱重箱运价的基础上减成计算。

• 特种集装箱运价

特种集装箱运价在箱型基本运价的基础上按装载不同货物的加成幅度加成计算。

3.3.4　公路货物运输主要组织形式

(1) 多（或双）班运输。多班运输，指在昼夜时间内的车辆工作超过一个班以上的货运形式。

组织双班运输的基本方法是每辆汽车配备两名左右的驾驶员，分日、夜两班轮流行驶。它也是提高车辆生产效率的有效措施之一，但要注意安排好驾驶员的劳动休息和车辆保修时间。

在组织双班运输时，由于夜班比白班条件差，因此，除了工作时间长短不同外，在安排日夜班的运行作业计划时，一般应遵循以下原则：难运的安排在白班，好运的安排在夜班，例如零星的货运任务及循环运输等由于装卸地点较多，情况比较复杂，所以应该安排在日班完成，而大宗货运任务以及组成往复式的货运任务，适宜于安排给夜班完成。

为了开展多班运输，还应特别注意组织好货源并与收发单位搞好协作关系，创造良好的装卸现场条件，修正现场道路，安排照明设备等，以保证顺利地开展多班运输。

(2) 定点运输。定点运输，指按发货点固定车队、专门完成固定与货运任务的运输组织形式。

实行定点运输，可以加速车辆周转、提高运输和装卸工作效率、提高服务质量，并有利于行车安全和节能。定点运输组织形式，既适用于装卸地点比较固定集中的货运任务，也适用于装货地点集中而卸货地点分散的固定性货运任务。如运输公司粮食专业运输车队，未采用定点运输前，每天每车只能运 4 次，在实行定点运输后，同样运输任务，每天每车能运 6~7 次，运输生产效率提高了 50%~70%以上。

(3) 定时运输。定时运输，指运输车辆按运行作业计划中所拟定的时刻表来进行工作。

在汽车行车时刻表中规定：汽车从车场开出时间、每个运次到达和开出装卸地点的时间及装卸工作时间等。由于车辆按预先拟定好的时刻表进行工作，也就加强了各环节工作的计划性，提高了工作效率。

要组织定时运输，必须做到各项定额的制定和查定工作，包括：车辆出车前的准备工作时间定额等，同时还应合理确定驾驶员的休息和用餐等生活时间，加强货源调查和组织工作，加强车辆调度和日常工作管理以及装卸工作组织等。

(4) 甩挂运输。甩挂运输，只利用汽车列车甩挂挂车的方法，以减少车辆装卸停歇时间的一种拖挂运输形式。在相同的运输条件下，汽车生产效率的提高取决于汽车的载重量、平均技术速度和装卸停歇时间三个主要因素，实行汽车运输列车化，可以相应提高车辆每运次的载重量，从而显著提高运输生产效率。甩挂运输还可以提高车辆在路线上的工作时利用效果。

采用甩挂运输时，需要在装卸货现场配备足够数量的周转挂车，在汽车列车运行期间，装卸工人预先装（卸）好甩下的挂车，列车到达装（卸）货地点后先甩下挂车，装卸人员集中力量装（卸）主车货物，主车装（卸）货完毕即挂上预先装（卸）完货物的挂车继续运行。

采用这种组织方法，就使得整个汽车列车的装卸停歇时间减少为主车装卸停歇时间，但需要注意周转挂车的装卸工作时间与汽车列车运行时间间隔。甩挂运输适用于装卸能力不足、运距较短、装卸时间占汽车列车时间比重较大的运输条件，通常采用的甩挂运输形式有两头甩挂运输和一头甩挂运输。其中一头甩挂运输比较适应于装车困难而卸车容易或相反情况的大宗货物运输。

（5）直达联合运输。直达联合运输（即各种运输方式的直达联合运输），指以车站、港口或供需物资单位为中心，按照货物运输的全过程把供销部门、多种运输工具组织成一条龙，将货物从生产地一直运输到消费地。其主要优点是：

①有利于各种运输方式的综合利用和发展，促进综合运输网的形成。

②压缩车船等运输工具的停留时间，提高港站的通过能力，节省运力和降低运输成本。

③可以减少货物运输的中间环节，加速物资周转，节约运输费用。

以汽车为主体的中、短途货物联合运输，是汽车运输企业与产销部门之间的运输协作或汽车运输与其他运输方式之间的协作。为了搞好直达联运工作，最有效地利用各种运输工具以满足社会生产和生活的需要，组织直达联合运输的有关部门应首先做好货源调查工作，掌握货源及货流规律，然后根据运输任务的要求和运输工具的特点以及道路情况，合理地配备和安排各种运输工具及运输任务，并组织好各种运输工具的衔接。

（6）集装箱运输。集装箱运输，是指把一定数量的货物集中于一个便于运输、搬运、装卸、储存的集装箱来进行货物运送的运输组织形式。公路集装箱运输的优越性同样也体现在能提高货物运输质量，减少货物运输过程中的货损、货差，保证货物运输安全；便于实现装卸、搬运作业机械化，提高装卸作业效率；节约包装材料，降低运输成本，加速运输工具的周转，提高运输效率等。

公路集装箱直达运输常采用以下几种形式：

①公路集装箱直达运输，即由汽车或汽车列车独立承担全程运输任务。许多发达国家一般都是以这种运输方式为主。

②公路、铁路集装箱联运，即由汽车运输部门和铁路运输部门共同完成集装箱运输任务，这种运输形式有利于发挥铁路运输能力大和公路运输机动灵活的特点。

③公路、水路集装箱联运，即由汽车运输部门和水路运输部门共同完成集装箱运输任务，进、出口货物运输常采用这种运输形式。

由此可见，汽车运输除了可以独立承担集装箱运输任务外，在集装箱多式联运工艺流程中也是处于第一个和最后一个运输环节。集装箱运输的经济性主要集中表现在“门到门”运输，但它最终实现只能通过汽车运输才能予以保证，是不可缺少的运输环节。因此，汽车运输是铁路、水路集装箱运输最有效的集散方式。

（7）零担货物运输。凡一批货物托运的重量、体积或性质在3吨以下或不满以整车装运时，该批货物称为零担货物。其一般采用定线定站式货运班车或客运班车捎带货物挂车的形式将沿线零担货物集中起来运输的货运形式。

零担货物运输具有运量小、流向分散、批数较多、品类繁杂的特点。零担货物以件包装货物居多，包装质量差别较大，有时几批甚至几十批才能配装成一辆零担车（零担货物以每张托运单为一批）。因此，零担货物运输组织工作要比整车货运复杂得多。

零担货运的营运组织形式主要有整装零担车（简称整零车）、沿途零担车（简称沿零车）两种。

①整装零担车。整装零担车又可分为直达整装零担车（简称直达整零车）和中转整零车（简称中转整车）。

整装零担车是指从发站可直接运至到站，无需经过中转站进行货物中转作业的零担车。全车所装的货物到达一个到站的，叫一站直达整零车；全车的装的货物到达两个到站的，叫两站直达整零车。这种形式可加快零担货物的送达速度，避免中转换装作业，确保货物完好并节省中转费用。在组织零担货物运输时应尽可能地采用这种形式。

中转整装零担车是指装运同一去向、不同到站的货物，送至规定的中转站进行货物中转作业的零担车，中转整零车也分一站中转整零车和两站中转整零车。这种零担运输形势对运量零星、流量分散的零担货物的运输很适用，符合零担货物的特点。

②沿途零担车。沿途零担车是指在起运站将不同发货人托运同一路线、不同到站、且性质适宜配装的各种零担货物，同车运至沿途各作业计划点，卸下或装上零担货物后继续行驶，直至最后终到站的运输形式。这种零担车运输形式在组织工作上较为复杂，车辆在途时间也较长，但能够满足沿途某些零担货主的运输需要。

（8）零担货物列车的作业组织①。零担货物的作业流程图如图3-7所示。

①零担货物在货运站的发送作业：

• 托运。

• 受理。

• 进货检查。零担货物的进货检查，除了和整车货物的进货检查相似之处以外，有两点不同：

第一，应检查货物标记（货签）。

第二，应确定货物重量。

• 货物保管。进货检查完成时，将货物正确堆放在指定的货位上。

零担货物仓库里的货位，在一般情况下，总是配合承运日期表安排，并考虑各个到站的运量，有计划地使用的。

• 制票、收费。零担货物的制票、收费工作，和办理整车货物的过程完全一样。

• 编制配装计划。配装计划就是将哪几批或几十批的零担货物装进一辆货车的计划。在编制配装计划时，应当尽可能组织直达整装零担车，充分利用货车标记载重和容积，并认真执行有关货物混装限制的规定（即根据货物性质不能装进同一辆货车的规定），以便确保运输安全和货物完整，提高车辆的利用效率。

• 装车。零担货物装车时，应按照配装计划进行，并做好组织工作，防止发生误

---

① http://baike.baidu.com/view/1427907.htm。

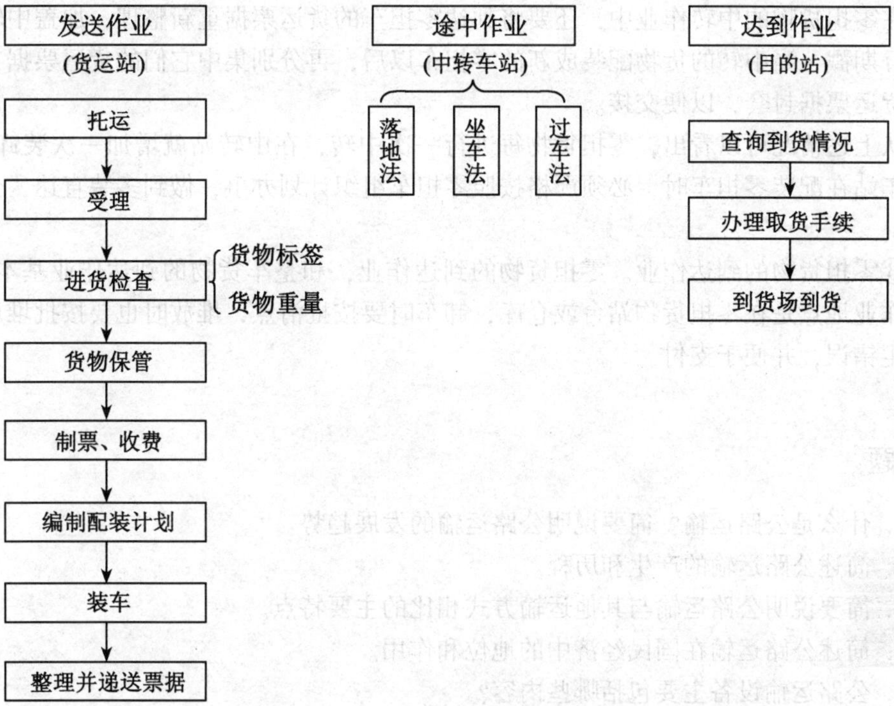

图 3-7 零担货物的作业流程图

装、漏装等事故；整装零担车装车完成后，应填写一份装载清单，写明该辆货车中装进了哪几批货物。其他情况都同整车货物装车相同。

- 整理并递送票据。装车工作完成后，应将每辆货车中所装零担货物的运单和货票丁联整理、集中在一起，连同货车装载清单，装进一个货运单据封套中，以防止货运票据的散失，并便于工作人员之间进行票据交接，然后再递送到中转车站调度室，以便转交司机。

②零担货物在运送途中的货物作业。在运送途中，零担货物具有不同于整车货物的途中作业，即中转作业。当中转整零车到达中转站后，要将货车中不同到站的货物重新组合，配装成新的零担车继续运送。

零担货物的中转作业，基本上有三种方法：

- 落地法，即将全部货物卸下，在货位上集结，另行配装新的零担车。
- 坐车法，即将到达货车中一部分同一到站的货物留在车内，作为核心货物；把其他到站的货物卸出（落地或过到另一货车中），而后加装与核心部分同一到站或同一中转站的货物组成一个新的整装零担车。
- 过车法，即将中转货物由一辆货车向另一辆车直接换装，而不用卸到货位上。过车时，可以向空车里过，也可以向留有核心货物的重车里过，一般按照“一坐、二过、三落地”的原则组织中转工作，在进行货物中转作业以前，都应做好中转计划，以便提高工作效率。

在零担货物的中转作业中，还要将到达零担车的货运票据重新整理，加盖中转站的站名日期戳，当中转的货物配装成新的零担车以后，再分别集中它们的货运票据，装进新的货运票据封套，以便交接。

从上述情况可以看出，零担货物每进行一次中转，在中转站就增加一次装卸作业。因此车站在配装零担车时，必须严格按照零担车组织计划办事，做到多装直达，合理中转。

③零担货物的到达作业。零担货物的到达作业，和整车货物的到达作业基本相同，只是作业地点是在零担货物站台或仓库，卸车时要按批清点，堆放时也要按批堆放，以免发生错误，并便于支付。

思考题

1. 什么是公路运输？简要说明公路运输的发展趋势。
2. 简述公路运输的产生和历程。
3. 简要说明公路运输与其他运输方式相比的主要特点。
4. 简述公路运输在国民经济中的地位和作用。
5. 公路运输设备主要包括哪些内容？
6. 公路运输车辆有哪些？各自的特点是什么？
7. 公路的基本组成有哪些？公路的分类和技术指标有哪些？
8. 公路站场可分为哪几个部分？各自的作用和特点是什么？
9. 公路货物运输的分类有哪些？
10. 简述公路货物运输的作业组织。
11. 公路货运的主要组织形式有哪些？各自的特点是什么？
12. 公路集装箱直达运输常采用哪几种形式？

案例分析

运游结合呈现新趋势

在新的客运市场竞争格局中，旅游客运成为客运企业新的利润增长点。如何切实有效地将旅游业务与传统客运融为一体，各家客运企业还在实践探索中。最近，旅游客运领域又有哪些新的发展模式？它们的发展状况如何？有哪些延伸的发展方向？记者带着这些问题对多家客运企业进行了采访。

弥补高铁盲点　整合散客资源

2015年，杭州长运锦湖客运有限公司首开跨省运游线路，由杭州汽车北站始发至江苏昆山地区的周庄、锦溪景区。公司副总经理金益介绍，杭州北站原来的固定班线仅限于城市与城市之间，近来很多游客反映由杭州去往周庄、锦溪景区交通不便，高铁不能到达，也没有开通直达景区的客运班线。因此，公司开通了跨省运游线路，集合散客资源，特别是为下午的回程旅客提供了很大的便利。

据介绍，在这些线路上，旅客购买车票+景区套票享有优惠，线路配备豪华大巴，车内整体环境舒适。周庄车站距离景区步行15分钟左右，还有公交车接送，锦溪车站距离景区步行仅3分钟。杭州汽车北站至周庄2个半小时车程，早上乘坐大巴出发，下午返回杭州，一日游的时间相当充裕。

为了更大限度拓展客户，杭州长运锦湖公司在高校、社区等人员密集点设立营销宣传网点，积极宣传旅游线路、车票景区套票等信息，发掘赢利点。同时，公司还正在组织征集运游线路的游记、攻略、照片等，定期评选并给予奖励。关于公司未来发展的进一步设想，金益说，要把班线延伸到江苏地区的各个旅游景点，尤其是弥补高铁的到达盲点。

10月2日，河北省石家庄市客运北站旅游集散中心开通了至山西省阳泉市的旅游线路直通车，首批60多名游客到阳泉市翠枫山和小河评梅古村两个景区进行了参观游览，这也是阳泉市景区迎来的首个外省“旅游直通车”。随着阳泉路网建设的逐步完善，内外交通的便利性大幅度提升，不仅方便了河北市民的出行需求，也为阳泉旅游的发展提供了难得的机遇。

“散客自由行的最大障碍就是交通不便，线路丰富、发车密集、‘门到门’服务正是公路客运经营旅游业的优势所在。”石家庄客运北站站长宋福生介绍说，“我们已经积累了很多旅游方面的经验，之前就开发了景区一日游直通车，并且代售部分景点门票。成立旅游集散中心以后，将对现有旅游、交通资源进行合理配置，既能带动中短途散客旅游市场的崛起，也能进一步完善城市旅游服务功能，提升旅游出行安全度和旅客满意度。”

户外定制自助游广受欢迎

10月2日清早，毕业于黄河科技大学的30余名老同学踏上旅程，以参加郑州交运集团户外定制自助游的形式，庆祝毕业15周年；10月11日、12日，郑州一公司的120名职工也登上郑州交运的定制自助游班车，开展户外拓展活动……在河南，这样的游客越来越多。

郑州长途汽车中心站周站长介绍，现在喜爱户外自助游的人越来越多，客运站车辆资源丰富，于是把两者结合起来，组成了金象定向户外自助游俱乐部，通过建立微信平台聚集出行人群，采取AA约伴的形式，由企业和景区洽谈协商具体事宜，可以由企业定好线路，散客报名参加，也可以由团体直接定制线路。这样日常车辆闲置过程中增加了旅游包车的数量，同时拓宽业务渠道，全面打通“吃住行购”，为旅客提供更加全面的服务。

凡是参加过金象户外活动的朋友，均对这个团队留下了深刻的印象，热情真诚、细心周到的服务赢得了大家信任和好评，树立了良好的口碑。金象在郑州户外旅游圈里，逐渐崭露头角小有名气，并且通过大家的口碑相传，客户群体日益扩大，中心站旅游站微信粉丝已达2400多人，QQ群成员达到700多人。自4月6日首次开展活动以来，金象户外俱乐部在半年时间里共成功组织各类活动36次，使用郑州交运大巴车辆51辆次，帮助企业及其他户外租用大巴车辆49辆次，逐渐成长为郑州交运、郑州中心站一张对外宣传的名片。周站长说，未来郑州交运的每个车站和对开公司都可以运用这种模式开展旅游客运，通过规模优势共同搭建平台。

同时，客运站也推出了车票+景区门票的优惠套票，特别是在今年洛阳牡丹花卉节期间颇受游客欢迎。此外，车站也正在和携程、去哪儿网洽谈合作事宜，由它们进行市场推广，由网站授权的第三方旅行社负责景区合作，客运站负责提供运输资源，这样作为一个完整的产品放在网上销售。三方互补，起到带动旅游客运的效果，以扩大影响力，增多发展路径。

景区直通车实现“一站式”游览

跟团游，不自由；自驾游，费用高、易疲劳、停车难。如今到辽宁省本溪县旅游，这些困扰游客的“老大难”不再难了。从今年9月底起，由辽宁虎跃旅游客运公司运行的沈阳至本溪县景区直通车正式开通。这种全新的模式具有花钱少、景点多、自由度高的特点，以一票旅游、“互联网+旅游”、定制旅游的方式打通旅游服务的“最后一千米”。

“旅游直通车”是指通过直达的方式，将游客从出发地点直接送达到景区，游客可以根据需要自主选择旅游的往返时间，自由组合要到达的景区景点，既可以享受到参团游的实惠，又可以享受到自驾游的便捷。虎跃旅游集散中心总经理卢岩说，游客乘坐直通车从沈阳出发可直达本溪10个景区，将旅游景点有效串联，实现“一站式”游览，而且费用平均降低40%左右。这不仅使沈阳通往本溪县各大景区的交通运输条件得到改善，景区周边道路交通压力也将得到缓解，同时对本溪县旅游景点资源和旅游市场的互补，对扩大旅游内涵和市场竞争力都将起到积极的促进作用。

当前，“互联网+”热潮来袭，改变和重新定义了人们的出行方式。旅游直通车的开通采取互联网线上销售为主、线下为辅的方式。此次虎跃旅游客运公司在沈阳市内设立了4个乘车点，接待组织线下游客，同时充分利用虎跃旅行社的线上支付平台，结合集团及旅游客运公司官方网站和虎跃天猫店以及各大合作团购网站进行联合销售。预订成功后，游客将接收景区门票短信和车票短信，然后拨打客服电话预定具体班次，提供相关信息，预约出行时间。乘车时，游客凭短信换取乘车小票，到达景区时，游客自行在景区门口售票处验证电子码入园。

景区直通车采取了定制旅游的方式，可提前一个月接受预订。预订时，游客可以对往返票、往返程日期及班次任意选择，在本溪各景区之间自由安排行程，往返期最长可达一个月。此外，景区直通车将采用全年运营的方式，每天5个发车时间，根据市场需求和季节的不同，根据线路及客流量可随时调整班次。

资料来源：http://www.zgjtb.com/youzheng/2015-10/29/content_56357.htm。

思考题：

1. 运游结合增值的秘诀是什么？
2. 对于东盟国家的物流运输企业来说，“运游结合”的经营模式是否具有通用性？为什么？对我国西南边疆地区来说，还有哪些潜在的创造性的增值渠道？

3. 试根据本案例为运游结合企业做一份企业营销的策划方案，进一步提高其运营效益。

第4章　水路运输

☞ 知识目标

- 理解水路运输的概念和发展历程；
- 掌握水路运输的特点、重要性和发展趋势；
- 理解水路运输的设备系统组成和它们各自的作用；
- 掌握水路运输的各种组织和工作方式。

☞ 技能目标

- 综合运用所学的知识，分析水路运输的案例；
- 具备灵活分析现实水路运输问题的能力。

在当今经济全球化的进程中，在越来越广泛的国际贸易和国际运输中，水路运输，特别是海上运输的地位作用日益重要，成为世界经济发展极其重要的助推器，目前国际贸易运输量的80%是通过海运来完成的，海运的重要性可见一斑。随着现代物流的兴起，运输已成为物流的一个重要环节，水路运输将在物流中发挥越来越重要的作用。

4.1　水路运输概述

水路运输是利用船舶、排筏和其他浮运工具，在江河、湖泊、人工水道以及海洋上运送客货的一种运输方式。水路运输是交通运输中的重要组成部分，是现代运输方式中的主要运输方式之一。我国有漫长的海岸线和众多的河流、湖泊，充分利用海岸、江河、湖泊，大力发展水运是国家发展交通运输的重要方针。我国水路运输在为国民经济运输保障，促进对外贸易等方面发挥了重要作用。

4.1.1　水路运输的产生和发展

(1) 水路运输的产生和历程。水上运输既是一种古老的运输方式，也是一种现代化的运输方式。在出现铁路、航空以前，同陆上运输工具相比，水路运输在运输能力、运输成本和方便程度等各方面都处于优势地位。资本主义国家早期的工业大多沿通航水道的两岸设厂，形成沿着江、河布局的所谓“工业走廊”。在历史上，水运的发展对工业的布局带来很大的影响。

水路运输分海运和河运两种，它们以海洋货河流作为交通线。当时世界商船队已有种类繁多的各种现代化运输船舶。中国是世界上水路运输发展较早的国家之一。公元前

214年广西壮族自治区兴安县境内建成了连接长江和珠江两大水系的灵渠；公元前5世纪春秋末期开通的京杭运河则沟通了钱塘江、长江、淮河、黄河和海河五大水系。唐代对外运输丝绸及其他货物的船舶直达波斯湾和红海之滨，其航线被誉为海上丝绸之路。明代航海家郑和率领巨大船队七下西洋，途经亚洲、非洲30多个国家和地区。中国水路运输在相当长的历史时期内，对经济、文化发展和对外贸易交流起着十分重要的作用。

进入18世纪后，以英国为代表的西方国家掀起了产业革命，蒸汽机和汽油机的相继发明使用，促进了生产力的成倍提高，商品大量增加，国际市场迅速扩大，又引发了运输工具的变革。1807年美国率先制造了世界上第一艘轮船“克莱蒙特号”，1838年英国轮船南柯斯号和大西洋号相继成功横渡大西洋，开创了远洋运输的新纪元。从此以后，轮船作为一种新的运输工具被广泛使用在国际贸易运输中。

由于国际贸易和国际货物运输是在全世界范围内进行产品交换，地理位置和地理条件决定了海洋运输是最主要的手段。目前，世界贸易总运量的75%以上是利用海洋运输来完成的。在我国的对外贸易运输中，90%以上的货物运输是通过海洋运输实现的。2006年，中国完成水路货物周转量55486亿吨千米，占总货物周转量的62.4%，对社会经济发展起着重要作用。此外，海洋运输还在国际市场上承揽第三国货载，成为国家外汇收入的重要渠道。

（2）水路运输的发展趋势。

①客运方面。发展中国家和一些岛国的水路客运仍将在现有水平上有所发展；发达国家的水路客运将以旅游为主。

②货运方面。大宗货物的散装运输，件杂货的集装箱运输，将是水路货物运输发展的主要趋向。世界各国对石油、煤炭、矿石、粮食等大宗货物实行散装运输已很普遍，对件杂货采用集装箱运输的比重日益增加。近年来，一些国家开始研究对煤炭、矿石实行浆化运输。

③船舶方面。海洋运输船舶今后仍将沿着专用和多用途并举的方向发展。内河运输船舶则视航道条件、货物种类和批量大小，发展分节驳顶推船队和机动货船，在一些地区拖带船队将继续使用。客运船舶除旅游客船外，高速的水翼客船和气垫客船也得到发展。

④港口方面。港口建设将同工业区的发展紧密结合，将建设大量深水专业化码头。装卸设备和工艺将向高效率和专用化方向发展。通过疏浚，进出港航道和码头前沿水深将获得改善，将开辟较宽广的船舶调头区和锚泊地。突堤码头将会扩宽，以保证有足够的仓库和堆场。顺岸码头后方将辟出足够的陆域。水陆联运、水水联运将得到发展，以增大港口的集、疏、运能力。

⑤航道方面。在通航河流上应以航运为主，结合发电、灌溉、防洪、供水、渔业等方面进行综合开发和利用。航运网的规划和建设会受到充分重视。将重视现场观测，采用河道港口工程模型试验，应用电子计算机，来确定航道疏浚和整治以及港口工程的设计和施工。

4.1.2　水路运输的特点

水路运输具有点多、面广、线长的特点，主要承担了长距离的大宗、散装货物和进出口货物的运输，旅客运输所占的比例较少，而且限于短距离。水路运输通过内河运输和海洋运输，将内陆经济腹地与世界联通，使处于运输交汇口的港口城市产生了内陆经济腹地和国际港口城市两个极为宽阔的辐射面。

(1) 水路运输的优点。

①初始基本建设投资少。船舶主要航行于自然水道上，特别是在海洋上航行的船舶，几乎不受限制，只需建设码头设施，并对局部航道进行整治、维护、设置航标；而铁路、公路等，不仅要建设站场，而且需要巨额投资建设道路、桥梁等。因此，用于航道的投资、维护及管理费用比其他运输方式少得多。

②水上航道的通过能力大。海上航道的通过能力几乎没有限制，这是铁路和公路运输方式无法相比的。通常，一列火车载货量只有 3000 吨左右，即使近代发展的重载列车，其载重量也只有 6000~10000 吨，而海船的最大载重量已达 50 万吨。内河运输的一个顶推船队也可达几万吨。此外，在超大、超重单件货物的运输方面，水运也有无可比拟的优越性。

③远距长，水上航道四通八达。特别是远洋航线，其运距从几千海里到上万海里，可达全世界任何一个开放港口。

④运费低廉。船舶的航道天然构成，船舶运量大，港口设备一般均为政府修建，船舶经久耐用而且节省燃料，所以货物的单位运输成本相对低廉。据统计，海运运费一般均为铁路运费的 1/5。公路汽车运费的 1/10，航空运费的 1/30，这就为低值大宗货物的运输提供了有利的竞争条件。

⑤续航能力大。一艘大型船舶出航，所携带的燃料、食物和淡水，可以历时数十日，这是其他运输方式无法相比的。现代化的船舶还具有独立生活的种种设备，如发电、淡水制造等，使船舶的续航能力大大提高、运输距离大大延长。

(2) 水路运输的不足之处。

①运输速度较慢。船舶的平均航速较低，一般为 15~50 km/h。运输时间长会增加货主的流动资金占有量。

②受气候和商港的限制，可及性较低。水路运输生产过程由于受自然条件影响较大，特别是受气候、季节条件的影响较大，船舶遇暴风雨需及时躲避预防损害，遇枯水季节无法通行，因此呈现较大的波动性和不平衡性。水路运输受河流通航条件及海岸和港口条件的限制，其普遍性不如公路、铁路运输。此外水路运输过程往往需要公路、铁路运输系统的配合才能完成。

③船舶投资和港口建设投资巨大。航运公司订造或购买船舶需要花费大量的资金，回收期较长，且船舶一般没有用作其他用途的可能。港口基础设施的修建费用巨大，船舶大型化和装卸自动化的趋势使港口设施建设的投资费用进一步提高。例如，上海洋山深水港区一期工程总投资为 143.1 亿元，工程主要包括港区工程、东海大桥、港城等，港区一期工程计划建设 5 个集装箱泊位，岸线长 1600 米，码头通过能力为 220 万吨。

4.1.3 水路运输的分类

水路运输按船舶的航行区域，一般可以分为内河、沿海和远洋运输三大类。内河运输是指利用船舶或其他浮运工具，在江、河、湖及人工水道上从事的运输；沿海运输是指国内沿海区域各港口之间的运输；远洋运输是指国际上各港口之间的运输。

水路运输按照贸易种类，可以分为外贸运输和内贸运输两大类。外贸运输是指本国与其他国家和地区之间的贸易运输；内贸运输是指本国内部各地区之间的贸易运输。内河运输一般以内贸运输为主，如果是流经数国的河流，例如欧洲的多瑙河、莱茵河等，这种河流上也存在外贸运输。沿海运输以内贸运输为主，远洋运输以外贸运输居多。

水路运输按照运输对象不同，可以分为旅客运输和货物运输两大类。旅客运输有单一客运（包括旅游）和客货兼运之分；货物运输按货类分，有散货运输和杂货运输两类。散货运输指无包装的大宗货物，如石油、煤炭、粮食等的运输；杂货运输是指批量小、件数多、货较零星的货物运输。

水路运输按照船舶营运组织形式，可以分为定期船运输、不定期船运输和专用船运输。定期船运输是指选配适合具体营运条件的船舶，在规定的航线上，定期停靠若干固定港口的运输；不定期船运输是指船舶的运行没有固定的航线，按运输任务或按租船合同所组织的运输；专用船运输是指企业自置或租赁船舶从事本企业自有物资的运输。

4.1.4 水路运输在国民经济中的地位和作用

水上运输业与国民经济中的其他产业不同，它本身具有的基础设施并不生产有形的产品，而是为产品的商业流通提供运输服务。这个特殊性使水上运输业不仅是服务部门，而且是国民经济的基础产业，如水路运输中的航道，水域建筑物如堤坝、港池、锚地及港口设施等都表明了水路运输是国民经济的基础产业部门，这个基础产业具有资本密集，技术密集，劳动密集，信息密集的特征。

经济要发展，交通必先行，国际贸易要发展，水上运输必先行。这是因为国民经济贸易发展必然需要运输大量的原材料，成品和半成品。20 世纪 70 年代初，水上运输曾是我国对外开放和经济发展的瓶颈，由于港口设施的不足和落后，使大量外轮在港外排队等泊，使我国蒙受了大量的经济损失，并影响了我国的国际声誉。日本是个资源较为缺乏的国家，在它经济腾飞的前期，它首先发展水上运输业，以优惠的政策鼓励发展造船业，以保护政策扶持本国船队的发展，使它在经济腾飞之时有充足的运力从世界各地进口优质的原材料，从而制造优质的产品，进入世界市场。历史的经验和教训使我们深刻认识到水路运输的先行地位。

水路运输是增进人类全球性经济联系的纽带。水上运输通过越洋、通海、联河的运输，将世界各地连成了一片，从此，各个国家和地区摆脱了孤立和封闭，在现代全球性的社会、经济、贸易的联系中取得自己的地位。进入 21 世纪，在航空仍不能解决大批量货物运输的现实情况下，量大价廉和较为便捷的海上运输仍将是联系全球性经济贸易的主要方式，承担着全球性、区域间的货物运输，成为为世界经济全球一体化和区域化服务的主要运输纽带。

水路运输对国民经济发展起促进作用。水上运输在运作过程中，不仅与造船业、建筑业、制造业及其他产业部门密切相关，更与金融业、保险业密切相连。它的发展为经济贸易起服务保障作用，促进了国民经济的发展；它的发展同样为国民经济有关行业创造了就业机会，为国民经济积累作出了重要的贡献。

水路运输通过国际航运，对发展国家外向型经济发挥了基础性作用。水上运输系统中良好的港口基础设施和航运服务质量是吸引国际资本的重要条件，对国家经济的发展具有重要的门户作用。

4.2　水路运输设备

水路运输设备包括运输船舶设备和港口陆上设施，它们共同构成了水路运输的基本条件。水路运输的基本设施包括船舶、港口和航道。

4.2.1　水路运输船舶

运输船舶是指载运旅客与货物的船舶，通常又称为商船。在几千年的船舶发展史中，大致经历了舟筏、木帆船及蒸汽机船三个阶段，目前正处于以柴油机为主要动力的钢船时代。随着世界经济的发展，现代运输船舶已形成了种类繁多、技术复杂及高度专业化的运输船舶体系。船舶的种类若按用途来分主要分为客船和货船。

(1) 客船。

①海洋客船，主要包括远洋、近海与沿海几种形式。这类船舶一般吨位大、航速高、设备齐全。在航空运输兴起之前，国际邮件主要靠这类船舶输送，故又称为邮船。远洋客船的吨位一般在 2 万～3 万吨，最大的可达 7 万吨；航速较高，约 29 节（节是航行速度标度，用 kn 表示，海里是长度单位，用 n mile 表示，1 n mile = 1852m。1 kn = 1 n mile/h =（1852/3600）m/s），最高可达 36 节。近海、沿海客船的吨位在 1 万吨左右，航速为 18～20 节（见图 4-1）。

②旅游船，在 20 世纪 60 年代兴起，供旅游者旅行、游览之用。其船型与海洋船相似，但吨位较小。船上设备齐全，能为旅客提供疗养、娱乐、智力游戏等综合服务(见图 4-2)。

图 4-1　海洋客船

图 4-2　旅游船

③内河客船，指运行在江河湖泊上的客船。其载客量较小，速度较低，设备也较海洋客船简单。

④车客渡船，是在20世纪60年代以后兴起的船种。除载客外，还能同时载运一定数量的旅客自备汽车。这种客船在船中货船尾设置跳板，以供旅客自备的小型客车驶进船上的车库（见图4-3）。

⑤小型高速客船

• 水翼船：指船体下装有水翼、航行时靠水翼产生的升力支持船体全部或部分升离水面而高速航行的船舶。目前，水翼船的航速可达40~60节，排水量在100~300吨，最多可设有300个客位（见图4-4）。

图4-3 北部湾一号“车客渡船”

图4-4 水翼船

• 气垫船：利用高压空气在船底与水面间形成气垫，使船体部分或全部垫升而实现高速航行的船舶。工作时，用大功率鼓风机将空气压入船底下的围蔽空间，由船底周围的气封装置限制其逸出而形成气垫，托起船体从而使船舶高速航行。其缺点是耐波性较差，在风浪中航行时航速小。目前，气垫船的航速在60~100节，最大可达130节，客位100~200个（见图4-5）。

（2）货船。货船是专门运输各种货物的船只。根据所运货物的不同可分为：

①散货运输船。这是专门用于运输谷物、矿砂、煤炭及散装水泥等大宗散装货物的运输船舶。这种运转船舶具有运量大运价低的特点。由于所运货物单件价值低、数量大、航速较低，采用码头专用设备装卸，为了便于装卸，货舱口尺寸很大，宽度可占船体宽度的70%以上。为了提高散装货物的运输效率，一般各种散货船按货物的种类分成各种不同的专用船只。如运煤船、运粮船、运水泥船等（见图4-6）。

②杂货运输船。杂货运输船一般从几十吨到几万吨不等。其中又分为内河杂货船和近海运输船，以及远洋运输杂货船。杂货运输船舱通常有2~3层，便于分隔和防止挤压，货舱甲板上一般都有自带的起重设备。由于普通杂货船装卸效率低，在原有的杂货船的基础上，又出现了多用途杂货船，这种船既可以装杂货，又可以装散货、集装箱，从而大大提高了运货能力和装卸效率（见图4-7）。

图 4-5　气垫船

图 4-6　运煤船

③滚装运输船。这是一种专门装运以载货车辆为货物单元的运输船舶。滚装船的最大优点是船和码头都不需要设置装卸设备，汽车可以自行上下，它的装卸速度快，效率高，对货种的适应性强，除可装运各种车辆外，还可以装运集装箱、钢材、管材和重型机械设备等长、大件货物。滚装船载重量一般为6000~26000吨，是目前装卸繁忙的短程航线上的主要运输工具（见图4-8）。

图 4-7　杂货运输船

图 4-8　滚装运输船

④集装箱运输船。它主要用于载运集装箱。可分为全集装箱船和半集装箱船两种。全集装箱船是将全部货舱及上甲板都用于装载集装箱，半集装箱船只有部分舱室用于装载集装箱，部分用来装运其他货物。由于集装箱运输效率高、经济效益好，因而发展迅速，目前集装箱船已经发展到第五代，装载的箱数最高达到10000标准箱以上（见图4-9）。

⑤液货运输船。主要有油船、液化气船和液体化学品船。由于各种液体散货的理化性质差别很大，各种液货船舶的构造也大不一样。油船一般只设一层甲板，为了预防污染，根据国际海事组织规定，载重量5000吨以上的油船，要求有双船壳与双层底。载重量在600~5000吨的油船要求有双层底，每舱容积不超过700m^3。油船载重吨位是各类船舶中最大的，远洋运输油船一般在20万吨以上，最大的达到70万吨。液化气船分为液化石油气船、液化天然气船和液化化学气船。液化气船采用全封闭的金属罐方式，液化气船的吨位在6万~13万m^3。近海液化气船相对较小，但它封闭性要求同样很高。液体化学品船是用于载运如醚、苯、醇、酸等各种液体化学品的专用运输船舶。由于液体化学品大多有剧毒，易挥发和腐蚀性强等特点，因此，这种船对防火、防爆、防毒和

防腐蚀等要求很高，并根据所运载货物的危险性大小分为Ⅰ级、Ⅱ级、Ⅲ级，其中Ⅰ级的危险性最大，要求其舱容不得高于1250 m^3，Ⅱ级船不得大于3000m^3（见图4-10）。

图4-9 集装箱运输船

图4-10 液货运输船

⑥冷藏运输船。它是一种通过控制运输中货物的温度，保证货物质量的运输船只。其外形与杂货舱相似，只是舱口尺寸较小，以防止传热，与其他船只相比，其最大的特点是有专用的制冷设备，冷藏船吨位较小，一般在几百吨到几千吨之间，同时航速较高，以保证快速地将货物送达目的地，以减少运输中的制冷费用。

⑦载驳船。载驳船也称子母船，是专门装运以载货驳船为货物单元的运输船舶。其运输方法是先将货物或集装箱装载在规格统一的驳船（子船）上，再把驳船装上载驳船（母船）。到达目的港后，将驳船卸到水中，由拖船或推船将其分送内河各地，载驳船则再装载另一批等候在锚地的满载货驳开航驶向新的目的港。驳船的装卸方式有三种：利用尾部门式起重机、后部驳船升降平台或浮船坞原理装卸驳船。目前，比较常见的载驳船有“拉希”（Lash）型和“西比”（Sea-bee）型两种，分属上述装卸方式中的前两种。“拉希”型载驳船的载重吨位为30000~40000吨，航速每小时18海里。“西比”型载驳船的载重吨位为38000吨，航速每小时20海里。载驳船的最大优点是装卸效率高，运输成本比其他货船低。载驳船不受港口水深影响，不需占用码头泊位，不需装卸机械。采用载驳船装运货驳的运输方式，已经成为目前实现海河直达运输的有效方法（见图4-11）。

⑧拖船和推船。拖船和推船是专门用于拖曳或顶推其他船舶、驳船队、木排或浮动建筑物的机动船。它本身不载旅客和货物，是一种多用途的工作船，被称为水上的“火车头”。目前我国长江干线上常见的推船功率为1940kW（见图4-12）。

⑨驳船。驳船是指自身没有动力推进装置，靠机动船（拖船或推船）带动的单甲板船。驳船可以单只或编列成队由拖船拖带或由推船顶推航行。驳船没有锚、舵等设备，也不设装卸机械和上层建筑。主要用于沿海，内河或港内驳运货物，往往用于转驳那些由于吃水等原因不便进港靠泊的大型船舶的货物，或组成驳船队运输货物。驳船具有结构简单，造价低廉，管理维护费用低，可航行于浅狭水道，编组灵活等待点。因此，它在内河运输中占有重要地位。驳船载重量可从数百吨到6万吨（见图4-13）。

图 4-11　载驳船

图 4-12　拖船

图 4-13　驳船

4.2.2　水路运输港口

港口是水运生产的一个重要环节。船舶的装卸、补给、修理工作和船员的休整等都要在港口进行。因此，港口是水运工作的关键所在。不论河港或海港，其最基本的功能就是为船舶进行装卸搬运工作。

港口是一个国家或地区的门户，是交通运输的枢纽，是对外贸易的重要出入口。港口具有运输、工业和商业等多种功能，是一个国家和地区的重要经济资源。港口既是水运货物的集散地，又是水陆运输工具的衔接点。港口除供船舶停靠使用外，为了客货的疏运，还必须与陆路交通相接。为了快速转运集装箱等价值较高的货物，国外有些港口已经把水上运输和航空运输连接在一起了（即空港联运）。

(1) 港口的分类。港口按其用途分类可分为：商港、渔港、工业港、军港和避风港。按地理位置分类分为：海港、河港、湖港与水库港。另外还有按潮汐的影响划分的开敞港、闭合港，按其作用划分的国际性港、地区港等不同类型（见图 4-14 和

图4-15)。

图4-14 港口远观

图4-15 港口近景

(2) 港口的组成。港口由水域和陆域两大部分组成(见图4-16)。

图4-16 港口组成图

①港口水域。港口水域是供船舶进出港,以及在港口运转、锚泊和装卸作业使用的场所。它包括港池、航道、锚地。

• 港池。港池是指码头附近的水域,是供船舶靠离的场所。它需要有足够的深度与宽广度,对面向海洋的海岸港口,还需要修筑防浪堤坝和防波堤。

• 航道。航道是指船舶进出的道路。航道必须有与港池相适应的水深与宽度,其弯曲度要能满足船舶进出的需要,为了保证船舶进出不搁浅,船舶在航行时,其龙骨基线以下必须保持足够的富余水深,以满足船舶满载后进出的需要。

• 锚地。锚地是供船舶抛锚候潮、等候泊位、避风、办理进出口手续、接受船舶检查或过驳装卸等停泊的水域。锚地要求有足够的深度,底质一般为平坦的沙土或亚泥土,而且必须远离破石、浅滩等危险区。要与进出港航道有一定距离,以不影响船舶进出为准。过驳装卸的锚地不仅要考虑锚泊大船本身的回旋余地，还要考虑到过驳小船与装卸作业的安全需要。

②港口陆域. 港口陆域是货物装卸、堆存和转运作业的场所。为了保证货物的正常作业，港口陆域必须有适当的高程、岸线的长度和纵深。港口陆域包括码头与泊位、仓库与堆场、港口铁路与道路、港口装卸机械以及其他设施。

• 码头和泊位。供船舶停靠，以便旅客上下、货物装卸的水工建筑物称为码头。码头前沿线通常即为港口的生产线，也是港口水域和陆域的交接线。码头线的布置有多种形式，有的与岸线平行，称为顺岸码头（如图 4-17 所示）；有的与岸线正交或斜交，称为突堤码头（如图 4-18 所示）。前者多用于河港，后者多出现在海港，以便在有掩护的范围内形成较多的曲折岸线，可以布置更多的码头泊位。

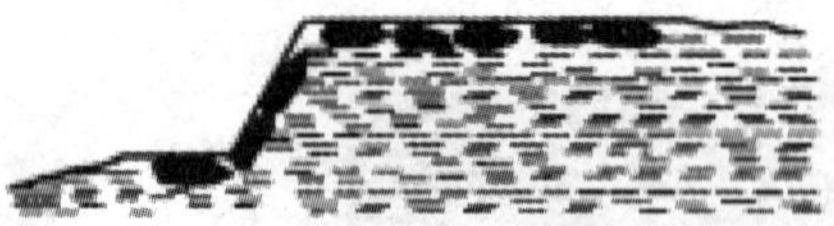

图 4-17　顺岸码头

(a) 垂向突堤　　(b) 斜向成鱼脊式突堤

图 4-18　突堤码头

所谓“泊位”即供船舶停泊的位置。一个泊位即可供一艘船舶停泊；而不同的船型其长度是不一样的，所以泊位的长度依船型的大小而有差异，同时还要留出两船之间的距离，以便于船舶系解绳缆。一个码头往往同时要停泊几艘船，即要有几个泊位，因此码头线长度是由泊位数和每个泊位的长度来决定的。

码头前沿的水深一定要满足船舶吃水，并应考虑到船舶装卸和潮汐变化的影响，留有足够富余的水深。

• 铁路和道路。货物在港口的集散除了充分利用水路外，主要需依靠陆路交通，因此铁路和道路系统是港口陆域上的重要设施。当有大量货物用铁路运输时，需设置专门的港口车站。在这里货物列车可以进行编组或解体，并配有专门的机车，将车辆直接送往码头前沿或库场的装卸线；装卸完毕后再由机车取回送往港口车站编组。在没有内河的海港，铁路是主要的疏运方式，港口生产与铁路部门密不可分，如我国的秦皇岛港、大连港、青岛港等。

港内道路与港外道路应该有很好的连接，对于有集装箱运输的港口，道路系统尤为重要，港区内的道路要能通往码头前沿和各库场，回路要通畅，进口与出口常常分开设置，并尽可能减少与铁路线或装卸线的平面交叉，以减少相互间的干扰。

• 仓库和堆场。仓库和堆场是供货物装船前和卸船后短期存放使用的。多数较贵重的件杂货都在仓库内堆放保管；只有那些不怕风吹雨淋的货物如矿石、建材等可放入露天堆场或货棚内，这种散堆装货物的堆场常常远离市区和其他码头。

从港口货场到码头前沿为码头前方场地，又称码头前沿作业区。这里既要安排装卸机械，又要安排火车、汽车的通道，使货物转运方便，或是进入货场，或是直接运往港外。码头前方场地通常是港口最繁忙的地区。

• 起重运输机械。现代港口装卸工作基本是由各式各样的机械来完成。有的机械主要用来起吊货物（称为起重机械），有的主要用于搬运货物（称为运输机械），合起来称为起重运输机械。他们在港口可对船舶进行装卸作业、对火车和汽车进行装卸作业，在船舱内进行各种搬运、堆码和拆垛等工作，在库场上进行起重、搬运、堆码、拆垛等工作。

按照我国交通部门的规定，通常将港口机械分为四大类，即起重机械、输送机械、装卸搬运机械、专用机械等。

对于专业化的码头通常都设有专门的装卸机械，如煤炭装船码头设有装船机，散粮卸船码头设有吸粮机，集装箱码头前方设有集装箱装卸桥，后方设有跨运车、重型叉车等。

在港口经常见到，比较典型的机械有以下几种：

门式起重机，简称门吊、门机。它的构造主要是下部有一个大型门架，其上装配有转盘式或转柱式的臂架起重机（如图 4-19 所示）。

浮式起重机，简称起重船、浮吊，它是安装在专用船上的臂架超重机，有的浮吊可以自己运行，有的则需拖轮来拖带，其各工作机构要由岸上供电驱动（如图 4-20 所示）。

图 4-19　门式起重机

图 4-20　浮式起重机

带式输送机，通常是指胶带输送机，又称皮带机。这是一种连续运动的输送货物的机械（如图 4-21 所示）。

带斗提升机，是一种在封闭机壳内，能连续垂直提升粉末、颗粒或小块物料的输送机械。它是用安装在胶带或链条上的抓斗。通过滚筒或链轮驱动，在提升机的下部掏取物料，待提升到上部时，依靠重力或离心力把物料投出（如图 4-22 所示）。

叉式装卸车，简称叉车、铲车，又称万能装卸机。这是一种装在轮胎底换车上，主要依靠能升降的货叉对件货进行堆垛、拆垛和搬运的机械。一般的叉车都具有结构紧凑、机动灵活、适应强的特点。大多用于仓库及船舱内作业的叉车起重量一般不超过 3 吨，而用于码头库场作业的叉车起重量为 1~5 吨，最大的集装箱叉车起重量可达 40 吨

(见图 4-23)。

图 4-21　带式输送机

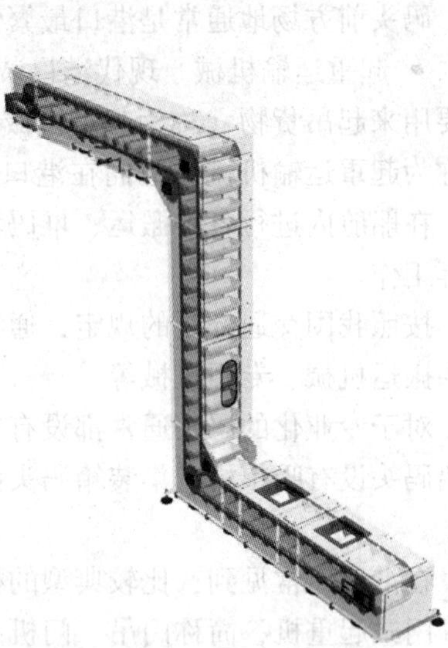

图 4-22　带斗提升机

图 4-23　叉式装卸车

• 港口辅助生产设施。为维护港口的正常生产秩序，保证各项工作得以顺利进行，港口还需要在陆域上配备一些辅助设施，如给排水系统，输电、配电系统，燃料供应站，工作舱基地，各种办公用房，维修工程队，船舶修理站等设施。

综上所述，港口的设施是非常庞大的，犹如一个独立的小城市。就生产作业来说大体上可归纳为船舶航行作业、装卸作业、货物存储以及集疏运这四大部分。船舶航行作业设备部分包括港内外航道、锚地、港池和船舶回转水域，还有为安全航行的通信、导航设施；装卸作业设备部分包括码头、水上装卸锚地，以及各种装卸设备；货物存储设备部分主要包括陆域上的仓库和堆场以及库场上的机械设备，对于有旅客运输的港口，在陆域上还必须特别注意建设客运站等设施；集疏运设备部分除了水路外主要就是铁路与道路。

4.2.3　水路运输航道

航道是指在内河、湖泊、港湾等水域内供船舶安全航行的通道，由可通航水域、助航设施和水域条件组成。随着运输生产与科学技术的发展，船舶尺度的增大，船舶运行密度的增加和纵横水运网的逐步形成，现代水上航道已不仅是天然航道，而是包括人工运河、进出港航道以及保证航行安全的航行标志系统和现代通信导航设备系统在内的工程综合体。

航道可按不同标准分类。如：按形成原因分为天然航道和人工航道；按使用性质分为专用航道和公用航道，专用航道是指由军事、水利电力、林业、水产等部门以及其他企事业单位自行建设、使用的航道；按管理归属分为国家航道和地方航道；航道按水域情况分为海上航道和内河航道（见图 4-24）。

图 4-24　内河航道

（1）海上航道。海上航道属自然水道，其通过能力几乎不受限制。每一海区的地理、水文情况都反映在该区的海图上。船舶每次的运行都根据海图，结合当时的气候条件、海况和船舶本身的技术性能进行计算并在海图上标出。经过人们千百年来的努力和探索，加上现代化导航技术的应用，全世界各地区间的海上航道已基本为人们所了解和掌握。

随着船舶吨位的增加，一些海峡或狭窄水道所辖国会对通航船舶提出一些限制条件。如位于新加坡、马来西亚和印度尼西亚之间的马六甲海峡，为确保安全，防止海上污染，三国限定通过海峡的油轮吨位不得超过22吨，船底下水深必须保持3.35米。

(2) 内河航道。内河航道大部分是利用天然水道加上引航的航标设施构成的。内河航道与海上航道相比，其通行条件是有很大差别的，如不同的通航水深（如各航区水深不同）、不同的通行时间（如有的区段不能夜行）和不同的通行方式（如单向或双向过船）等。影响航道通行能力的主要因素有：航道的深度、宽度、转弯半径、水流速度、潮汐及季节性水位变化，过船建筑物尺度以及航道的气象条件及地理环境。

因此，在进行综合规划时，还应考虑航道分级和航道标准化。航道分级有利于从安全角度对船舶进行管理；航道和过船建筑物的标准化则是实现船型及港口设备标准化，形成现代化高效运输系统的前提条件。同时，大多数内河自然水道还需考虑航运、发电、灌溉、防洪和渔业的综合利用与开发，在发展内河航运而涉及航道问题时，还应注意与其他国民经济部门协调配合。

(3) 人工航道。人工航道是指由人工开凿、主要用于船舶通航的河流，又称运河。人工航道一般开凿在几个水系或海洋的交界处，可以使船舶缩短航行路程，降低运输费用，方便人们生产和生活，扩大船舶航行的范围，进而形成一定规模的水运网络。一些著名的国际通航运河对世界航运的发展和船舶尺度的限制影响很大，其中主要有苏伊士运河、巴拿马运河和基尔运河。我国有世界上最古老、最长的人工运河——京杭大运河，全长1794千米，流经北京、天津、河北、山东、江苏、浙江等省市，从内陆将海河、黄河、淮河、长江、钱塘江五大水系沟通，是我国国内水运的大动脉。正是由于这种特殊的重要作用，两千多年来人们一直在对大运河进行整治和扩建。

4.3 水路货物运输工作组织

4.3.1 水路货物运输概述

水路货物运输工作中，整个运输组织过程是指货物在起运港承运至到达港交付或疏运的全部运输过程。主要包括货物在起运港接受、仓储、装船、船舶运行至到达港，在到达港卸船、仓储、疏运或交付给收货人等过程。水运过程按作业性质可分为港口作业、船舶作业和船舶运行三个部分，如图4-25所示。

(1) 航运生产过程概述。航运生产过程即是船舶将货物从发货港运至目的港的过程。一个完整的航运生产过程应包括：船舶装卸前的准备工作；船舶在发货港装货；船舶载货从发货港航行至目的港；船舶在目的港卸货等几项作业。我们称船舶完成一次整个的运输生产过程为一个生产周期。

在航运生产中，用航次来表示船舶运输的生产周期。生产周期的主要特征是它的延续时间，完成一个生产过程所需的延续时间愈短，即生产周期越短，意味着在某一定时间内其产量愈高。只有了解航次中各项作业的构成及其时间定额，不断优化航运生产工艺，改进航运生产组织工作，才能有效地缩短生产周期，提高生产效率。

航次时间的构成分为三部分：第一部分为基本作业时间，包括装货、卸货、航行等直接从事运输的作业时间；第二部分为辅助作业时间，包括装卸前的准备、编制货物积

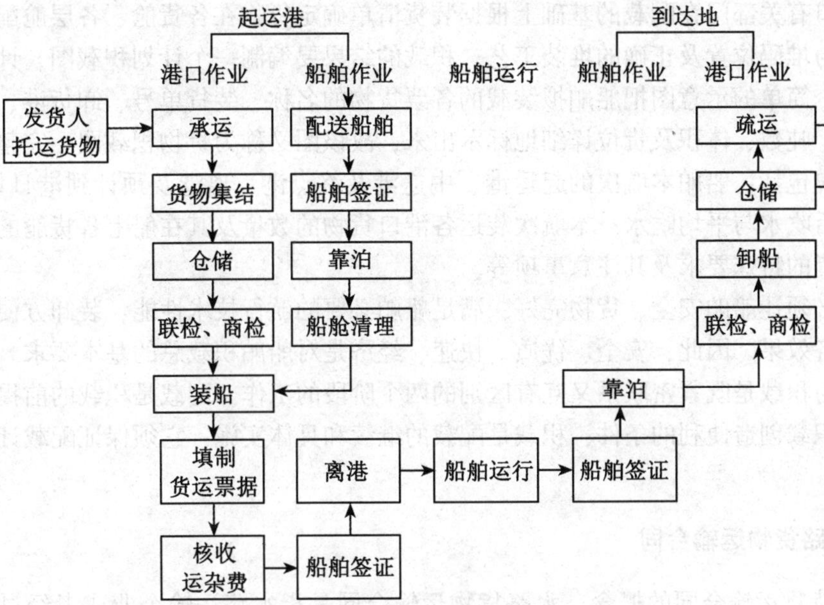

图 4-25 水路运输作业流程图

资料来源：杜文：《物流运输与配送管理》，机械工业出版社，2008 年版。

载图，开闭舱盖、办理文件以及拖顶船队编解队等作业时间；第三部分为服务作业时间，包括燃料、物料、淡水、食品及备品供应等作业时间。

(2) 船舶配载与积载。船舶配载、积载是货物装船之前一项细致、复杂而又十分重要的工作。它是正确贯彻运输政策，保证船货安全，合理使用船舶，正确组织装卸，顺利完成货物运输的重要环节。

①船舶配载。船舶配载，是指为船舶的具体航次选配货载，即船舶公司根据货物托运人提出的货物托运计划，对所属船舶的具体航次确定应装运的货物品种、数量及体积。配载的结果要编制成一张航次装货清单。远洋航行船舶装货清单的内容包括：卸货港、装货单号、货名、件数、包装、重量、体积和积载因数等，同时还要注明特殊货物的装载要求。

为船舶的具体航次选配货载时，应遵循以下原则：

第一，要认真贯彻执行国家的运输政策，做到急需物资、重点物质、支农和外贸物资优先运输；

第二，要适应船舶的结构、设备与营运性能的要求，且尽量充分利用船舶的载重量和载货容积；

第三，要为积载创造有利的条件，对忌装货、到中途港的重货和要求特殊装载的货物，选配的数量不要过于集中，以利于正确选配舱位，保证船舶安全及货运质量；

第四，要有利于加速车、船、货物的周转，力求减少港内移泊，便于按作业流程组织港口生产，缩短货物和船舶在港停泊时间。

②船舶积载。船舶积载，是指对货物在船上的配置与堆装方式做出合理的安排，即船上大副或港口有关部门在配载的基础上根据装货清单确定货物在各货舱、各层舱配装的品种、数量与堆码位置及正确的堆装工艺。积载的结果要编制一个计划积载图，计划积载图是用一个简单的示意图把船舶拟装载的各票货物的名称、装货单号、卸货港、包装形式、件数、吨数、体积及货位详细地标示出来，故该图又称为货物积载图。完整的积载图内容还应包括：船舶本航次的起运港、中途港及终点港；离港及预计到港日期，装货后船舶前后吃水与平均吃水；本航次装运各港口货物的数量及其在船上各货舱的配置情况；装卸货的特殊要求及其注意事项等。

积载工作必须让船舶安全、货物完好，满足船舶必要的航行技术性能，装卸方便及良好的营运经济效果。因此，安全、优质、快速、经济是对船舶积载总的基本要求。

船舶配载与积载是既紧密联系又互有区别的两个阶段的工作。配载是积载的前提和依据，它应为积载创造便利的条件；积载是配载的继续和具体实施，它须保证配载计划的完成。

4.3.2　水路货物运输合同

（1）水路货物运输合同的概念。水路货物运输合同是指水路运输企业或者经过交通主管部门审查批准，持有营业执照的个体（联户）船民与利用水路运输货物的托运方之间达成的有关水路运送货物的权利和义务的协议。

这里所说的水路货物运输合同专指在我国沿海、沿江、湖泊以及其他通航水域中一切营业性的货物运输，而不包括国际海洋货物运输。

运输合同的签订应当按照公平的原则。在运输合同中，承运人享有收取运费的权利，负责运送货物的义务；而托运人享有要求承运人安全及时送货的权利，负责支付运费的义务。

（2）水路货物运输合同的形式及主要内容。

①水路货物运输合同的形式。水路货物运输合同除短途驳运摆渡零星货物等双方当事人可即时结清之外，其他的应当采用书面形式。

大宗、长期货物运输，可按月签订运输合同。对其他按规定必须提送月度托运计划的货物，经承运人和托运人协商同意，可以按月签订货物运输合同或以货物运单作为货物运输合同。零星货物运输和计划外的整批货物运输以货物运单作为运输合同。

②水路货物运输合同的主要内容。按月度签订的货物运输合同，应具有下列基本内容：

- 货物名称。
- 托运人和收货人名称。
- 起运港和到达港，海江河联运的还应当载明换装港。
- 货物的重量，按体积计费的货物应载明体积。
- 违约责任。
- 特约条款。

（3）水路运输当事人的违约责任。

①承运人的主要责任。

• 按月度签订的货物运输合同，承运人在履行时未配备足够的运力，应按落空的运量偿付违约金。

• 从承运货物时起，至货物交付收货人，或依照规定处理完毕时止，货物发生灭失、短少、变质、污染、损坏，按下列规定赔偿：

已投保货物运输险的货物，由承运人和保险公司按规定赔偿；

实行保价运输的个人生活用品，由承运人按声明价格赔偿，但货物实际损失低于声明价格的，按实际损失赔偿；

其他情况下，均由承运人按货物的实际损失赔偿。

• 由于下列原因造成货物灭失、短少、变质、污染、损坏的，可以免除承运人的赔偿责任：

不可抗力；

货物的自然属性和潜在缺陷；

货物的自然减量和合理损耗，以及托运人确定的重量不正确；

有生动植物的疾病、死亡、枯萎、减重；

包装内在缺陷或者包装完整、内容不符；

标记错制、漏制、不清；

非责任性海损事故造成的货物损失；

免责范围内的甲板货物损失；

其他非承运人造成的损失。

• 承运人未按规定或约定的时间，将货物运抵到达港，应向收货人偿付违约金。逾期违约金的金额根据逾期天数的长短，按照装卸费或运费的5%~20%偿付。

• 由于承运人责任发生货物错运、错交，应无偿运回合同规定的到达港，交给指定的收货人。由此发生的逾期运到，还应该偿付逾期违约金。

②托运人的主要责任。

• 按月签订的货物运输合同，托运人在履行时未提供足够的货源，应按落空的货源偿付违约金。

• 由于下列原因之一给承运人造成损失应由托运人负责赔偿：

在普通货物中夹带流质易腐货物，或托运普通货物时未向承运人声明所含有害物质的性质和程度；

在普通货物中夹带危险货物，托运危险货物匿报品名，隐瞒性质和违反危险货物运输规定；

错报笨重货物的重量；

货物包装材料强度不够，内部支衬不当等；

运输标志错制、漏制。

• 除当事人另有约定的之外，托运人未在货物承运的当日付清起运港的有关费用；收货人未在货物交付的当日付清到达港的有关费用，应当自当结算之日起算，按欠付款额向承运人支付每天5%的滞纳金。

③索赔时效的确定。承运人与托运人或收货人彼此之间要求赔偿的时效，从货运记录交给托运人或收货人的次日起算不超过180天。应以书面形式提出赔偿要求，对方应在收到书面赔偿要求的次日起60天内处理。

4.3.3　船舶运行组织

船舶运行组织，就是根据一定时期内企业运输需求、国家的运输政策，以及船舶、港口、航道等技术营运条件，综合考虑水运生产各环节及其他有关运输方式间的协调配合，对船舶运行活动所做出的合理安排。

船舶运行组织的主要内容包括：制定航线系统，为各航线选配适当的船舶或船队，协调各环节的工作，确定推（拖）船与驳船工作配合的方式，以及制订船舶运行时刻表等。

（1）船舶运行组织形式。

①航线形式。航线形式是指在固定港口之间，为完成一定的运输任务，选配适合具体条件、性能接近的一定数量的船舶，并按一定的程序组织船舶运行活动。航线形式作为一种独特的组织形式，是由航次形式在具有稳定的运输需要的航区形成和发展起来的。可见，组织航线形式的条件，首先是要有稳定而且量大的货流。

②航次形式。航次形式是指船舶的运行没有固定的出发港和目的港，船舶仅为完成某一次运输任务、按照预先安排的航次计划运行。航次形式是一种非正规的运行组织形式，它具有很大的机动灵活性，对航线形式能够起到调整和补充作用。

在国际航行中，根据贸易与市场需要，可组织船舶以航线形式或航次形式运行。在国内沿海及内河运输中，航线形式是船舶运输的基本组织形式，而航次形式则是一种辅助的、但不可缺少的运行组织形式。

（2）船舶运行组织特点。

①货船运行组织特点。与顶推（拖带）船队相比，货船是单船，船体短、灵活，舵效反应快，操纵性能好；因吃水较深，故抗风浪性能好；由于阻力小而使得其航速较高；且货船运行组织简单，即使在港口靠离码头和移泊时，一般也不需要拖（推）船协助；但货船在整个停泊时间内，动力部分不能充分利用，影响了经济性；且货船的载货部分固定，没有驳船队灵活；又因货船吃水较深，对航道深度有一定要求。

据上述技术营运性能特点，货船一般适用于：

- 远洋、海区、湖泊、水库，以及河面开阔和水深的下游航段；
- 要求快速运送的贵重货物、鲜活货物（牲畜、家禽、禽蛋、水果、蔬菜等）急需物资的运输；
- 港口装卸效率较高、水深较大、港口间距离较长的航线。

如果其他条件不考虑，一般将载重量大、航速高的船舶安排在距离长、装卸定额高的航线上将更为经济。所谓“大船大线”，是航线配船最一般的原则。

②顶推（拖带）船队运行组织特点。顶推（拖带）船队与货船不同之处，主要是载货部分和动力部分可以分开，而且载货部分驳船队组成的大小又可随航道条件和货流构成的不同而变化，具有较大的灵活性与适应性。因此，它能加速船舶周转，充分利用

机动船舶。运输成本一般较货船低。在吃水受到限制的航道，它的载重量也远比货船大。顶推（拖带）船队的主要缺点是航速较低、抗风浪能力差、船员的工作条件与生活条件不如货船，推（拖）船与驳船工作要求严密配合，组织管理较货船复杂，如果组织配合不好，可能造成运力浪费。所以它完成运输任务的好坏，很大程度上取决于运行组织和管理水平。

根据顶推（拖带）船队技术营运特点，船队一般适用于：

- 水浅、风浪小的内河航道；
- 价格较低、运输速度要求不高的大宗货物的运输；
- 货源不稳定、批量悬殊的多点运输；
- 运输距离较短、装卸效率较低的港口。

4.3.4 港口生产作业组织

(1) 港口生产过程。港口生产企业的生产过程主要是货物的换装过程，也就是人们按照预定的目的，在车、船到达后，在港内运用劳动工具进行装卸等各项作业，使货物在不同运输方式之间完成换装的组织过程。

①港口生产过程的构成。港口企业的生产过程由准备过程、基本过程、辅助过程和生产服务过程四个方面。

生产准备过程是指基本生产活动之前所进行的全部技术准备和组织准备工作，包括编制装卸作业计划，确定货物操作过程、装卸工艺、装卸地点、准备接运工具、装卸机械及货运文件等。

基本生产过程是指货物在港内的装卸过程，又称货物的换装过程，是指货物从进港到离港所进行的全部作业的综合，包括卸船、装船过程，卸车、装车过程，场库作业过程及港内运输等。

辅助过程是保证基本生产过程正常进行所必需的各种辅助性生产活动，如装卸机械的维修与保养、装卸工具的加工制造与管理、港口各项设施的维修及动力供应等。

生产服务过程是保证基本生产和辅助性生产过程顺利进行所需的各种服务。为基本生产服务的有理货业务、仓储业务和计量业务；为船舶服务的有技术供应、生活必需品供应、燃料和淡水供应、船舶的检验与修理、压舱污水处理等；为货主服务的有货物鉴定、检验包装等。此外，还有集装箱的清洗与检修、港内垃圾与污水处理等。

在组织生产过程时，既要组织好基本生产过程，也应组织好其他三个过程。特别值得注意的是，在组织生产过程中，要注意物质（即各项设备）的组织，抓好信息的组织工作。在港口生产过程中，由于信息流通不畅而引起的生产中断占有很大的比重。例如，船舶积载图未能在船舶到港前收到，港口则无法提前准备；外贸出口货虽已抵港，但由于某项手续尚未办妥而不得不“退关”。

②生产过程组织的主要任务。

- 保持港口畅通，加速车、船、货的周转。
- 保证按期、按时、安全、优质地完成车、船装卸任务，特别是重点船和货的装卸。

• 充分合理运用港口能力和一切技术手段，完成生产任务，使物化劳动和活劳动消耗减少到最低限度。

• 保证与港口生产过程有密切关系的其他部门（铁路、航运、外贸、货主等）之间的组织合作与全面协作。

③生产过程组织的基本原则。为了从生产过程中取得最佳的经济效益，必须保证生产过程连续性、协调性、均衡性及经济性的统一。

• 保证生产过程的连续性，是指保证关键作业即重点舱装卸作业和保证主导工序作业的连续性，同时还表现为组成生产过程的辅助生产过程和生产服务过程与基本生产过程之间应尽力组织平行作业或合理安排顺序，避免发生作业中断。

• 保证生产过程的协调性，是指港口生产各主要环节之间，作业线上各工序之间，在生产能力上，即在人员、设备等各个方面配合得当，同时还要保证装卸作业与各种运输工具之间配合得当。

• 保证生产过程的均衡性，是指在相同的间隔时间内，下达的任务均衡，同时也包括各个阶段、各个工序所完成的任务相同或稳步上升。组织好港口生产过程的均衡性是生产过程组织水平的集中体现。

• 保证生产过程的经济性，是指在组织港口生产过程中不仅要考虑效率和数量，而且还要全面考虑经济效果。这是港口生产过程组织优劣的重要标志。例如，在船舶停留时间相等的条件下，应该尽量采用装卸成本低的装卸工艺方案。

（2）船舶在港作业组织。

①船舶在港作业过程。船舶在港作业的全过程包括联检（对外轮）、锚地等泊、引船入港、靠泊、卸货、移泊、装货、各种辅助作业及各种技术作业、燃料供应、办理货运文件、办理离港手续、引船出港等。

②组织船舶在港作业应注意的问题。

• 组织船舶在港的各项作业按顺序连续进行，并尽可能缩短这些作业的延续时间。

• 组织船舶在港的各项作业尽可能平行进行，如在装卸作业的同时完成船舶供应工作及船舶修理等。

• 重点组织好船舶的装卸作业，缩短装卸时间。

总之，组织船舶在港作业的目标，就是最大限度地缩短船舶在港的停泊时间。

（3）港口装卸作业组织。港口生产组织包括船舶作业组织、铁路作业组织、场库作业组织、驳船作业组织、车船直取换装作业组织等。为保证各作业环节的衔接和生产率的一致性，每一类型的生产组织都应编制出作业组织程序，确定出各作业环节的配工人数、配机台数、工具的种类和数量等。工艺过程的实现应按程序进行。

港口是交通运输枢纽，设计港口装卸工艺的目的是经济合理地完成货物在不同运输工具之间的换装。货物在港口换装有两种形式：直接换装和间接换装。直接换装是指货物从一种运输工具直接换装到另一种运输工具。间接换装是指货物经过港口的仓库或堆场储存之后再换装至其他运输工具。在直接换装作业中，货物只经过一个操作过程，而在间接换装作业中，货物要经过两个以上的操作过程。一般来说，操作过程越多，港口为了完成货物换装所耗费的人力、物力越大。因此直接换装是最为简单的作业形式，在生产作业组织中应该尽可能地采用。但是车船直取作业时车船在港停时较长，故应该采取何种作业方案，要根据具体情况确定。

4.3.5 水路运输费用

(1) 水路运输费用的构成。水路运输费用的主要决定因素有如下几个：

①货物的等级，通过货物的性质确定。

②计费质量，通过货物数量、重量、质量确定。

③运价里程，由货物的始发地和目的地来确定。

④运价率。

(2) 班轮运价及租船运价。

①班轮运价。班轮运价是按照班轮运价表的规定计算，为垄断性价格。不同的班轮公司或不同的轮船公司有不同的运价表，但它都是按照各种物品的不同积载系数，不同的性质和不同的价值结合不同的航线加以确定的。

班轮运费是由基本费率和附加费（如果有规定的话）两个部分构成的。所以，一些港口只查到基本费率，还不一定是实际计算运费的完整单价。

- 基本费率。基本费率是指每一计费单位（如一运费吨）货物收取的基本运费。即航线内基本港之间对每种货物规定的必须收取的费率，也是其他按百分比收取附加费的计算基础。基本费率有等级费率、货种费率、从价费率、特殊费率和均一费率之分。

- 附加费。为了保持在一定时期内基本费率的稳定，又能正确反映出各港的各种货物的航运成本，班轮公司在基本费率之外，为了弥补损失又规定了各种额外加收的费用。主要有以下几种：燃油附加费，货币贬值附加费，转船附加费，直航附加费，超重附加费、超长附加费和超大附加费，港口附加费，港口拥挤附加费，选港附加费，变更卸货港附加费，绕航附加费。

②租船运价。租船运价可按照使用船舶不同，它们的适航性及适货性均不同，故运费率或租金就应不同；使用船舶不同，它们的技术状况，安全保障状况也不同，故国际上常根据是否持有船级来决定运费率或租金以及保险费等；使用船舶不同，它们的成本构成项目也不同，故与成本直接有关的运费率或租金也必定不同。

(3) 班轮运费的计算及支付形式。班轮运费包括基本运费和附加费两部分。基本运费是指货物在预定航线的各基本港口之间进行运输所规定的运价，它是构成全程运费的主要部分。

①运费计算标准：

- 按货物的毛重计收，在运价表内用字母“W”表示。
- 按货物的体积（称为尺码吨）计收，在运价表内用字母“M”表示。
- 按物品的价格计收，即按从价运费收取，在运价表内用“AV”表示。
- 按货物的毛重或体积，由船舶公司选择其中收费较高的一种计收运费，在运价表中用“W/M”表示。
- 选择货物的重量、体积或价值三者中较高的一种计收运费，在运价表中用“W/M or AV”表示。

• 按货物的件数计收。对大宗低值货物，采用船、货双方临时议定运价的办法。

②运费计算步骤。

• 选择相关的运价本；

• 根据货物名称，在货物分级表中查到运费计算标准和等级；

• 在等级费率表的基本费率部分，找到相应的航线、启运港、目的港，按等级查到基本运价；

• 再从附加费部分查出所有应收（付）的附加费项目和数额（或百分比）及货币种类；

• 根据基本运价和附加费算出实际运价；

• 运费=运价×运费吨。

③运费的支付形式。根据支付时间的不同，运费可分为预付运费、到付运费和一部分预付一部分到付等几种形式。

(4) 租船运费的计算及支付形式。

①租船运费的计算。船租合同中有的规定运费率，按货物每单位重量或体积若干金额计算；有的规定整船包价。费率的高低主要决定于租船市场的供求关系，但也与运输距离，货物种类，装卸率，港口使用，装卸费用划分和佣金高低有关。合同中对运费按装船重量或卸船重量计算，运费是预付或到付，均须订明。特别要注意的是应付运费时间是指船东收到的日期，而不是租船人付出的日期。

装卸费用的划分法如下：

• 船方负担装卸费又称"班轮条件"。

• 船方不负担装卸费，采用这一条件时，还要明确理舱费和平舱费由谁负担。一般规定租船人负担，即船方不负担装卸、理舱和平舱费条件。

• 船方管装不管卸条件。

• 船方管卸不管装条件。

②支付形式。在当今国际贸易中，买卖合同大多是以 CIF（Cost, Insurance and Freight）或 CFR（Cost and Freight）价格条款成交的。在此条件下，卖方负责订舱或租船，且信用证中也常明确"运费预付"，因而很明显运费由托运人支付。但如果买卖合同是以 FOB（Free On Board 船上交货（离岸价格））价格条件成交的，则运费基本上是到付，所以在此条件下，运费通常是由买方或收货人支付的。值得注意的是，这三种价格术语交货点均为装运港船舷。

◎ **小案例**

某进出口公司进口一批货物以 FOB 成交，结果在目的港卸货时，发现货物有两件外包装破裂，里面的货物有被水浸过的痕迹。经查证，外包装是货物在装船时因吊钩不牢吊在船甲板上摔破的，因包装破裂导致里面的货物被水浸泡。请问，这种情况下，进口方能否以卖方没有完成交易义务为由向卖方索赔？

答：不可以。FOB \ CIF \ CFR 贸易方式下，责任风险的划分界限是装运港的船舷。外包装是货物在装船时因吊钩不牢吊在船甲板上摔破的，也就是说，过了船舷界，就不是卖方的责任。

4.4 国际水运

随着经济全球化的发展，国际水运在各国经济中的地位显得越来越重要。在一些外贸依存度大的国家，甚至成为其经济赖以存在的基础。

◎ **小贴士**

经中国、老挝、缅甸、泰国四国10余年共同努力，素有“东方多瑙河”之称的澜沧江—湄公河商船2001年6月26日正式通航。澜沧江—湄公河是条一江连六国的国际河流，它发源于唐古拉山，全长4880千米，中国内河长2130千米。商船通航合作从20世纪90年代初开始，四国政府先后进行多次技术专家级会议和联合考察，2008年4月，四国签订了通航协议。在中央政府授权下，云南省全力整治了中老缅段的航道，现在，从云南省的思茅港至老挝琅勃拉邦880多千米的航道已达国家六级航道标准。到2010年，澜沧江—湄公河货运量将达到150万吨以上，旅客运量可达40多万人次。据悉，柬埔寨和越南也将加入通航。2010年，6个国家将首次聚会，签署共同开发航运的框架协议，制定统一的航道技术标准及各项规则，使这条河流成为真正意义上的国际河流。

4.4.1 国际水运航线

国际水路运输一般都经过几个国家，由于大洋的气候条件比近海和内海更加恶劣，因此，各海区气象条件对远洋运输有着重大的影响。为了保证国际水路运输安全，人们经过反复测量和论证，找出了一条条安全通道，并在这些通道上划出了一条条海运航线，所有船只只在这些航线上运行。按航运范围划分，远洋航线可以分为大洋航线、地区性航线、沿海航线。一般来说跨越一个或几个大洋的为国际大洋航线，在一个经济区域内的航线为地区性航线，同一海域内的航线为沿海航线。按船舶营运方式，可分为定期航线和不定期航线。按航程长短，可分为远洋航线和近洋航线。另外，还可以根据运输不同的货物分为各种专用航线。

4.4.2 航次生产

船舶的航次生产由轮船公司航运部门负责，航次计划主要解决航次货载与船舶运行组织的安排、调度、协调，以及航次生产中的各种问题。航次生产包括航次生产计划和航次生产管理。航次生产计划主要解决合理组织货载与选择停靠港问题，合理安排油水补给，充分发挥船舶载重性能问题，估算航次经济效益，选择最佳营运方案问题。

4.4.3 班轮经营

所谓班轮也就是定期船运运输，它是远洋船舶经营的一种方式。班轮主要是为了满足有规律地运送货物的需要，由于班轮承运的货物品种多，要求送达的速度快，批量较小，因此，从事班轮运输的船舶具有较大的适应性，能承运航运市场上多品种的货物，能保证不同种类货物的运输质量，并具有良好的货舱设备和较高的航速，为了能接到更多的货运业务，班轮运输的船舶一般停靠的港口较多。

思考题

1. 什么是水路运输？简要说明水路运输的产生和发展。
2. 简述水路运输的发展趋势。
3. 水路运输有哪些特点？它在国民经济中的地位怎样？
4. 简述水路运输的分类和水路运输设备的组成。
5. 水路运输客船和货船各分为哪几类？它们各自的特点是什么？
6. 什么是水路运输港口？港口由哪几个部分组成？
7. 港口水域和陆域各由哪几个部分组成？每个部分的作用分别是什么？
8. 什么是水路运输航道？简述它的分类和各类航道的概况。
9. 简述水路货物运输的概况和船舶运行组织情况。
10. 简要说明港口作业生产组织的流程。
11. 简述国际水运航次、产次生产和班轮经营的概况。

案例分析

运输合同纠纷案

案情介绍：

原告与被告均系从事货运运输的企业。原告将一批机油委托被告运送至吉林，该货物由被告派出车辆将货物提走。后来该货物在未到目的地时发生交通事故，导致该批货物大部分受损。接收方拒绝接受该货物，原告依据自己与托运人之间合同赔偿了货物损失计88128元。赔偿托运人后，原告认为被告违反了双方运输协议，要求被告承担该笔损失费用，被告推诿拒绝，遂诉至法院。

争议焦点：

(1) 被告公司并未在运输协议上盖章，而是由司机个人签字，公司能否承担责任？

(2) 原告向案外人“托运方”赔偿，是否与被告相关？

(3) 机油是否危险商品，是否应进行特殊包装运输？

法院经审理认定：

原、被告签订的运输协议合法有效，双方应按约定履行义务（认定司机签字系职务行为，应由公司承担责任）。被告未能将货物安全运输到目的地，导致收货方拒绝接收货物，给原告造成经济损失 88128 元，被告应当承担违约责任。被告对原告请求赔偿数额有异议，但未向法庭提供有效证据。故对原告要求被告赔偿 88128 元的诉讼请求予以支持。而被告辩称货物没有保价、货物系危险品等理由均不予支持。

判决结果：

被告赔偿原告人民币 88128 元，于判决生效后 10 日内给付。

思考题：

1. 根据合同条款，被告方应负哪些责任？
2. 通过本案例分析，在货物运输中应当特别注意哪些问题？

第5章 航空运输

☞ 知识目标

- 理解航空运输的概念和发展历程；
- 掌握航空运输的特点、重要性和发展趋势；
- 理解航空运输的设备系统组成和它们各自的作用；
- 掌握航空运输的各种组织和工作方式。

☞ 技能目标

- 综合运用所学的知识，分析航空运输的案例；
- 具备灵活分析现实航空运输问题的能力。

航空运输是交通运输体系的一个重要组成部分。航空运输促进了全球经济、文化的交流和发展，由于其突出的高速直达性，在整个交通运输体系中具有特殊的地位，并拥有很大的发展潜力。它与其他交通运输方式分工协作、相辅相成，共同满足社会对运输的各种需求。由于在各种航空器中，飞机是主要的运输工具，因此航空运输主要指的是飞机运输。

5.1 航空运输概述

航空运输是使用飞机、直升机及其他航空器作为运输工具，实现旅客、行李、货物、邮件存区域内的位置转移的活动。航空运输具有快速、机动的特点，是现代旅客运输，尤其是远程旅客运输的重要方式，为国际贸易中的贵重物品、鲜活货物和精密仪器运输所不可缺。

5.1.1 航空运输的产生和发展趋势

(1) 航空运输的产生和历程。20 世纪人类在科学技术方面最伟大的贡献之一，就是发明了飞机。1903 年 12 月 17 日，美国莱特兄弟驾驶自己制造的飞机，从此开创了人类航空史上的新纪元。人类航空发展史大致分为四个阶段：

①初始阶段（1903—1938 年）。莱特兄弟的航空试验，实现了人类多年来在天空飞翔的梦想，进而实现了航空器动力升空自主飞行（见图 5-1）。在 1911—1912 年的意土战争中，意大利第一次使用航空兵对土耳其军队进行侦察和轰炸。在第一次世界大战中，飞机开始得到大规模使用，推动了军用飞机的发展。20 世纪 20—30 年代初，由于科学技术的日益发展，人们研究建立了飞机设计方法，并积累了空气动力、飞行力学和

结构强度等方面的大量实验资料。

图 5-1 莱特兄弟的第一架飞机试飞成功

②完善阶段（1939—1945 年）。这一阶段正处第二次世界大战期间，战争的需要促进了空军迅猛发展，飞机数量、种类以及性能得到空前提高。当时飞机研发的目标首先是加大发动机的功率，提高效能和高空性能：其次是对亚音速气动布局的精心设计和推敲。在提高发动机功率方面，采用了加大汽缸容积，增加汽缸数量，加大发动机转速和预压缩工作介质等措施。在改进气动方面，采取了整流措施，如发动机加整流罩，由此大大降低了飞机的废阻力。这一时期，由于仍然采用活塞式发动机，受到音障限制，飞行速度已经接近这类飞机的极限（时速 750km/h 左右）。

③突破阶段（1946—1957 年）。第二次世界大战结束后，美、苏两国都利用从德国缴获的资料和设备，在德国技术人员的帮助下，大力研发喷气式飞机。在这一阶段主要解决喷气动力飞机的三大航空科学技术难题，即声障、气动弹性和疲劳断裂问题。声障是指把飞机飞行速度提高到超过音速时遇到的障碍；气动弹性是指飞机由于飞行速度的提高而产生的结构变形，通过气动力涡合致使飞机翼面等结构部件发生高频振动；疲劳断裂是高空飞机的气密机舱在升降过程中，由内外压差交变而引发疲劳、发生断裂。50 年代中期，喷气战斗机的飞行速度已达到音速的两倍。

④高超音速阶段（1958 年至今）。从 1958 年开始，航空器发展到高级阶段，其主要标志是人类社会开始进入航空超音速时代（飞机的航速达到或超过两倍音速，即两马赫），航空高新技术不断出现并综合应用。

(2) 我国航空运输的现状。1949 年 11 月 2 日，中国民用航空局成立，揭开了我国民航事业发展的序幕。中国民航发展至今主要历经 4 个阶段：

第一阶段：1949—1978 年。这一时期，民航由于领导体制几经改变，航空运输发展受政治、经济影响较大。1978 年，航空旅客运输量仅为 231 万人，运输总周转量 3 亿吨千米。

第二阶段：1978—1987 年。1980 年，全民航只有 140 架运输飞机，载客量 100 人以上的中大型飞机只有 17 架，机场只有 79 个，全年旅客运输量仅 343 万人，全年运输总周转量 4.29 亿吨千米，列世界民航第 35 位。

第三阶段：1987—2002 年。1987 年组建了 6 个国家骨干航空公司，实行自主经营、自负盈亏、平等竞争。20 多年中，我国民航运输总周转量、旅客运输量和货物运输量年均增长分别达 18%、16%和 16%，高出世界平均水平两倍多。2002 年，民航行业完成运输总周转量165亿吨千米、旅客运输量8594万人、货邮运输量202万吨，国际排位进一步上升，成为令人瞩目的民航大国。

第四阶段：2002年至今。中国主要大型航空集团公司51家，包括中国航空集团公司、东方航空集团公司、南方航空集团公司、中国民航信息集团公司、中国航空油料集团公司、中国航空器材进出口集团公司、海南航空股份有限公司、上海航空公司、山东航空公司、厦门航空有限公司、四川航空公司、深圳航空公司等。2015年，中国民航全行业完成运输总周转量比上年同期增长11.1%；其中，旅客周转量5801.81亿人，同比增长11.60%；货邮周转量168.74亿吨千米，同比增长8.8%。

（3）航空运输的发展方向。

①推出新一代航空运输载运工具。20世纪的航空设计和制造技术决定了目前绝大部分民用飞机只能是亚音速客机，最大载客量不超过500人。两栖运输船（又称地效飞机）是21世纪最被看好的运输工具之一，可搭载100名左右的乘客，沿水面或较平坦的地面飞行。

②实施新一代通信、导航、监视和空中交通管理系统。现行的空管系统有三大缺陷：覆盖范围不足，对大洋和沙漠地区无法有效控制；运行标准不一致，跨国（地区）飞行安全难以保障；自动化程度不够，管制人员的负担过重。为此，ICA09（国际民用航空组织）正在全球部署实施新一代通信、导航和空中交通管理系统，预计新系统21世纪上半叶完成。

③信息技术在航空运输中得到更普通应用。从20世纪50年代起，计算机就开始应用于美国航空公司的航班订票系统。预计21世纪航空公司的生产组织和运行管理将进入系统化的动态控制时期，机场及其设施的现代化、自动化和管理信息化也将实现。

航空运输是一种科技含量高而密集的运输方式。高水平航空科技成果和大型、高速运输飞机的发展，先进通信、导航设备和技术的作用、新一代空中交通管理技术的实施，机场及其设施现代化、自动化以及运输管理系统的信息化等都是航空运输发展新水平的体现，也是21世纪航空运输进一步发展的方向和目标。

5.1.2 航空运输的特点

随着飞机技术的发展和飞机性能的提高，航空运输的发展十分迅速，特别受到现代化企业管理者的青睐，它具有许多其他运输方式所不能比拟的优越性。

（1）航空运输的优点。

①速度快、直达性好。这是航空运输最大的特点和优势。目前，现代民用航空的喷气式飞机的巡航速度为800～1000 km/h。飞机在空中飞行较少受到自然地理条件的限制，航空运输能够实现两地间的直线运输。运输距离越长，这种优势越明显。

②舒适性、安全性好。喷气式飞机在高空巡航时，飞机不受低空气流的影响，飞行平稳舒适，客舱乘坐的舒适性也较好。按照航空运输的单位客运周转量或单位飞行时间死亡率来衡量，航空运输的安全性是所有运输方式中最高的。

③经济特性良好。单纯从经济方面来讲，航空运输的成本及运价高于其他运输方式。如果考虑时间价值，航空运输又具有其独特的经济价值。

④基本建设周期短、投资少。与修建铁路和公路相比，建设周期短、占地少、投资少、见效快。

⑤不受地形限制，机动性大。飞机在空中飞行，受陆地高山等因素的限制很少，受航线条件限制的程度也远比汽车运输、铁路运输和水路运输小很多。

(2) 航空运输的不足之处。

①受气候条件的限制。为保证飞行安全，航空运输对飞行的气候条件要求较高，从而影响了运输的准时性和正常性。

②可达性差，噪声污染大。一般情况下，航空运输难以实现客、货的“门到门”运输，必须借助其他运输工具转运。

③飞机机舱的容积和载重量都比较小，运载成本和运价比地面运输高，飞机的造价高，技术复杂。例如，美国波音公司的747-400飞机，单价达1.8亿~2.0亿美元。

5.1.3 航空运输在社会经济中的作用

航空运输是随着社会、经济发展和技术进步而发展起来的，在现代社会经济生活中占据重要地位，发挥着不可替代的作用。它对经济所起的作用主要表现为以下几个方面。

(1) 航空运输是交通运输体系的一个重要组成部分。

航空是长距离旅行，尤其是国际、洲际旅行的主要工具。航空运输和其他交通运输方式分工协作、相辅相成，共同满足社会对运输的各种要求。随着社会经济的发展、生活水平的提高、工作节奏的加快，航空运输将越来越普及。

(2) 航空运输带动了飞机制造业及相关行业和技术的发展。

国际航空运输业的不断发展，使几个主要飞机制造商，如波音公司、空客公司，保持了长盛不衰的势头，也给相关设备的生产厂家提供了广阔商机。航空技术属于高新技术领域，航空运输的发展，促使新的、更安全舒适的民航客机机型不断出现，也使通信、导航、监视等设备与技术不断更新、完善。

(3) 航空运输促进了全球经济、文化的交流和发展。

航空运输是国家经济领域的一个重要行业，除了其自身发展外，还带动了一批相关产业的发展，如旅游业等。它还使国际的经济、文化、科技交流往来十分方便，有利于国家或地区间的相互协作和共同发展，有利于经济发达国家或地区到经济不发达国家或地区投资开发。航空运输的发展已成为某地区经济是否发达、对外开放是否有力的重要标志。

5.2 航空运输设备

航空运输设备体系包括飞机、机场、空中交通管理系统和飞行航线四个部分。这四个部分有机地结合，在空中交通管理系统的协调控制和管理下，分工协作，共同完成航空运输的各项业务活动。

飞机是航空运输的主要运载工具。按运输类型的不同，民用飞机可分为运送旅客和货物的各种运输机和为工农业生产作业飞行、抢险救灾、教学训练等服务的通用航空飞机两大类。按其最大起飞重量，民用机可分为大型、中型、小型飞机。按航程远近，可分为远程、中程、短程飞机。

机场是提供飞机起飞、着陆、停驻、维护、补充给养及组织飞行保障活动的场所，也是旅客和货物的起点、终点或中转点。机场由供飞机使用的部分（包括飞机用于起飞降落的飞行区和用于地面服务的航战区）和供旅客、接用货物使用的部分（包括办理手续和上下飞机的航站楼地面交通设施及各种附属设施）组成。

空中交通管理系统是为了保证航空器飞行安全及提高空域和机场飞行区的利用效率而设置的各种助航设备和空中交通管制机构及规则。助航设备分仪表助航设备和目视助航设备。仪表助航设备是指用于航路、进近、机场的管制飞行，包括通信、导航、监视（雷达）等装置。目视助航设备是指用于引导飞机降落、滑行的装置，包括灯光、信号、标志等。空中交通管制机构通常按区域、进近、塔台设置。空中交通管制规则包括飞行高度层配备，垂直间隔、水平间隔（侧向、纵向）的控制等。管制方式分程序管制和雷达管制。

飞行航线是航空运输的线路，是由空管部门设定飞机从一个机场飞抵另一个机场的通道。飞行航线分航路、固定航线、非固定航线。航路是用于国与国之间、跨省市航空运输的飞行航线，规定其宽度为20千米。固定航线是用于省市之间和省内定期航班飞行，尚未建立航路的飞行航线。非固定航线是用于临时性的航空运输或通用航空飞行，在航路和固定航线以外的飞机航线。

航空运输体系除了上述四个基本组成部分外，还有商务运行、机务维护、航材供应、油料供应、地面辅助及保障系统等。下面将重点介绍民用飞机和机场这两个部分。

5.2.1　民用飞机

（1）飞机类型和分类。所有飞行器可以分为航空器和航天器，前者是大气飞行器，而后者是空间飞行器（如火箭、航天飞机、行星探测器等）。航空器可分为轻于空气的航空器（如气球、飞艇等）与重于空气的航空器，如飞机与各种直升机、滑翔机、旋翼机等。飞机是最主要的航空器，由于它的用途很多，其分类方法也很多。

①按构造分类。按不同的构造可将飞机分为不同的类型。按机翼数目，飞机一般可分为双翼机和单翼机。按发动机类型可分为活塞发动机及螺旋桨飞机和喷气式飞机（见图5-2）。按发动机数目可分为单发动机飞机、双发动机飞机、三发动机飞机和四发动机飞机。按起落地点可分为陆上飞机、雪（冰）上飞机、水上飞机、两栖飞机和舰载飞机。按起落方式可分为滑跑起落式飞机和垂直短距起落式飞机。此外，还可按尾翼位置或数量、机身数量分类。

②按用途分类。由于飞机的性能、构造和外形基本上由用途来确定的，故按用途分类是最主要的分类方法之一。现代飞机按用途主要可分为军用机与民用机两类，另有一类专门用于科研和试验的飞机，可称为研究机。下面主要介绍民用机。

• 客机，用于运载旅客和邮件，联络国内各城市与地区，或国际城市。客机可按大小和航程进一步分为洲际航线上使用的远程（大型）客机、国内干线上使用的中程

图 5-2 喷气式飞机

(中型) 客机、地方航线 (支线) 上使用的近程 (轻型) 客机。目前各国使用的客机大都是亚音速机 (见图 5-3)。超音速客机有两种，其最大巡航速度约为二倍音速。中型客机使用较广泛，既有喷气式的，也有带螺旋桨的。

• 货机，用于运送货物，一般载重较大，有较大的舱门，或机身可转折，便于装卸货物；货机修理维护简易，可在复杂气候下飞行 (见图 5-4)。

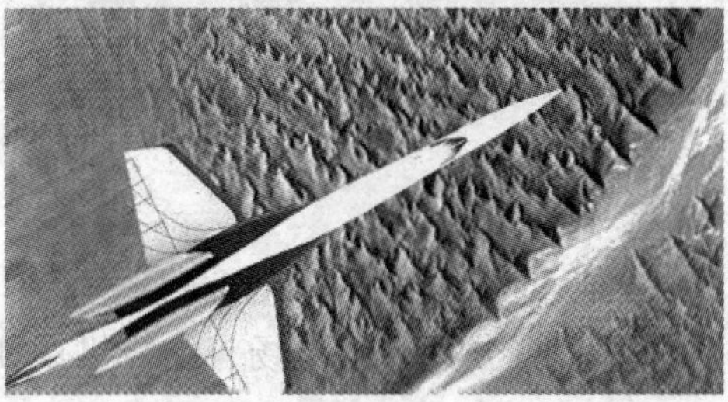

图 5-3 超音速客机

图 5-4 货机

• 教练机 (民用)，用于训练民航飞行人员，一般可分为初级教练机和高级教练机。

• 农业机、林业机，用于农业喷药、施肥、播种、森林巡逻、灭火等。大部分属于轻型飞机。

• 体育运动机，用于发展体育运动，如运动跳伞等，可做机动飞行。

• 多用途轻型飞机，种类与用途繁多，如用于地质勘探、航空摄影、空中游览、紧急救护、短途运输等。

(2) 飞机的主要组成部分。

①机翼。主要作用是产生升力，以支持飞机在空中飞行；其翼面在特定条件下固定不变，有一定的稳定操纵作用。

②机身。设置驾驶舱、客舱、货舱，装载乘员、旅客和货物等。

③动力装置。产生推动飞机前进的动力。动力装置除喷气发动机或活塞发动机外，还包括一系列保证发动机正常工作的系统，如燃油供应系统等。

④起落装置。支持飞机并使飞机能在地面起落或停放的着落轮等。

⑤稳定操纵机构。在飞行中维持飞机的平衡和稳定，并使飞行能够操纵的系统，包括水平尾翼、垂直尾翼和副翼。

5.2.2　机场

（1）机场的分类与构成。民航运输网络由机场、航路和机队构成。机场是民航运输网络中的节点，是航空运输的起点、终点和经停点。机场可实现运输方式的转换，是空中运输和地面运输的转接点，因此也可把机场称为航空站（见图 5-5 和图 5-6）。

图 5-5　机场

图 5-6　机场停机坪

①机场的分类。

- 按航线性质划分，可分为国际航线机场（国际机场）和国内航线机场。
- 按机场在民航运输网络系统中所起作用划分，可分为枢纽机场、干线机场和支线机场。
- 按机场所在城市的性质、地位划分，可分为Ⅰ类机场、Ⅱ类机场、Ⅲ类机场和Ⅳ类机场。
- 按旅客乘机目的划分，可分为始发路程机场、经停（过境）机场和中转（转机）机场。
- 按服务对象机场可分为军用机场、民用机场和军民合用机场。

②机场的构成。机场是供飞机起飞、着陆、停驻、维护、补充给养及组织飞行保障活动所用的场所。

机场主要由飞行区、航站区及进出机场的地面交通系统构成。

- 飞行区是机场内用于飞机起飞、着陆和滑行的区域，通常还包括用于飞机起降的空域在内。飞行区由跑道系统、滑行道系统和机场净空区构成。相应设施有目视助航设施、通信导航设施、空中交通管制设施以及航空气象设施。
- 航站区是飞行区与机场其他部分的交接部，包括旅客航站楼、站坪（停机坪）、车道边、站前停车设施（停车场或停车楼）等。
- 进出机场的地面交通系统通常是公路，也包括铁路、地铁（或轻轨）和水运码头等。其功能是把机场和附近城市连接起来，将旅客和货邮及时运进或运出航站楼。进出机场的地面交通系统的状况直接影响空运业务。

（2）机场场道。机场场道包括飞行区和停机坪（见图5-7）。

图5-7 机场场道

①飞行区。

• 跑道。跑道是提供飞机起飞、着陆、滑跑以及起飞滑跑前和着陆滑跑后运转的场地。机场的构成主要取决于跑道的数目、方位以及跑道与航站区的相对位置。

跑道数目取决于航空运输量的大小。跑道的长度是机场的关键参数之一，它与飞机的起降安全直接有关。跑道长度的确定，主要考虑飞机的起降质量与速度、机场所在环境、气象条件、跑道条件等因素。跑道的方位是指跑道的走向，与当地风向有关。飞机最好是逆风起降，且过大的侧风也会妨碍飞机起降。因此，跑道的方位应尽量与当地常年主导风向相近。

跑道应有足够的宽度，因为飞机在跑道上滑跑、起飞、着陆不可能总是沿着中心线，可能会有偏离，有时还要掉头。跑道横向应有坡度，且宜采用双面坡，以加速道面的排水。应尽量避免跑道的纵向坡度及坡度的变化，以保证飞机起飞、着陆和滑跑的安全。

跑道道面应具有良好的平整度和摩擦特性，以便保证飞机滑跑时的稳定性。

• 滑行道。滑行道的主要功能是提供从跑道到航站区的通道，使已着陆的飞机迅速离开跑道，不与起飞滑跑的飞机相干扰，并尽量避免延误随即到来的飞机着陆。同时，滑行道也提供了飞机由航站区进入跑道的通道，且将性质不同的航站各功能分区连接起来。

• 机场净空。机场能否安全有效地运行，与场地内外的地形和人工构筑物密切相关。飞机在机场起飞降落必须按规定的起落航线飞行。这样，就必须对机场附近沿起降航线一定范围内的空域提出要求，即净空要求。这个空域称为机场净空区。在该空域内，不应有高障碍物和干扰导航信息的电磁环境。

②停机坪。停机坪包括站坪、维修机坪、隔离机坪、等候机位机坪、等待起飞机坪等。停机坪上设有机位（供飞机停放的划定位置）。航站楼空侧所设停机坪称作站坪，

可供飞机滑行、停驻机位和上下旅客及加油。

（3）机场设施与设备。

①航站楼。航站楼（即候机楼）是航站区的主体建筑物。航站楼一侧连着机坪，另一侧与地面交通系统相联系（见图 5-8）。航站楼不仅是民航的营运中心，而且还是商业中心。旅客航站楼内还设有机场和航空公司的办公机构和特许经营部门。

图 5-8　航站楼

②目视助航设施。为了满足驾驶员的目视要求，保证飞机的安全起飞、着陆、滑行，应在跑道、滑行道、停机坪及相关区域内设置目视助航设施，包括指示标和信号设施、标志、灯光、标记牌和标志物。此外，还要设置表示障碍物及限制使用地区的目视助航设施。

③地面活动引导和管制系统。地面活动引导和管制系统是指由助航设备、设施和程序组成的系统。该系统的主要作用是使机场能安全地满足运行中提出的地面活动需求。

④地面特种车辆和场务设备。进出港的飞机都需要一系列的地面服务，这些服务往往都是由工作人员操作各种车辆（牵引车、电源车、加油车、行李车、升降平台、客梯车等）或设备来完成。

为了保证飞机在飞行区内正常运行，机场应配备维护、检测设备（清扫车、吹雪车、推雪车、割草机、道面摩擦系数测试车等）以及驱鸟设备等。

5.2.3　通信与导航设备

（1）通信设备。民航客机用于和地面电台或其他飞机进行联系的通信设备，包括高频通信系统、甚高频通信系统和选择呼叫系统。

（2）导航设备。民航客机的导航主要依赖于无线电导航系统，其设备有甚高频全向无线电信电信标/测距仪系统、无方向性无线电信标系统以及仪表着陆系统等。

①甚高频全向无线电信标/测距机系统。甚高频全向无线电信标系统（VOR）是一种近程无线电导航系统。由地面发射台和机载设备组成。地面设备通过天线发射从 VOR 台到飞机的磁方位信息，机载设备接收和处理该信息，并通过有关指示器指示出飞机到 VOR 台的磁方位角。

测距机是为驾驶员提供距离信息的设备，由机载测距机和地面测距信标台配合工作。一般情况下，地面测距台与VOR台安装在一起，形成极坐标近程定位导航系统。它是通过询问应答方式来测量距离的。

②无方向性无线电信标系统。无方向性信标系统即导航台，是用来为机上无线电罗盘提供测向信号的发射设备。根据要解决的导航任务，导航台可以设置在航线上的某些特定点、终端区和机场。航线上导航台，可以引导飞机进入空中走廊的出、入口，或到某一相应的导航点以确定新的航向。终端区的导航台，用来将飞机引导到所要着陆的机场，并保证着陆前机动飞行和穿云下降，也用来标志该机场的航线出口位置。机场着陆导航台，用来引导飞机进场，完成机动飞行和保持着陆航向。

③仪表着陆系统。仪表着陆系统1949年被ICAO确定为飞机标准进近和着陆设备。它能在气象恶劣和能见度差的条件下，给驾驶员提供引导信息，保证飞机安全进近和着陆。

(3) 监视设备。目前实施空中交通监视的主要设备是雷达。它是利用无线电波发现目标，并测定其位置的设备。

5.3　航空货物运输工作组织

5.3.1　航空货运市场

与航空旅客运输一样，航空货物运输服务也是航空运输的产品之一。它不仅具有普通商品的市场特性和市场规律，而且还具有它自身独有的特征。

(1) 航空货运市场的特征。

①运输方向性。航空货物运输市场共有方向性，即来回程运量具有差异。通常是经济发达和对外开放程度高的地区货运量比较大，如我国东部沿海地区。

②对象广泛性。航空旅客运输的对象只能是人，这是航空旅客运输市场的单一性。然而，除了人之外的所有物品都属于航空货物运输的对象，如普通货物之外，还包括邮件、仪器设备、鲜活动物、花卉水果、贵重物品、易腐或危险物品等。航空货物运输的对象十分广泛。

③销售集中性。在航空旅客运输市场中，主要是以散客为主，固定的公务旅客或旅行团体在整个市场份额中占较小一部分。航空货物运输虽然运输对象差异很大，但市场相对集中，大多具有一定的批量，如海鲜、服装、鲜花等。因此，航空货物运输的货源组织比旅客运输相对容易。

④激烈竞争性。航空旅客运输在中、短程航线上与地面运输方式存在着较为激烈的竞争，而在远程客运方面，尤其是国际旅客运输市场方面，航空占据绝对优势。

(2) 航空货运市场分析。航空货物运输市场分布十分广泛，根据顾客需求，航空货运市场可以分为以下三类：①急快件货物运输市场；②易腐货物运输市场；③常规货物运输市场。

由于航空运输速度快，对于企业来说，空运货物可以减少流通时间，减少库存，减少占有资金，保证供货及时，增加市场营销灵活性，提高市场竞争力，航空运输与地面运输方式相比，空中运输条件显著优于地面运输，损坏率和丢失率相对较小，对包装要求低，可以节约包装费用和人工费用。

可以看出，常规货物运输市场，主要是以有时间性要求、不宜颠簸或容易受损的精密仪器设备、价值与体积之比较大的贵重物品等。

（3）航空货运市场的组织和管理。组织航空货运市场主要有3种方式：

①直接销售。航空运输企业通过自己的营业处或收货站进行销售。

②代理销售。航空运输企业进行直接销售可以减少代理费用。但是，直接销售的业务量不足时，会增加销售成本。因此，航空公司的相当一部分货运吨位通过代理人销售。销售代理人根据与航空公司之间的协议，代表航空公司销售空余吨位，并按照协议收取代理费用。销售代理人可以同时代理多家航空公司的货运销售业务。

③联运。由于一个航空公司能够提供服务的航线有限，对于本身不能运达的部分航线，航空公司之间可以采用联运服务。这种服务是有偿的，上一个承运人即为下一个承运人的销售代理人，他们之间通过协议分配销售收入。

事实上，航空公司为了扩大自己直销的范围，通常通过与其他航空公司的代理协议，成为其他航空公司的销售代理人。

5.3.2　航空货物运输方式

航空货物运输方式主要有班机运输、包机运输、集中托运和联运四种方式。①

（1）班机运输。班机是指定期开航的、定航线、定始发站、定目的港、定途经站的飞机。按照业务对象不同，班机可分为客运航班和货运航班。客运航班一般采取客货运混合型飞机，一方面搭载旅客，一方面又运送小批量货物。货运航班一般由规模较大的公司在货运量较为集中的航线上开辟。

（2）包机运输。包机运输方式可分为整包机和部分包机两类。

①整包机即包租整架飞机，指航空公司或包机代理公司按照与租机人事先约定的条件及费用，将整架飞机租给包机人，从一个或几个航空港装运货物至目的地的运输方式。

包机费用一次一议，随着国际市场供求情况变化。原则上包机运费是按每飞行千米固定费率核收费用，并按每飞行千米费用的80%收取空放费。因此，大批量货物使用包机时，要争取来回程都有货载，以降低运输费用。

②部分包机是指由几家航空货运公司或发货人联合包租一架飞机或者由航空公司把一架飞机的舱位分别包给几家航空货运公司的货物运输方式。部分包机适合于运送1吨以上但货量不足整机的货物运输。由于需要等待其他货主备好货物，运送时间较长。

（3）集中托运。将若干票单独发运的、发往同一方向的货物集中起来作为一个票货物，填写一份总运单发运到同一目的港，由集中托运人在目的港指定的代理人收货，再根据集中货运人签发的航空分运单分拨给各实际收货人的运输方式。

---

①　秦明森：《物流运输与配送管理实务》，中国物资出版社，2006年版。

集中托运的限制：

①贵重物品、危险品、活动物、外交信袋以及文物不能办理集中托运。

②目的地相同或临近的可以办理，如同一国家或地区，其他则不宜办理。

(4) 联运。陆空联运是火车、飞机和卡车的联合运输方式。我国大陆的空运出口货物通常采用陆空联运方式，往往采用陆运至航空口岸，再与国际航班衔接。如果是转口货物，要加盖“陆空联运”字样的标记，以加速周转和避免经济特区征税。

5.3.3　航空货物运输组织与管理

航空货物运输生产的任务，就是承运人按照货运单上的发运日期和航班要求，组织运力将货物运达目的地。航空货物运输中，各有关当事人的责任划分如图5-9所示。

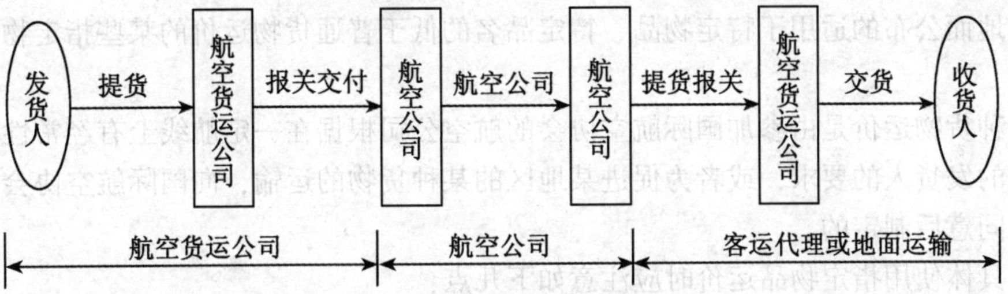

图5-9　空运当事人责任划分

资料来源：杜文：《物流运输与配送管理》，机械工业出版社，2008年版。

航空货运业务过程大致分为货物收集、进港、运送、到港和交货等阶段。从生产性质上来看，航空货物运输生产可以分为两大部分，一部分是以货物收集为中心的货运市场组织和管理，另一部分是以货物运送为中心的货物进港、货物运送、货物出港和交付过程，见图5-10。

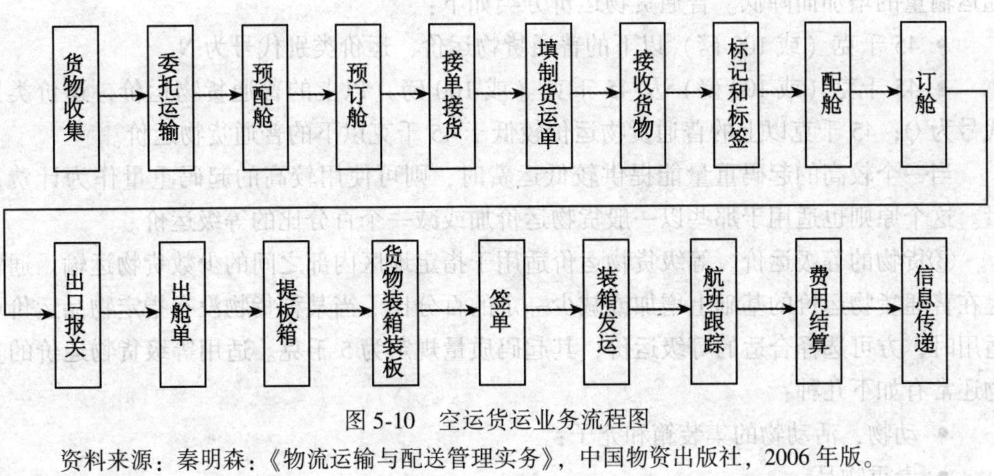

图5-10　空运货运业务流程图

资料来源：秦明森：《物流运输与配送管理实务》，中国物资出版社，2006年版。

5.3.4　航空货物运价和费用种类

（1）航空货物运价的概念。航空货物运价是指承运人为运输货物对规定的质量单位（或体积或货物的价值）所收取的费用。运价包括起运机场间的空中费用，但不包括承运人、代理人或托运人收取的其他费用。

（2）航空货物运费的概念。运费是指根据适用的运价所计算的托运人或收货人应支付的每批货物的运输费用。航空公司按国际航空运输协会所制定的三个区划费率收取国际航空运费。一区主要指南北美洲、格陵兰等；二区主要指欧洲、非洲、伊朗等；三区主要指亚洲、澳大利亚。

（3）航空货物运价的种类。

①特种货物运价。特种货物运价，又称指定物品运价，是指自指定的始发地至指定的目的地而公布的适用于特定物品、特定品名的低于普通货物运价的某些指定物品的运价。

特种货物运价是由参加国际航空协会的航空公司根据在一定航线上有经常性特种物品运输的发货人的要求，或者为促进某地区的某种货物的运输，向国际航空协会提出申请，经同意后制定的。

在具体使用指定物品运价时应注意如下几点：

- 首先决定货物是属于哪一种货物；
- 查阅在所要求的航线上有哪些特种货物运价；
- 查阅“航空货物运价表”上的“货物明细表”，选择与货物一致的号码，如果该货物号有更详细的内容，则选择最合适的细目；
- 根据适用该货物的起码质量，选择合适的指定物品运价。

②普通货物运价。普通货物运价，又称一般货物运价，是应用最为广泛的一种运价。它是为一般货物制定的，仅适用于计收一般普通货物的运价。普通货物运价的数额随运输量的增加而降低。普通货物运价分类如下：

- 45千克（或100磅）以下的普通货物运价，运价类别代号为N。
- 45千克（或100磅）及45千克（或100磅）以上的普通货物运价，运价类别代号为Q；45千克以上的普通货物运价较低于45千克以下的普通货物运价。

当一个较高的起码重量能提供较低运费时，则可使用较高的起码重量作为计费重量。这个原则也适用于那些以一般货物运价加或减一个百分比的等级运价。

③货物的等级运价。等级货物运价适用于指定地区内部之间的少数货物运输。通常是在普通货物运价的基础上增加或减少一定的百分比。当某种货物没有指定物品运价可适用时，方可选择合适的等级运价，其起码质量规定为5千克。适用等级货物运价的货物还常有如下几种：

- 动物，活动物的集装箱和笼子；
- 贵重物品；
- 尸体或骨灰；

• 报纸、杂志、书籍、商品目录、盲人和聋哑人专业设备和书籍等出版物；

• 作为货物托运的行李。

其中第一至三项通常用在普通货物运价基础上增加一定百分比；第四至五项在普通货物运价的基础上减少一定百分比。

④各种运价在使用时应注意事项：

• 航空运费计算时，首先适用指定物品运价，其次是等级货物运价，最后是普通货物运价；

• 无论适用何种运价，当最后计算的费用总额低于所规定的起码运费时，按起码运费计收；

• 公布的运价是一个机场到另一个机场的运价，而且只适用于单一的方向；

• 运价的货币单位一般以当地货币单位为准；

• 除起码运费外，公布的运价都以千克或磅为单位。

（4）航空运费计算。

①计费质量。所谓计费质量就是指据以计算运费的货物质量。一架飞机所能承载的货物是受飞机的载货量和舱容限制的。

质量大、体积小的货物往往受飞机载重量的限制，舱容未被充分利用；轻泡货和体积大的货物往往受飞机载货量的限制，舱容未被充分利用；轻泡货和体积大的货物往往受舱容限制，而载货量未达到额定限度。

由此，航空公司规定计费质量按实际质量和体积质量两者之中较高的一种计收。

• 实际质量。实际质量是指一批货物包括包装在内的实际总重量，即毛重。凡质量大而体积相对小的重货物，如机械、金属零件等，用实际质量作为计费质量。具体界线是每 6000 立方厘米或每 366 立方英寸质量超过 1 千克，或每 166 立方英寸质量超过 1 磅的货物。

具体计算时，质量不足 0.5 千克的按 0.5 千克计算，0.5 千克以上不足 1 千克时按 1 千克计算，不足 1 磅的按 1 磅计算。

• 体积质量。体积大，质量相对小的货物称为轻泡货物，具体指那些每 6000 立方厘米或每 366 立方英寸不足 1 磅或每 366 立方英寸不足 1 磅的货物。

轻泡货物以体积质量作为计费质量，计算方法如下：

分别量出货物的最长、最宽、最高的部分，单位为厘米或英寸，测量数值四舍五入。

计算货物的体积。

将体积折合成千克或磅，即根据所使用的度量单位分别用体积值除以 6000 立方厘米或 366 立方英寸，结果即为该货物的体积质量，即：

$$体积质量=最长\times最宽\times最高/6000（或 366）$$

• 集中托运货物的计费质量。在集中托运情况下，同一总运单下会有多件货物，其中，有重物也有轻泡货物，其计费质量采用整批货物的总实际质量或总的体积质量，按两者之中较高的一个计算。

②起码运费。起码运费代号为M，是航空公司承运一批货物所能接受的最低运费，不论货物的重量或体积大小，在两点之间运输一批货物应收最低金额。它是根据航空公司在考虑办理一批货物，即使是一笔很小的货物，所必须产生的固定费用而制定的，当货物运价少于起码运费时，就要收起码运费。

不同的国家和地区有不同的起码运费。中国民航的起码运费是按货物从始发港到目的港之间的普通货物运价5千克运费为基础，或根据民航和其他国家航空公司洽谈同意的起码运费率征收的。

航空公司规定，无论所运送的货物适用哪一种航空运价，所计算出来的运费总额都不得低于起码运费，否则以起码运费计收。

③声明价值费。与海运或铁路运输的承运人相似，航空承运人也要求将自己对货方的责任限制在一定的范围内，以限制经营风险。

《华沙公约》中对由于承运人自身的疏忽或故意造成的货物的灭失、损坏或延迟规定了最高赔偿责任限额，这一金额一般被理解为每千克20美元或每磅9.07英镑或其他等值货币。

如果货物的价值超过了上述值，即增加了承运人的责任，承运人要收取声明价值费。否则即使出现更多的损失，承运人对超出的部分也不承担赔偿责任。

货物的声明价值是针对整件货物而言，不允许对货物的某部分声明价值。声明价值费的收取依据货物的实际毛重，计算公式为：

声明价值费=（货物价值-货物毛重×20美元/千克）×声明价值费费率

声明价值费的费率通常为0.5%。大多数的航空公司在规定声明价值费率的同时还要规定声明价值费的最低收费标准。

如果根据上述公式计算出来的声明价值费低于航空公司的最低标准，则托运人要按照航空公司的最低标准缴纳声明价值费。

④其他附加费。其他附加费包括制单费、货到付款附加费、提货费等，一般只有在承运人、航空货运代理人或集中托运人提供服务时才收取。

思考题

1. 什么是航空运输？简述航空运输的发展历程。
2. 阐述航空运输的特点和未来的发展趋势。
3. 简述航空运输设备体系以及各自的作用。
4. 阐述航空运输民用飞机的主要组成部分。
5. 简述航空运输机场的主要组成部分各自的作用。
6. 阐述航空货物运输的工作方式和管理。

案例分析

航企频推新航线争相布局“一带一路”

在“一带一路”战略的带动下，中国与相关沿线国家和地区互动频繁，带动了相关国际航线的迅猛发展，航空公司纷纷新开通“一带一路”沿线国家的航线，加大市场运力投放。航班的开通也促进了沿线国家和地区的经贸往来，专家预测将撬动航空业数千亿元的产值，并带动我国与这些国家的贸易总额翻番，实现共赢互利。

“在‘一带一路’区域，南航已经建立起完善的航线网络。无论是航班频率、通航点数量，还是市场份额，都在全球航空公司中位居前列。‘一带一路’与南航国际化战略转型正相契合。”南航湖北分公司日前召开发布会宣布，武汉将增开东京、罗马和迪拜等三条航线，到2015年底，南航在汉开通的国际地区直飞航线将达到15条，覆盖“一带一路”多数地区，这一数字还在不断增加。

在“一带一路”战略构想提出后，南航敏锐地捕捉到这一商机，于2014年5月向中国民航局及海关等提出开通广州经停武汉飞莫斯科的航班。南航湖北分公司刘经理介绍说：“有关部门也是特事特办，短短两个月后开通了这一航线，而以往类似的洲际航线的审批则需要经过两三年时间。”

中国民用航空局日前发布2015—2016年新航季航班计划显示，新航季国内航空公司每周共安排国内航班54956班、港澳台航班4015班、国际航班8810班，国际航班同比增长明显。此外，国内航空公司还计划新辟57条国际客运航线，如北京—新西兰奥克兰、广州—基督城、上海浦东—布里斯班、厦门—悉尼等，许多集中在“一带一路”沿线国家。事实上，“一带一路”早已成为中国民航业的热词。据统计，近两年，“一带一路”沿线省份新建机场15个、改（扩）建机场28个。《2015年重点推进的民航大中型项目清单》中落实“一带一路”战略项目51个，总投资2000亿元。

这2000亿元将投向哪里？乌鲁木齐是一个见证者。这个位于中国西北的三线城市并不被中国航空业所看好。然而，近些年却成为航空公司争夺的香饽饽。一向以稳健著称的山东航空成立21年来，在山东省外只有两家分公司。而2015年，山东航空就迅速在乌鲁木齐建立了飞行基地。与此同时，天津航空也在乌鲁木齐把运行基地升级为分公司。中国民航已是全球第二大航空运输系统，拥有航空运输公司52家，运输颁证机场202个，其中国际航线500多条。这些都为民航业进一步走出去奠定了基础。

随着“一带一路”的大力推进，沿线国家之间民众的飞行需求也日渐增多。近年来，中非航空客源以平均每年15%的速度增长。中国已与埃塞俄比亚、安哥拉、坦桑尼亚、赞比亚、南非、尼日利亚等17个非洲国家正式签署了政府间航空运输协定，与塞舌尔、利比亚、乌干达等6个非洲国家草签了航空运输协定。

其实，几年之前，深处内陆的湖北与俄罗斯的商贸往来并不多。武汉至莫斯科航线开通前的一年中，湖北到莫斯科全年只有往返2190人次，平均每天6人次，而到目前，这一数字增长了近10倍。“这一航线旅客量增长迅速，得益于‘一带一路’战略的影响。”刘经理说，“一带一路”沿线地区经济规模将达到21万亿美元，货物和服务出口占全球的24%，沿线各国迫切需要航空物流方面的整合和发展，沿路航企迎来了难得的发展契机。

作为中部首条至俄罗斯航线，湖南、江西、安徽等中部省份的企业也借此加大了与俄罗斯及北欧、中东欧等地的经贸往来，做起了跨国生意。武汉某外贸公司负责人李军对此深有体会。2015年5月17日，由39家俄罗斯企业组成的“采购团”来到武汉汉口北商贸城，将这里的文体用品、鞋业皮具、食品等商品“一扫而空”。李军说，以前像这么大的百人国际采购团很少见，希望以后能够“常来”。李军的话代表了许多内陆商户的心声。2014年，我国与“一带一路”沿线国家的货物贸易额达1.12万亿美元，占我国国际贸易总额的1/4。

中国航空工业集团发布的《2015—2034年民用飞机中国市场预测年报》指出，新的国家战略为民航业未来的发展提供了新机遇，“一带一路”沿线国家巨大市场空间将促进国际航线的发展。

中国民航局有关负责人表示，中国民航以往“东高西低、国内重于国际”的结构特征正悄然发生变化，中国中西部地区增速日益加快，国际增长超过国内增长成为一种常态，目前中国已与116个国家和地区签订了政府间双边航空运输协定，中国民航业正在考虑在“一带一路”沿线建立新的全球航空合作关系。

随着“一带一路”不断深入，双边交流进一步增强，将会有更多的国外城市和我国开通直达航班。

中国民航局前不久发布的数据也证实了这一点。受国家“一带一路”倡议推进和假期“出境游”升温等利好因素带动，2015年一季度，国际航空运输市场共完成旅客运输量964.8万人次，同比增长36.0%。国际航线在旅客运输量中占比达9.3%，比上年提高1.3个百分点，延续了自2011年以来占比呈逐步上升的势头。

四川就因“一带一路”航线的完善而受益。据成都海关统计，2014年四川对60多个“一带一路”国家进出口货值为1320.8亿元人民币，同比增长6.8%，占全省总值的30.6%。

同样，位于海上丝绸之路的福建也抓紧搭上“一带一路”这趟列车。据商务部数据显示，2015年一季度，福建省与“一带一路”沿线重点国家外贸进出口总额101.38亿美元，同比增长3.63%，占同期福建省进出口总额的1/4。与此同时，“一带一路”沿线重点国家对福建省投资项目22个，同比增长100%，福建省对“一带一路”沿线国家实际投资新增13个项目，实际投资11.08亿美元，同比增长增24.5倍。

资料来源：http：//finance.ifeng.com/a/20151028/14043869_0.shtml。

思考题：

1. 中国航空市场异军突起的亮点在哪里？对拓展国际航空业务有什么样的启示？
2. “一路一带”国策对其他运输市场是否具有同样的影响？

第6章 管道运输

☞ 知识目标

- 理解管道运输的概念、特点、重要性和发展趋势；
- 掌握三种重要的不同货物管道运输形式；
- 理解三种不同货物管道运输的设备组成和它们各自的作用；
- 掌握三种不同货物管道运输的运输特点。

☞ 技能目标

- 综合运用所学的知识，分析管道运输的案例；
- 具备灵活分析现实管道运输问题的能力。

管道运输是货物在管道内借助高压气泵的压力往目的地输送货物的运输方式，其原理相当于自来水管道将水输送到各家各户。管道运输的工具本身就是管道，是固定不动的，只是货物本身在管道内移动，它是运输通道和运输工具合二为一的一种专门运输方式。按输送对象不同，它可以分为输油管道运输、天然气管道运输和固体浆料管道运输三种。

管道运输运输量大、连续、迅速、经济、安全、可靠、平稳以及投资少、占地少、费用低，且可实现自动控制。除广泛用于石油、天然气的长距离运输外，还可运输矿石、煤炭、建材、化学品和粮食等。管道运输可省去水运或陆运的中转环节，缩短运输周期，降低运输成本，提高运输效率。当前管道运输的发展趋势是：管道的口径不断增大，运输能力大幅度提高；管道的运距迅速增加；运输物资由石油、天然气、化工产品等流体逐渐扩展到煤炭、矿石等非流体。

6.1 输油管道运输

输油管道运输一般用于原油或成品油的长距离运输，它主要由输油站和输油管线两部分组成，是连接油田、炼油厂、油库或其他用油单位的管道。

6.1.1 输油管道的分类

输油管道可以按不同的方法分类，通常按输送油料的种类或轻重进行分类。

（1）按输送油料的种类不同，输油管道可分为原油管道和成品油管道。原油管道的起点大多是油田，终点则可能是炼油厂或转运原油的港口、铁路枢纽；成品油管道的起点常是炼油厂或成品油库，沿途常有较多的支线分油或集油，其终点和分油点则是转运油库或分配油库，在该处用铁路油槽车或汽车油罐车将各种型号的成品油送给加油站或用户，或利用支线将油料直接送给大型用油企业。

(2) 按输送油料的轻重不同，输油管道分为轻油管道和重油管道。由于轻重油料的黏度和凝固点相差较多，常需采用不同的输送方法，铺设不同的输油管道。

6.1.2 输油管道的组成

长距离输油管道由输油站和管线两大部分组成。输送轻质油或低凝点原油的管道不需加热，油品经一定距离后，管内油温等于管线深埋处的地温，这种管道称为等温输油管，它无须考虑管内油流与周围介质的热交换。但对易凝、高黏油品，不能采用这种方法输送。因为当油品黏度极高或其凝固点远高于管路周围环境温度时，每千米管道的压降高达几个甚至几十个大气压，这种情况下，加热输送是最有效的办法。因此，热油输送管道不仅要考虑摩阻的损失，还要考虑散热损失，输送工艺更为复杂(见图 6-1)。

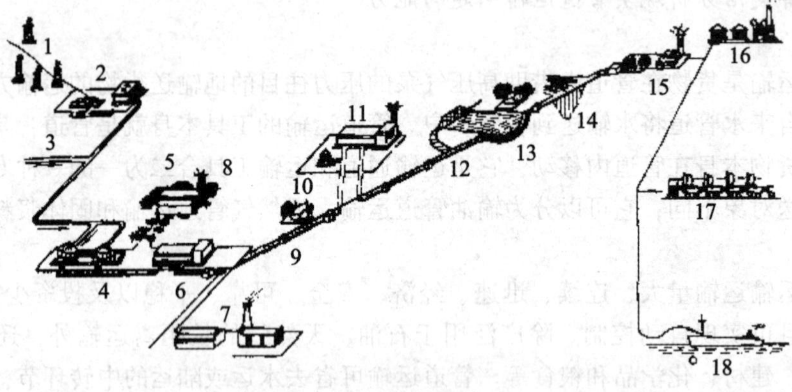

图 6-1　输油管道运输系统

注：1 为井场；2 为输油站；3 为来自油田的输油管；4 为首站罐区和泵房；5 为全线调度中心；6 为清管器发放室；7 为首站锅炉房；8 为微波通信塔；9 为线路阀室；10 为维修人员住所；11 为中间输油站；12 为穿越铁路；13 为穿越河流；14 为跨越工程；15 为车站；16 为炼油厂；

17 为火车装油线桥；18 为油轮码头。

输油管道的起点称为首站，输油管道沿途设有中间泵站，输油管道末站接受输油管道送来的全部油品，供给用户或以其他方式转运，故末站有较多的油罐和准确的计量装置。

输油站包括首站、末站、中间泵站等。

输油管道的线路（即管线）部分包括：管道，沿线阀室，穿越江河、山谷等的设施和管道阴极防腐保护设施等。为保证长距离输油管道的正常运营，还设有供电和通信设施。

6.1.3　输油管道的设备

输油管道中往往安装很多设备，它们的作用是驱动和监控管道内的货物运行。输油管道的主要设备有离心泵、输油泵站、输油加热炉、储油罐、管道系统、清管设备、计量及标定装置等。

（1）离心泵。泵是一种将机械能（或其他能）转化为液体能的水力机械，它也是国内外输油管线广泛采用的原动力设备，是输油管线的心脏。泵的种类较多，按工作原理，可将其分为叶片式泵（如离心泵、轴流泵等）、容积式泵（如齿轮泵、螺杆泵等）和其他类型泵（如射流泵、水锤系等）三类。大型的输油泵可采用多级离心泵串联工作，每级的扬程可高达 500~600m。离心泵的种类也很多，如按泵轴位置可分为卧式泵、立式泵；按叶轮级数可分为单级泵与多级泵；按压力可分为低压泵与高压泵；按用途可分为井用泵、电站用泵、化工用泵、油泵等等。

离心泵通过离心力的作用完成介质的输送任务（见图 6-2）。当泵内充满液体时，叶轮旋转产生离心力，叶轮槽中的液体因此被甩向外围而流进泵壳，使叶轮中心压力降低并低于水池叶面压力，液体在此压力差下由吸入池流进泵壳，通过泵的不断吸入和压出，完成液体输送。

离心泵应具有良好的密封。拖动离心泵的原动机一般是电动机、柴油机或燃气轮机。电动机价廉、轻便、体积小、效率高、维护管理方便、工作平稳、易于控制，安全性能好，应用最为广泛。

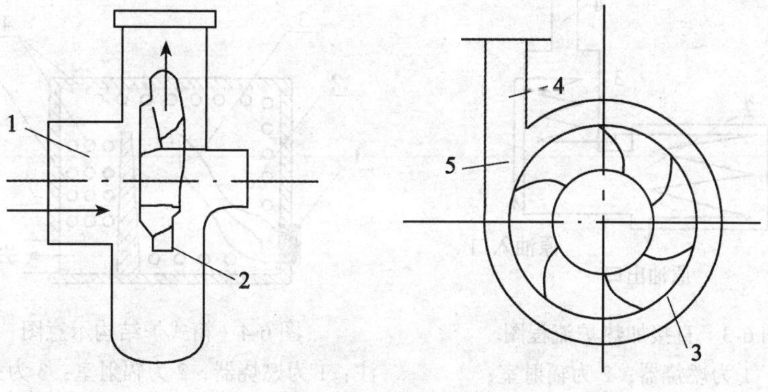

图 6-2　离心泵基本构成

注：1 为吸入室；2 为叶轮；3 为排出量；4 为扩压管；5 为泵舌。

（2）输油泵站。泵站设于首站和中间输油站，它的基本任务是供给油流一定的能量（压力能或热能），以便将油品输送到终点站（末站）。输油泵站包括生产区和生活区两部分，生产区又可分为主要作业区和辅助作业区。主要作业区的设备或设施包括泵房、总阀室、清管器收发装置、计量间、油罐区、油品顶处理装置（多设于首站）、加热炉或换热器组等；辅助作业区包括供电系统、供热系统、供水系统、排污与净化系统、车间与材料库、机修问、调度及监控中心、油品化验室与微波通信设备等。生活区指供泵站工作人员及家属居住用的设施，新建管道时，一般采取在条件较好的地区集中建设家属生活区的做法，中间输油站一般只设单身宿舍。

(3) 输油加热炉。在原油输送过程中对原油采用加热输送的目的是使原油温度升高，防止输送过程中原油在输油管道中凝结，减少结蜡，降低动能损耗。通常采用加热炉为原油提供热能。

加热炉一般由四个部分组成，即辐射室（炉膛）、对流室、烟囱和燃烧器（火嘴）；加热方法有直接加热和间接加热两种。直接加热方法是使原油在加热炉炉管内直接加热，即低温原油先经过对流室炉管被加热，再经辐射室炉管被加热到所需要的温度。直接加热炉的工作流程（如图6-3所示）。

目前我国用得较多的是管式加热炉，它操作方便，成本低，可以连续、大量地为原油（重质油）加热，获得了广泛的应用。管式加热炉有多种炉型，如石油工业早期使用的、较为简单的箱式炉（方箱炉，见图6-4）以及斜顶炉、立式炉、圆筒炉、间接式加热炉等。箱式炉结构简单，操作容易，取材方便，但占地大，施工周期较长，效率较低。斜顶炉是为补足方箱炉膛中气体充满度不佳的缺陷而将炉顶改为倾斜方向，改善了箱式炉炉内受热不够均匀的问题。圆筒炉是输油管道上常用的另一种加热炉，有卧式和立式两种。其结构较紧凑，可减少占地面积和钢材耗用量，且烟气由下向上，流向合理，热效率较高，但不太适合野外分散的施工作业，多在炼油厂使用。

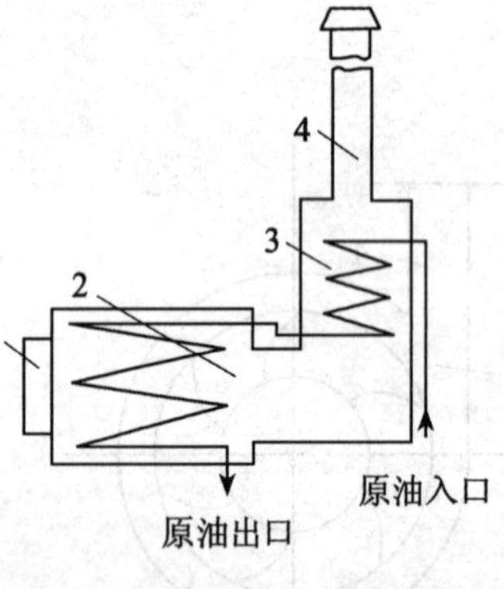

图6-3　直接加热炉流程图

注：1为燃烧器；2为辐射室；3为对流室；4为烟囱。

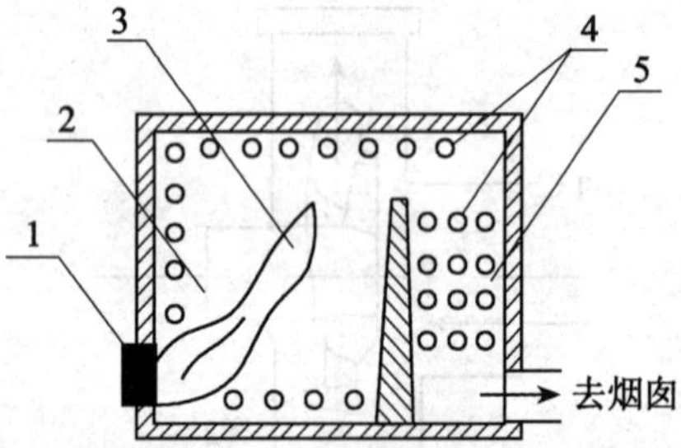

图6-4　箱式炉结构示意图

注：1为燃烧器；2为辐射室；3为火焰；4为护管；5为对流室。

(4) 储油罐。储油罐可按照相对标高、罐体材质以及形状和结构特征进行分类。按照储油罐的相对标高可分为地面罐、地下罐、半地下罐和高架罐4种；按照罐体的材质，储油罐可以分为金属罐和非金属罐两大类；按照储油罐的形状和机构可以分为立式圆柱形罐、卧式圆柱形罐和特殊形状罐三大类。

图6-5、图6-6是我国常用的5000m^3/h容积的立式圆柱形拱顶钢罐。其内径为22.6m，罐壁高13.95m，总高16.55m，底板中心板采用6mm的A3F钢板，边板厚度为8mm；壁板由10层圈板对接焊成，厚度由上而上分别为12~4mm。壁板顶部和罐盖顶

板用角钢连接，角钢作为加强环承受罐顶拱角的水平力。为保证油罐正常储油和进行各项操作，油罐必须配置一系列附件，如梯子和栏杆等。

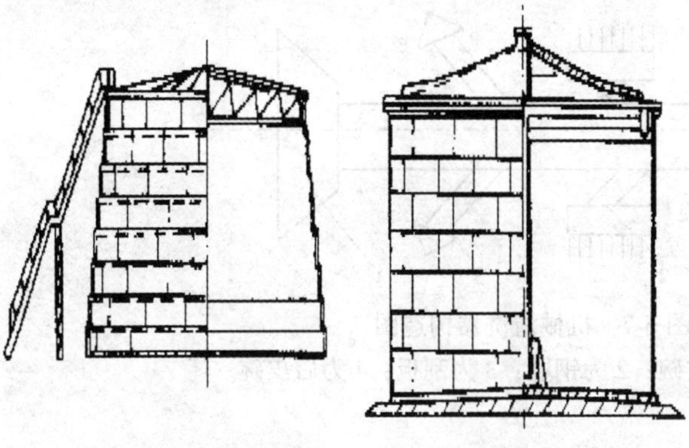

(a) 桁架式锥顶油罐　(b) 悬链式矩顶油罐

图 6-5　储油罐示意图

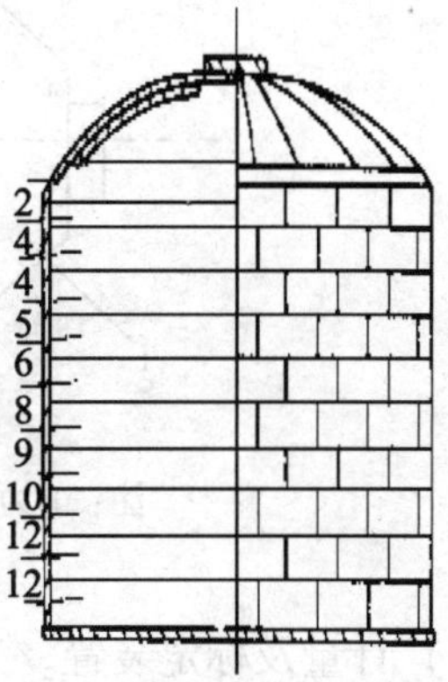

图 6-6　立式圆柱形拱顶钢罐

(5) 管道系统。输油管道系统一般采用有缝或无缝钢管，大口径者可采用螺旋焊接钢管。无缝钢管壁薄、质轻、安全可靠，但造价高，多用于工作压力高、作业频繁的主要输油管线上。无缝钢管的规格标称方法是外径×壁厚，如 $\phi108\times4$ 表示外径为 108mm、壁厚为 4mm 的无缝钢管。无缝钢管常用碳素结构钢轧制，常用 10~45 号钢，长度 4~12m，承受压力在 200~400N/cm^2。

焊接钢管又称有缝钢管，是目前输油管道的主要用管。制造材料多为普通碳素钢和合金钢，制造工艺有单面焊和双面焊两种，一般可耐压 300~500N/m^2。其规格标称方法采用公称口径的毫米或英寸数，如 Dg100 表示公称直径 100mm 管。

在管道铺设过程中要注意选择合适的方案。一般地，为防止管道受地面上各种负荷可能引起的损害，保证管道在热应力下的稳定性，管道埋深应不小于 0.8m，在穿越河流、铁路与公路干道时应更深些；同时应略低于冰冻线处，这对等温输送管道尤为重要。在地下水位较低、施工方便的高寒地区，可取较大的埋深；而对地下水位较高、土壤腐蚀性强的地段，应考虑将管道敷设在地下水位以上。

(6) 清管设备。油品在运输过程中，管道结蜡使管径缩小，造成输油阻力增加、能力下降，严重时可使原油丧失流动性，极易导致凝管事故。处理管道结蜡有效而经济的方法是机械清蜡，即从泵站收发装置处放入清蜡球或其他类型的刮蜡器械，利用泵输送的原油在管内顶挤清蜡工具，使蜡被清除并随油输走。进行管道清蜡要求不导致管道明显变形，且清蜡工具易通过；同时，清蜡器具应有足够强度，在清蜡过程中不易变形和损坏。

清管器按功能可分为清蜡、封堵、检测三类。前二类清管器按结构又可分为皮碗式、球式、泡沫式和机械清管器四种。我国目前普遍应用的有机械清管器和泡沫清管器两类。机械清管器的构造（如图 6-7 所示），它刮蜡效果好，使用寿命长，但遇到变形的管道和障碍物时通过能力较差，且较笨重。泡沫清管器的优缺点则相反，通常用于估计有较大变形的管道。

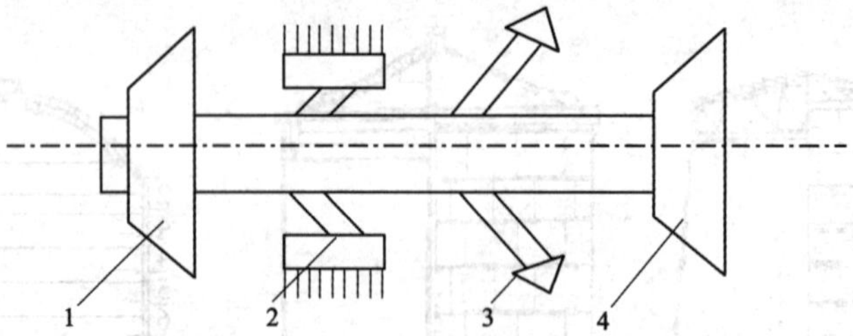

图 6-7 机械清洗器构造图

注：1 为前皮碗；2 为钢刷；3 为刮板；4 为后皮碗。

（7）计量及标定装置。为保证输油计划的完成，加强输油生产管理，长输管线上必须对油品进行计量，以及时掌握油品的收发量、库存量及耗损量。现代管道运输系统中，流量计已不仅仅是一个油品计量器，它还是监测输油管运行的中枢。如通过流量计调整全线运行状态、校正输油压力与流速、发现泄漏等。输油管道上常用的流量计有容积式流量计和涡轮流量计两种，实际中应根据所输油品性质、流速与流量范围、计量要求（如精度等）与仪表安装要求（温度与压力等环境条件等）来选择。计量系统包括流量计、过滤器、温度及压力测量仪表、标定系统及排污管等五个部分。

6.2 天然气管道运输

天然气是重要的化工原料和清洁能源，对改善人民生活，支持国民经济发展和保护环境方面发挥着重要作用。天然气管道系统是天然气生产和应用过程中的重要环节，其工程建设技术水平、运行管理水平直接关系到生产安全、环境保护以及用户的切身利益。天然气早已为世界各国所利用，如我国天然气约占能源总量的 2%，西方发达国家的这一比例高达 20%，随着经济和社会的发展，对天然气需求量还将不断增大。

我国天然气可开采量约为 10.5 万亿立方米，但分布非常不均衡，西部蕴藏量丰富，而对天然气的需求又集中在东部地区，因此，我国的天然气需要进行远距离输送。目前，实际应用的天然气储运方式有三种，一是通过管道，采用高压方法运输天然气；二是利用低温技术将天然气液化，然后利用船舶等运输工具进行储存和运输；三是利用多孔介质的吸附作用储存天然气等。目前，绝大部分天然气（约占总量的 75%）采用管道输送。

6.2.1 天然气管道运输的组成

天然气管道输送系统由气田集输管道、气体净化与加工装置、输气干线、输气支线、配气管网、储气系统和各种用途的站场所组成。包括采气、净气、输气、储气和供气五大环节，它们紧密联系、相互制约、互相影响，是一个统一的、密闭的水动力系统。天然气管道输送系统，其中从井口到输气首站属于集输管道系统，从首站到末站属于长输管道系统，从末站到用户属于配气管道系统。

天然气集输管道系统负责收集从井口开采出来的天然气，然后通过分离、计量、净化、配气、增压等一整套单元工艺装置的配合与合理安排，输送到用户或长输管道首站。其组成包括井场、集气管网、集气站、天然气处理场（厂）、总站或增压站等。

天然气长输管道系统是连接气田天然气或油田伴生气或终端用户与城市门站之间的管线，由输气站和线路两大部分组成，是天然气管道运输的最重要组成部分。

天然气配气管道系统的任务是接收输气管道来的天然气，进行除尘、计量、调压、添味，然后把天然气送入各级配气管网，同时保持管网所需的压力，并再将天然气分配给各用户单位。

6.2.2　天然气管道运输的输气站

输气站是输气管道系统的重要组成部分之一，主要功能包括调压、净化、计量、清管、增压和冷却等。其中调压的目的是保证输入、输出的气体具有所需的压力和流量；净化的目的是为了脱除天然气中固体质杂，以免增大输气阻力，磨损仪表设备，污染环境，毒害人体；计量是气体销售、业务交接必不可少的，同时它也是对整个管道系统进行自动控制的依据；清管的目的是通过发送清管器以清除管内积液和污物或检测管道的损伤；增压的目的是为天然气提供一定的压能；而冷却是使由于增压升高的气体温度降低下来，保证气体的输送要求。根据输气站所处的位置不同，各自的作用也有所差异。

输气首站一般在气田附近，如果地层气压较高时，首站可暂不建压缩机。仅靠地层压力输到第二站甚至第三站，待气田后期气压降低后再适时投建压缩机。首站一般要进行调压、计量、除尘、发送清管器、气体组分分析等。

中间站主要进行气体增压、冷却以及收发清管器。但如果中间站为分输站时，也要考虑分输气的调压、除尘、计量等。

末站是输气站终点。气体通过末站，供应给用户。因此，末站具有调压、除尘、计量、清管器接收等功能。此外，为了解决管道输送和用户用气不平衡问题，还设有调峰设施，如地下储气库、储气罐等。

除此之外，各输气站内还具有流程切换、自动监测与控制、安全保护、污油储存与阴极保护等功能。

(1) 输气站的工艺流程。输气站是通过将一定的设备和管件相互连接成输气系统的。为了直观表示气体在站内的具体流向，便于设计、操作和管理，需要将流动过程绘制成图形，即工艺流程图。工艺流程图可以不按实际比例绘制，主要反映站的功能和介质流向，要求图形清晰易懂，对管件和主要设备进行统一编号和说明。同时，还应有流程操作说明以及主要设备规格表。

(2) 输气站除尘设备。天然气中含有固体杂质将会增加管输阻力，降低管道输送效率，加速管道设备的腐蚀，因此需要予以脱除，以达到国家对所含杂质的限制要求。目前，输气站场中通常所采用的除尘设备有旋风除尘器、过滤除尘器以及导叶式旋风多管除尘器等。

(3) 输气站阀门。阀门是天然气管道输送中不可缺少的控制设备，是一种涉及门类多，品种繁杂，量大面广的产品。按它的用途可分为切断阀、止回阀、调节阀、分流阀、安全阀等，按驱动动力可分为自动阀门、驱动阀门等。

(4) 输气站清管设备。清管设备是管道在施工和运行过程中需要用到的设备之一。其作用包括：

①清管以提高管道效率；

②测量和检查管道周向变形，如凹凸变形；

③从内部检查管道金属的所有损伤，如腐蚀等；

④对新建管道在进行严密性试验后，清除积液和杂质。

6.3　固体浆料管道运输

固体浆料管道输送是以液体（通常为水）作为载体通过管道输送颗粒状物料的输送方式，颗粒状物料包括金属矿山和非金属矿山的精矿和尾矿、火力发电厂的灰渣、洗煤厂的粉煤、坑内开采的尾砂充填和水利工程的泥沙等，它们与水的混合物即为浆料。由于浆料管道输送方式具有投资少、运输成本低、建设速度快、不占地或少占地、不影响环境、安全可靠、便于管理等优点，从而引起了各国的广泛重视。早在 100 年以前就已出现了浆料管道输送方式，随着试验研究的不断深入，近几十年来浆料管道输送方式步入大规模应用阶段，学术研究和技术应用均得到了迅猛的发展，输送物料的范围不断扩大，输送距离出短距离发展到长距离，输送浓度由低浓度发展到高浓度。1957 年美国建成了世界上第一条输煤管道——俄亥俄州输煤管道，输送管道全长 173km，输送管道的管径为 254mm，年输送量达 130 万吨。1967 年澳大利亚建成了世界上第一条铁精矿输送管道——萨瓦奇河铁精矿输送管道，输送管道全长 85km，输送管道的管径为 244mm，年输送量达 230 万吨。1977 年巴西建成了世界上规模最大的铁精矿输送管道——萨马科铁精矿输送管道，输送管道全长 397km，输送管道的管径为 508/457mm，年输送量达 1200 万吨。

6.3.1　固体浆料管道运输系统的三大环节

固体浆料管道输送系统一般都有三大环节，它们是浆料制备系统（前处理）、浆料输送系统（泵站和管道）和脱水系统（后处理），根据输送距离的长短和输送工艺的繁简，这三大环节也不相同。

(1) 浆料制备系统。浆料制备系统的功用是制备适宜于管道输送的浆料，用于长距离浆料管道输送系统。包括合格的粒度、合格的浓度和合格的浆料 pH 值，对浆料和冲洗水还要进行除氧，甚至在冬季还要进行加热。主要制浆设备为破碎、磨细、筛分（破、磨、筛通常包括在生产工艺中）、浓缩、贮浆、磁铁精矿浆浓缩前后的预磁和脱磁、调整 pH 值、除氧、监测设施等。当物料中含有不符合浆料输送要求的较粗颗粒时，须用安全筛筛除再磨，以保证合格的上限粒度；对浓度较低的原浆进行浓缩，以保证合格的浓度；对磁铁精矿浆的预磁是为了有利于浓缩，脱磁是为了有利于悬浮；对浆料和冲洗水调整 pH 值和除氧，以降低管道的磨蚀度；监测设施包括喂料泵和安全环管，可随时测定粒度、浓度、温度、流速（有无沉积）、摩阻损失和磨蚀状况；当浆料温度在冬季时过低、摩阻损失较大、泵站段数较多时，对浆料加热以减少泵站数量，可能比较经济；长距离浆料管道输送系统大多为批量输送（间断工作）运行制度，还要设贮浆设施，以调节生产工艺和管道输送之间的流量不平衡问题，同时也作为安全贮备设施，对于选矿厂尾矿、火电厂灰渣等的短距离浆料管道输送系统，由于对浆料的特性要求不十分严格，且多为连续输送（不间断工作），因此一般仅需设浓缩设施，控制流量和浓度即可，而无需设其他设施。

（2）浆料输送系统。浆料输送系统主要是泵站和输送管道，它是整个浆料管道输送系统的核心，其功用是将已制备合格的浆料输送到预定的目的地。例如有关用户或浆料的输送终点或贮存地，它是基建投资、能耗和运营费的主要组成部分，是优化设计的关键所在。设计中涉及大量技术和经济方面的问题，要予以正确妥善地解决。根据输送管道地形条件的不同和输送距离长短的不同，可能存在上述技术问题中的全部问题或部分问题。

（3）浆料的脱水与贮存。浆料中的水是作为载体随物料到达输送终点的，到达终点后要进行脱水与贮存，脱水后物料的含水量要满足用户直接使用要求或贮存要求。脱除后的污水通常含有悬浮物、油类等、pH 值偏高以及其他有害成分，必须经过处理，使其满足其他用户或本企业循环使用相重复使用的要求，如向外排放，应满足地方或国家的排放标准要求。

对于输送金属矿山和非金属矿山的精矿、矿石、煤炭等有用物料的浆料后处理系统包括浓缩、贮浆、过滤、外运、堆存、污水处理、处理后污水回收等环节。对于输送尾矿和灰渣等废弃物料的浆料，一般向尾矿库和灰渣库排放，在这里同时完成脱水和污水处理，处理后污水回收或排放，在这种情况下不存在浓缩、贮浆、过滤、外运的环节。

6.3.2 典型的固体浆料管道运输系统

（1）精矿浆料管道运输。精矿浆料管道输送在我国已经提到日程，现以磁铁精矿管道输送为例加以说明，见图 6-8。

由选矿主厂房选出的精矿浆要通过安全筛进行处理，筛下合格粒度精矿浆经过底流泵送入浓缩池进行浓缩，筛出不合格粒度（超过允许上限粒度）精矿浆送入磨机进行再磨，磨好后再通过加压泵返回安全筛进行筛分。对进入浓缩池前和排出浓缩池后的矿浆要进行磁化和脱磁，其目的分别是提高其沉降性能和有利于悬浮。浓缩池的溢流水经处理后循环使用，浓缩池的浓缩矿浆经底流泵送入流态化矿仓进行调节，以适应批量输送的需要。当输送系统停机时，流态化矿仓的上清液返回浓缩池。当输送系统开机时，流态化矿仓内沉积的精矿，通过高压水喷嘴冲洗造浆，其浓度要高于输送浓度，然后排入搅拌槽。同时在搅拌槽内加入石灰乳和脱氧剂，以保证浆料为碱性（通常要求 pH = 10~11），并除去浆料和冲洗水中的游离氧，由搅拌槽排出的矿浆经喂料泵给入安全环节进行一系列检测。当浓度较低时返回浓缩池，当浓度合格时直接给入主泵和加压泵，通过管道送往终点流态化矿仓进行调节，以适应批量料输送的需要。当输送系统停机

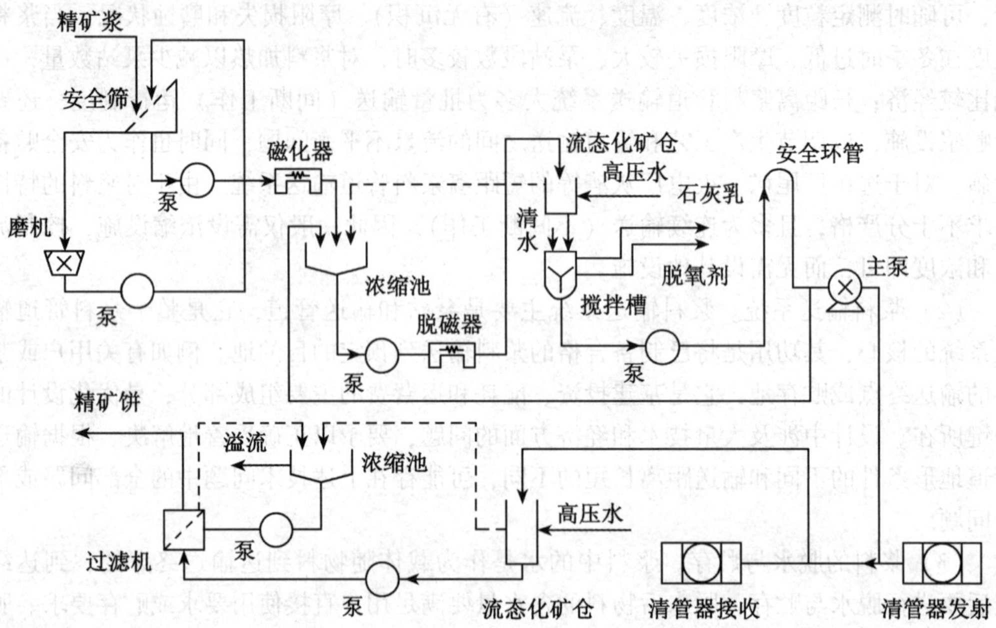

图 6-8　磁铁精矿浆料管道运输系统图

时，流态化矿仓的上清液返回浓缩池，不论输送系统是停机还是开机。流态化矿仓内沉积的精矿，均通过高压水喷嘴重新造浆，通过底流泵送入过滤机进行脱水。流态化矿仓的上清液和过滤机的滤液均进入浓缩池，浓缩池的底流经底流泵返回过滤机，浓缩池的溢流水经处理后回收使用或外排。当主泵的压力较高时，意味着管道借垢或局部有异物沉积，引起管道摩阻损失增大，这时就要在首站泵出口发射清管器，在终端接收清管器，降低管道摩阻损失恢复常压工作。

（2）煤浆管道运输。煤浆管道输送是一种先进的运输方式。可以预料，它的吨千米运输负荷占浆料管道运输的绝大部分。管道输煤可以是洗煤厂产出的精煤，也可以是煤田产生的原料煤。输送终端可以是其他用户或水运码头（管道运输与水运相结合），输煤粒度取决于用户需要或经济粒度的要求，输送浓度取决于经济浓度的要求。现以原料煤的管道输送为例加以说明，见图 6-9。

采出原料煤首先给入缓冲仓，然后经反击式破碎机进行破碎。再经棒磨机加水细磨，棒磨机机排料经泵打入安全筛。筛下合格粒度煤浆流入搅拌槽，筛出不合格粒度煤粒返回棒磨机再磨形成闭路循环。经搅拌槽调制成比较均匀的设计浓度，再经底流泵给入安全环管并向首站主泵喂料。根据需要再经一个或几个中间浆站加压送到终端搅拌槽，再经底流泵给入热交换器，以提高温度和过滤效果。通过热交换器后再给入过滤式离心脱水机，离心液返回脱水机入口形成闭路循环。脱水机溢流（脱小水）给入浓缩池，经底流泵将煤泥打入板框式压滤机，板框式压滤机的滤液再返四浓缩池形成闭路循环。板框式压滤机的滤饼含水量较高，再经管式干燥机干燥，干燥后水分可降至 5%，

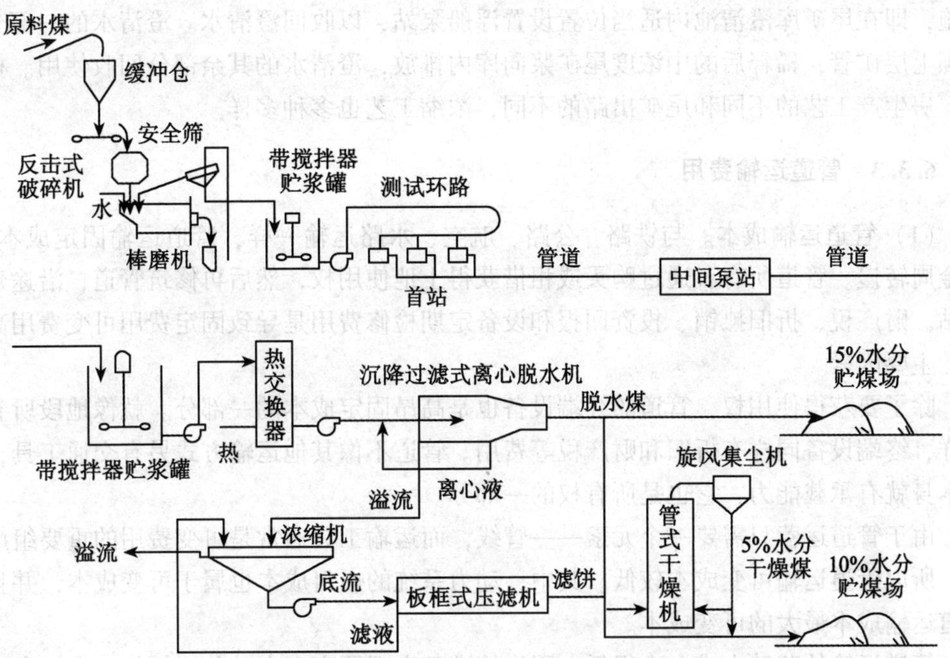

图 6-9 中浓度煤浆制备、泵送、脱水工艺流程图

脱水机的脱水煤含水量可降至 15%，然后送入贮煤场堆存。

（3）尾矿浆料管道运输。尾矿浆料管道输送是常见的浆料管道输送。早期的输送浓度较低，随着浆料管道输送技术的发展，为了节水节能，目前的输送浓度已逐步提高到 40%~50%，其典型的浆料管道输送系统（如图 6-10 所示）。

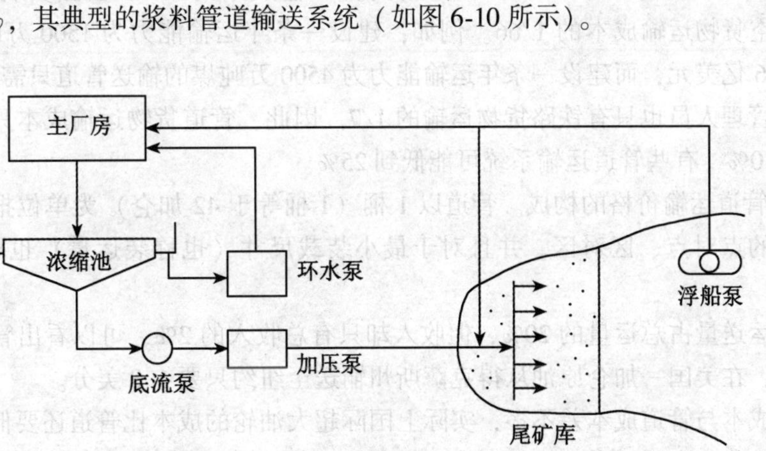

图 6-10 尾矿浆体管道输送系统图

由主厂房排出的尾矿浆一般浓度较低，通过尾矿自流槽进入浓缩池进行浓缩，以提高浓度。底流经底流泵打入加压泵，通过尾矿输送管道送往尾矿库。浓缩池溢流水经环

水泵返回主厂房循环使用。由于尾矿库筑坝工艺的需要，须采取高浓度输送中浓度筑坝措施，即在尾矿库澄清池内适当位置设置浮船泵站，以收回澄清水。澄清水的一部分给到坝上层矿管，稀释后的中浓度尾矿浆向库内排放，澄清水的其余部分回收使用。根据主厂房生产工艺的不同和尾矿出路的不同，浓缩工艺也多种多样。

6.3.3 管道运输费用

（1）管道运输成本。与铁路、公路、航空、水路运输一样，管道运输固定成本高，资金周转慢。管道所有者通过购买或租借获得土地使用权，然后再修筑管道，沿途建立泵站。财产税、折旧摊销、投资回报和设备定期检修费用是导致固定费用可变费用高比率的主要因素。

除了要获得使用权，管道的终端设备也是高昂固定成本的一部分。就像地段所有权一样，终端设备同样有折旧和财产税等费用。管道不像其他运输方式另有交通工具，管道本身就有承载能力，它也是所有权的一部分。

由于管道运营只需要一个元素——管线，而运输工具通常是可变费用的重要组成部分，所以管道运输可变成本较低。其中，动力系统的燃料成本也属于可变成本，并且是管道运输成本最大的可变成本。

管道运输的劳动力成本也很低，因为管道已实现了高度自动化。例如：在加拿大修建一条穿越阿拉斯加州的管道货物运输系统，建设成本约为 92 亿美元，只需要 450 名员工来管理。对于运输相同城市间相同重量的货物，管道运输只需要员工 8000 人，而汽车运输则要 1000 万人。因此，管道运输的人工成本要远远低于其他运输方式所需的人工成本。

管道货物运输的成本一般只有铁路货物运输成本的 1/5，公路货物运输成本的 1/20，航空货物运输成本的 1/66。例如：建设一条年运输能力为 1500 万吨煤的铁路，需投资 8.6 亿美元，而建设一条年运输能力为 4500 万吨煤的输送管道只需 1.6 亿美元。其日常的管理人员也只有铁路货物运输的 1/7。因此，管道货物运输成本只占总成本的则 30%~40%，有些管道运输系统可能低到 25%。

（2）管道运输价格的构成。管道以 1 桶（1 桶等于 42 加仑）为单位报价。管道报价是典型的点对点、区对区。并且对于最小装载尺寸（也称装运量）也要求在 500~10000 桶。

管道运送量占总运量的 20%，但收入却只有总收入的 2%，可以看出管道的价格很低。例如，在美国一加仑原油从得克萨斯州输送至纽约只要 1.8 美分。

水运成本与管道成本差不多，实际上国际超大油轮的成本比管道还要低。不过，这些巨型油轮与国内的管道运输并不存在竞争。而当管道直径达到 30 厘米或更大时，海运成本也很难跟管道相比。

管道货物运输系统是一项综合性、跨学科的复杂系统工程，是除传统的公路、铁路、航空及水路运输之外的第五类运输和供应系统。由于近年来相关技术的不断成熟（如电子技术、信息技术、智能化技术等），该领域的研究也越来越受到重视，西方发达国家正在积极开展这方面的研究，我们也要迎头赶上，为我国综合货物运输体系的建立做出新的努力。

思考题

1. 什么是管道运输？简述管道运输的特点和发展历程。
2. 简述输油管道运输的分类、组成、使用设备和各自的作用。
3. 简述天然气管道运输的系统和输气站的设备组成及各自的特点。
4. 简述固体浆料管道运输的三大环节和典型的固体浆料管道运输系统的组成。

第7章　集装箱运输与多式联运

☞ 知识目标

- 理解集装箱运输的概念和发展历程；
- 掌握集装箱运输的特点、重要性和发展趋势；
- 理解集装箱分类、构成、尺寸和重量；
- 掌握集装箱运输的组织方式和国际集装箱多式联运责任与保险的内容。

☞ 技能目标

- 综合运用所学的知识，分析集装箱运输的案例；
- 具备灵活分析现实集装箱运输各种组织方式的能力。

集装箱运输是指以集装箱这种大型容器为载体，将货物集合组装成集装单元，以便在现代流通领域内运用大型装卸机械和大型载运车辆进行装卸、搬运作业和完成运输任务，从而更好地实现货物“门到门”运输的一种新型的、高效率和高效益的运输方式。

集装箱运输是一种先进的现代化运输方式，是运输领域的重要变革，是世界杂货运输的发展方向。由于集装箱运输具有巨大的社会效益和经济效益，现代化的集装箱运输热潮已经遍及全世界，各国都把集装箱运输的普及和发展看作本国货物运输现代化进程的重要标志。因此，集装箱运输被称为20世纪的“运输革命”。

7.1　集装箱运输发展概述

7.1.1　集装箱运输的产生和发展

第二次世界大战以后，世界经济得到了迅猛发展，跨国经营以及国际贸易量不断上升，国际市场竞争愈演愈烈，致使企业不得不采用大规模的专业化生产，以降低成本，提高技术水平和生产效率，争取在国际市场竞争中处于有利地位，以便获取更大的利润。

国际贸易量的上升以及跨国经营的增加，对国际货物运输提出了更高的要求。传统的货物运输由于采用件杂货的方式，货物品种多，包装形式多样、单件重量相差较大，很难实现全过程的机械化和自动化的运输生产，也不适应现代大规模专业化生产的要求。为了克服件杂货运输所带来的问题，扩大运输单元是必然的趋势。在这一变化过程中，最先出现的是以网络和托盘等成组工具来实现的货物运输和装卸的成组化，但是这种成组方式的集成化程度有限，外形仍不规整，由于包装强度所限，堆码困难，所以更大单元的、外形尺寸标准的、包装具有一定强度的集成化运输方式的出现已势在必行，而集装箱运输方式的诞生正是顺应了这种需求。

作为一种现代化的运输方式，集装箱运输的发展进程可以划分为五个不同时期：萌芽期、开创期、成长期、扩展期和成熟期。

(1) 1830—1956年为集装箱运输的萌芽期。早在19世纪初，英国的安德森(James Anderson) 博士首先提出了集装箱运输的设想。1830年在英国铁路上开始出现了装载货物的大容器，这种容器酷似现在的集装箱，主要装载煤炭，也装运一些杂货。1900年，英国铁路上首先出现了较为简单的集装箱运输。1917年，美国铁路上也试行了集装箱运输。这种新的运输工艺被采用后，很快地在欧洲传播开来，1926年传到德国，1928年传到法国。此后，日本、意大利等国家也相继出现了集装箱运输。

(2) 1956—1966年集装箱的开创期。1956年4月26日，美国海陆公司（Sea Land Service Inc.）的前身泛大西洋轮船公司（Pan-Atlantic Steamship Co.）将一艘T-2型油轮进行改装，在甲板上设置了一个可装载58只35英尺集装箱的平台，在新泽西州的纽约港至得克萨斯州的休斯敦港之间的航线上进行试运。三个月后，试运获得了巨大的成功，平均每吨货物的装卸费从原来的5.83美元，下降到0.15美元，即为原来装卸费的1/39。这充分证明了集装箱的采用可以大幅度地降低运输成本，显示了集装箱运输的巨大优越性。

1957年10月，泛大西洋轮船公司又将6艘C-2型货轮改装成了带有箱格结构的吊装式全集装箱船，其中，第一艘船的船名为“盖脱威城（Gateway City)”号。该船上设有船用集装箱装卸桥，载重量9000吨，可装载226个8′×8.5′×35′集装箱，每箱重25吨，仍然航行于纽约—休斯敦航线上。这是世界上第一艘全集装箱船，标志着世界现代化的集装箱运输正式开始。

(3) 自1966年至20世纪70年代初，集装箱运输进入了成长期。1966年4月，美国海陆运输公司将经过改装的全集装箱船投入纽约—欧洲航线上，从而开辟了集装箱运输的国际航线。1967年9月，马托松轮船公司也将全集装箱船(“夏威夷殖民者”号)投入到了日本—北美太平洋航线。一年以后，日本有6家船公司在日本—加利福尼亚之间开展集装箱运输，此后，欧洲各国的班轮公司也相继开始进入经营集装箱运输的行列。

这一时期出现了集装箱专用泊位，集装箱规格趋于国际标准化，统一采用国际标准化组织（ISO）所规定的20英尺、40英尺标准集装箱。

(4) 从1971年起，集装箱运输步入扩展期。由于集装箱运输具有船舶装卸效率高、运输成本低、运输质量高等优点，并适于组织多式联运，从而深受货主、船公司、港口及相关部门的欢迎，发展极为迅速，逐渐扩展到东南亚、中东及世界各主要航线。

(5) 从20世纪80年代末开始，集装箱运输进入了成熟期。目前，杂货中集装箱化的比重在不断提高，集装箱运输已遍及全球，发达国家件杂货运输的集装箱化程度均已达到80%以上，多数发展中国家的集装箱化率也达到50%以上。

7.1.2　集装箱运输的优越性

集装箱运输之所以能如此迅速地发展，正是由于这种运输方式具有许多优点：

（1）提高装卸效率，减轻劳动强度。由于集装箱运输扩大了运输单元，规范了单元尺寸，为实现货物的装卸和搬运机械化提供了条件，机械化乃至自动化的发展明显提高了货物装卸和搬运的效率。

（2）减少货损货差，提高货物运输的安全与质量。采用集装箱运输方式后，货物在搬运、装卸和保管过程中不易损坏，不怕受潮。货物途中丢失的可能性大降低，货物完好率大大提高。

（3）缩短货物的在途时间，加快车船的周转。机械化和自动化可以大大缩短车船在港站停留时间，加快货物的送达速度。由于集装箱运输方式减少了运输中转环节和收发货的交接手续，方便了货主，提高了运输服务质量。

（4）节省货物运输的包装，简化理货手续。集装箱箱体作为一种能反复使用的包装物，虽然一次性投资较高，但与一次性的包装方式相比，其单位货物运输分摊的包装费用投资反而降低。采用标准集装箱，理货时按整箱清点，大大节省了检查时间，同时也节约了理货费用。

（5）减少货物运输费用。除了前述的节省船舶运输费用外，由于采用统一的货物单元，使换装环节设施的效能大大提高，从而降低了装卸成本。同时，采用集装箱方式，货物运输的安全性明显提高，使保险费用有所下降。

（6）推动包装的标准化。随着集装箱作为一种大型标准化容器的使用，促使了商品包装的进一步集装化和标准化。目前，中国的包装国家标准已接近 400 个，这些标准大多采用或参照国际标准，并且许多包装标准与集装箱标准箱相适应。

（7）有利于组织多种运输方式的联合运输。随着集装箱作为一种标准运输单元的出现，使各种运输工具的运载尺寸向统一的满足集装箱运输需要的方向发展，根据标准化的集装箱设计的各种运输工具将使运输工具之间的换装衔接变得更加便利。

7.1.3　集装箱运输发展趋势

（1）干线船向大型化、高速化发展。20 世纪 90 年代以来，集装箱船的大型化十分明显。据统计，1998 年箱位数 2000TEU 以上的大型船和 4500TEU 以上的超巴拿马型船的合计载箱量已占集装箱总载箱量的 45%。一些著名船厂纷纷对箱位数 8000TEU 以上的超大型集装箱进行研究和方案设计，并具备了建造条件。

在集装箱船进一步向大型化发展的同时，集装箱船的高速化也引起关注。美国、日本、韩国、西欧等一些发达国家的地区，正在开发研究航速在 35 千米以上的超高速集装箱船。

（2）主要集装箱船港口向大型、高效、综合服务方向发展。世界主要集装箱港口应拥有长度 300 米以上、前沿水深 21 米以上、陆地纵深 500～1000 米的集装箱泊位，采用大跨距、重负荷、自动化的装卸机械，全面实现电脑化管理，能够向船东和货主提供全方位的优质服务。

（3）港口的中转作用日益重要。航公司在主要航线上配置的大型集装箱船只在少数货源稳定可靠的拥有深水泊位的港口之间航行，这些港口则将其他港口的货源通过支线船吸引过来加以中转。

（4）多式联运日益完善。一些发达国家除了大力发展港口基础设施和海运船队外，还重视海运船队、专用码头和内陆集疏运网络的建设与相互匹配，形成日益完善的多式联运综合运输系统。同时重视在国际组织中积极活动，拟定相关的国际公约，并通过国内立法，完善集装箱运输的规章制度，在全球建立货运代理和多式联运经营网络，力图通过改善经营管理，提高运输服务质量和市场竞争能力。

（5）管理实现现代化。电子数据交换（EDI）已开始在航运界发挥日益重要的作用。依靠电子计算机和通信网络，实现信息自动交换和自动处理，以电子单证逐步取代复杂的纸面单证，简化各种业务手续，并对集装箱动态信息进行有效跟踪，从而大大提高运输效率和运输服务质量。

（6）箱型大型化、专用化的发展趋势。一些发达国家为了充分利用运输工具的载运能力，近年来在国际标准化组织的多次会议上提出了修改集装箱标准的建议，包括增大集装箱的尺寸和总质量。近年来，40ft 及其以上集装箱在总箱量的比重逐年增加，冷藏、罐式、开顶等专用箱也呈增长趋势。

（7）经营规模化。随着集装箱运输一体化的迅速发展，各大班轮公司通过兼并和组织的联营集团，实现规模经营，成为全球承运人，并提供货物集拼、仓储、运输、分拨等全方位服务，进一步完善干支网络，高效快捷地组织“门到门”运输服务。

7.2 集装箱设备

7.2.1 集装箱的定义

集装箱（container）又名“货箱”，亦称“货柜”。按原文字面的含义理解，可以把它看作“容器”，但并不是所有的容器都可以称为集装箱。

集装箱作为一种运输设备应满足以下要求：

（1）具有耐久性，因而其坚固程度足以能适合于重复使用；

（2）经专门设计，便于以一种或多种运输方式运输货物而无须中途换装；

（3）为了紧固和（或）便于装卸，设有角件；

（4）四个外底角所围闭的面积应为下列两者之：

①至少为 $14m^2$（$150ft^2$）；

②如顶部装有角件，则至少为 $7m^2$（$75ft^2$）。

集装箱一词不包括车辆和一般包装；但是，当集装箱载于底盘车上时，则包括底盘车。

集装箱是一种必须取得有关检验机构签发的有效货运证书以后，才能投入营运的运载设备。在国际上营运的集装箱一般都具有固定的符合国际标准化组织（ISO）和其他国际公约规定的标记、标牌。例如，中国对外贸易运输总公司（SINOTRANS）的集装箱上就固定着美国船舶局与中国船舶检验局联合检验批准营运的标牌。

7.2.2　集装箱的种类

(1) 按尺寸分类。按尺寸分类主要是依据第一系列集装箱外部尺寸的不同规格所做的分类。目前，国际标准集装箱的宽度均为 8ft，高度有 9ft 6in、8ft、8n 6in 和小于 8ft 4 种；长度有 40ft、30ft、20ft 和 10ft 4 种。

(2) 按整装箱使用材料分类。现有的国际标准集装箱按使用材料的不同，可分为以下四种。

①钢制集装箱。钢制集装箱是集装箱运输中使用频率最高的一种集装箱（见图 7-1)，它的外板和结构部件均使用钢板材料制造，其特点如下：

第一，钢材的内部构造较为紧密，强度很大，抗拉强度能达到 250~500 MPa，抗压强度能达到 250~500MPa。

第二，钢制集装箱的整体性较好，具有强度大、结构牢、焊接性和水密性好等优点，并易于反复使用。

第三，钢材易取，制造方便，故钢制集装箱的价格较为便宜。

第四，由于钢材的密度大，达 7.8g/cm^3，故钢制集装箱自重大，20 ft 钢制箱自重在 2200 千克左右，相应地降低了装货能力。

第五，钢制集装箱防腐蚀能力也较差，一般每年要进行两次除锈涂漆；使用年限较短（一般一只钢制集装箱的寿命在 10~12 年)；弹性也不太好，受外力作用变形后，较难恢复；钢制集装箱的维修、保养费用较高。

图 7-1　钢制集装箱

②铝合金集装箱。铝合金集装箱是采用轻铝合金（如铝镁合金）制成的集装箱，它较好地解决了钢制集装箱存在的缺陷。其特点如下：

第一，铝合金集装箱自重轻，其相对密度约为钢制集装箱的 1/3，一个 20 ft 铝合金集装箱的自重约为1700千克，比钢制集装箱轻20%~25%，其载货能力高于钢制集装箱。

第二，铝合金集装箱不生锈，防腐蚀能力强，在空气中能自然形成一种氧化薄膜，增强其防腐蚀性，但长期遇海水会有腐蚀作用，如采用在其表面加上涂层的方法，则防腐效果会更好；铝合金集装箱的使用年限长，一般为15~16年。

第三，铝合金集装箱的弹性好，受外力作用后容易变形，但外力消失后一般能复原。

第四，铝合金的加工较为方便，加工费也较低，但铝合金集装箱的造价相当高。

第五，铝合金集装箱的焊接性能差。

③玻璃钢集装箱。玻璃钢是用玻璃纤维、合成树脂和胶合板混合组成的一种材料，将这种材料（玻璃钢复合板）敷设在集装箱的框架上便做成玻璃钢集装箱（见图7-2）。玻璃钢集装箱具有这样一些特点：

图7-2　玻璃钢集装箱

第一，玻璃钢集装箱强度大、刚性好，能承受较大的应力；

第二，玻璃钢具有较强的隔热性、防腐性和耐化学性等能力，故集装箱内不易产生结露现象，货物可免受湿损；

第三，玻璃钢集装箱对货种的适应性较好，最适宜于装载“污、脏”货物（如兽皮等）；

第四，玻璃钢集装箱易于清洗、上色，外表美观，维修费也很低；

第五，玻璃钢集装箱自重较大，与一般钢制集装箱相差无几，其制造价格比同尺度钢制集装箱高44%~45%。

④不锈钢集装箱。不锈钢集装箱有如下一些特点：

第一，不锈钢集装箱的强度大、不生锈，遇海水耐腐蚀性能好，使用年限比钢制集装箱长；

第二，不锈钢集装箱的使用率高，因为在使用期内无需进行维修保养，故维修费用低；

第三，不锈钢集装箱的制造价格高，初始投资数额大；

第四，由于不锈钢材料少，故要大量制造有困难，目前一般用作罐式集装箱。

据统计，目前世界上不锈钢集装箱的数量仅占世界总箱量的 1%左右。

（3）按结构分类。集装箱按其结构形式的不同，可分为以下 3 种。

①内柱式集装箱（inner post container）和外柱式集装箱（outer post container）。内柱式集装箱是指集装箱的侧柱和端柱位于侧壁和端壁之内的集装箱。其特点有：

第一，内柱式集装箱外表平滑、易上色，较美观，受斜向外力作用不易破损；

第二，由于集装箱的柱在内板在外，故印刷标记比较方便；

第三，内柱式集装箱的外板和内板之间因留有一定的空隙，隔热效果好；

第四，更换外板时，不需要取下内衬板，维修方便。

外柱式集装箱是指集装箱的侧柱和端柱位于侧壁和端壁之外的集装箱，其特点有：

第一，外柱式集装箱的侧柱和端柱能起到保护外板的作用，使外板不易受损；

第二，箱子内部的壁面平整，无需内衬板，制造费用低；

第三，由于板在里，柱在外，书写与察看标志不便。

②折叠式集装箱和固定式集装箱。折叠式集装箱是一种侧壁、端壁和箱门等主要部件能方便地折叠和撑开起来使用的集装箱。其特点有：

第一，适用于货源不平衡的航线上，减少箱子回空时的舱容损失；

第二，4 个 20 ft 国际标准折叠式集装箱折叠起来后，其外部尺寸相当于一个标准的 20 ft 集装箱。

固定式集装箱是指集装箱的主要构件永久固定在一起呈密闭状的集装箱。目前，常用的集装箱一般都是固定式集装箱。

③预制件式集装箱和薄壳式集装箱。预制件式集装箱是由骨架和外板等许多预制件组合制成的集装箱，其特点有：

第一，预制件式集装箱的外板一般采用铆接或焊接方法与骨架连接在一起；

第二，玻璃钢预制件式集装箱则用螺栓将外板和骨架连接在一起。

薄壳式集装箱的所有部件结合成一个刚体，它的自重较轻，受扭力作用时不会引起永久变形。

（4）按用途分类。

①杂货集装箱（dry container，general cargo container）。这是一种不需要调节温度的货物所使用的集装箱中最常采用的标准集装箱，一般也称通用集装箱或干货集装箱。它适于装载各种干杂货，包括日用百货、食品、机械、仪器、药品等（见图 7-3）。

还有一种通用于货集装箱（dry cargo container），这种集装箱也称为（件）杂货集装箱，用来运输无需控制温度的件杂货。其使用范围极广，据 1983 年的统计，世界上 300 万个集装箱中，杂货集装箱占 85%，约为 254 万个。这种集装箱通常为封闭式，在一端或侧面设有箱门。这种集装箱通常用来装运文化用品、化工用品、电子机械、仪器零件、工艺品、医药、日用品、纺织品及贵重物品等。在集装箱中它所占的比重最大，

图 7-3　杂货集装箱

占全部集装箱总数的 70%~80%，ISO 建议的 13 种标准集装箱都是这种集装箱。

②保温集装箱（insulated container）。

保温集装箱是指那些装载在运输过程中需要保温或冷藏货物的，其所有侧壁都敷设泡沫苯乙烯等热传导率较低的材料制成的集装箱。这种集装箱可以分成 3 种。

• 冷藏集装箱（reefer container）。它是以运输冷冻食品为主，能保持所定温度的保温集装箱。它是专为运输如鱼、肉、新鲜水果、蔬菜等食品而特别设计的（见图 7-4）。目前国际上采用的冷藏集装箱基本上分两种：

一种是集装箱内带有冷冻机的叫机械式冷藏集装箱，又称内置式机械冷冻集装箱。这种集装箱的特点是；自重量大，载货容积相对少一些；只要有电源供给，箱内温度可保持持久不变。

另一种是箱内没有冷冻机而只有隔热结构，即在集装箱端壁上设有进气孔和出气孔，箱子装在舱中，由船舶的冷冻装置供应冷气，或置于岸上，由陆上冷却器或冷冻机供给冷气，这种叫做离合式冷藏集装箱，又称外置式或夹箍式机械冷藏集装箱。这种集装箱的特点是：重量轻、载客大；一般冷气输送管道不会发生故障；箱内温度可持久保持不变。

• 隔热集装箱。隔热集装箱是为载运水果、蔬菜等货物，防止温度上升过快，以保持货物鲜度而具有完善隔热结构的集装箱。通常用冰作制冷剂，保温时间为 72 小时左右。这种集装箱内装有良好的隔热材料，用于防止箱内温度上升。

• 通风集装箱（aired container）。通风集装箱是封闭式的，一端设有门；侧壁或端壁没有通风窗口，空气从通风窗口进入箱内。通风集装箱适宜于装运水果、蔬菜等不需要冷冻而具有呼吸作用的货物。关闭通风窗口，即可当干货集装箱使用。

7.2.3　集装箱尺寸和重量

（1）集装箱尺寸。集装箱的尺寸主要是指集装箱的长度、宽度、高度和箱门的有效尺寸，见表 7-1。

图 7-4　冷藏集装箱

表 7-1　**杂货集装箱的外部和内部尺寸参数**

参数 \ 种类		20ft	40ft
外部尺寸	长	6058mm　20ft	12192mm　40ft
	宽	2438mm　8ft	2438mm　8ft
	高	2438mm　8ft	2591mm　19ft　6. 5in
外部尺寸	长	5917mm　19ft　4. 9in	12050mm　19ft　6. 5in
	宽	2336mm　7ft　7. 9in	2343mm　7ft　8. 2in
	高	2249mm　7ft　4. 5in	2386mm　7ft　9. 9in
箱门开口尺寸		2275mm×2136mm	2332mm×2283mm
内容积		31. 0m^3　1090ft^3	67. 4m^3　2380ft^3
总重		24000kg　52930lbs	30480kg　67208lbs
自重		1860kg　4100lbs	3100kg　67280lbs
载重		22140kg　48820lbs	27380kg　60373lbs

集装箱的尺寸分两种：外部尺寸和内部尺寸。

①集装箱的外部尺寸（external dimensions）。即包括集装箱永久性附件在内的最大的长、宽、高尺寸。

集装箱外部长、宽、高尺寸的乘积为集装箱的体积。

集装箱的外部尺寸主要用于当集装箱装在铁路车辆、卡车上通过桥梁时是否能通得过，当装在船舶的箱格里时是否能装得下，以及集装箱在上述各运输工具之间是否能快速有效地进行换装，这都同集装箱的外部尺寸有关。

②集装箱的内部尺寸（internal dimensions）。即按集装箱内接最大矩形平行六面体确定的最大的长、宽、高的净空尺寸，一般不考虑顶角件凸入箱内部分（即内四角的附件凸出件）。

集装箱内部长、宽、高尺寸的乘积，称为集装箱的容积。

集装箱的实际容积（actual volume）为集装箱内部容积减去顶角件凸出在箱内部分的体积。

集装箱内部高度尺寸又分为公称高度尺寸和净空高度尺寸。

公称尺寸（nominal dimensions）：是指不计公差，用近似整数表示的集装箱的尺寸。如1A型集装箱的长度为40 ft（实际长度为39.3708ft），1C型集装箱的长度为20 ft（实际为19.68504ft），即公称尺寸。

净空尺寸（clearance dimensions）：是指集装箱内部不考虑角件凸出部分的尺寸。

集装箱箱门尺寸是指箱门开口部分的宽度和高度的尺寸。

由于箱门上端有门楣，故其开口高度比内部的公称高度要小。要求箱门开口的有效尺寸越大越好，尽可能接近于内部尺寸。根据国际标准的规定，其最小开口尺寸如表7-2所示。

表7-2　**集装箱箱门最小开口尺寸（ISO标准）**

箱型	高度（mm）	宽度（mm）
1AA	2282以上	2290以上
1A、1B、1C、1D	2130以上	2290以上

（2）集装箱重量。集装箱的重量分自重、载重和额定重量3种。

自重（tare weight），又称空箱质量（tare mass），以T表示。它是包括各种集装箱在正常工作状态下应备有的附件和各种设备，如机械式冷藏集装箱的机械制冷装置及其所需的燃油、台架式集装箱上两侧的立柱、敞顶集装箱上的帆布顶篷等。

载重（payload），又称载货质量，以P表示。它是集装箱最大容许承载的货物重量（货物质量），包括集装箱在正常工作状态下所需的货物紧固设备及垫货材料等在内的重量（质量）。

额定重量（额定质量）（rating），它是指集装箱的空箱重量（空箱质量）和箱内装载货物的最大容许重量（最大容许质量）之和，即最大工作总重量（最大工作总质量）（mass gross mass），简称最大总重，以R表示。

额定重量减去自重量等于载重量，即P=R-T。

集装箱在装货前，为了使集装箱的容积和重量能充分利用，必须仔细参阅集装箱箱体上标注的各主要参数。

由于集装箱的制造材料和制造厂不同，即使是同一种类的集装箱，其尺寸和重量参数也是有所不同的；即使是采用同一种材料、同一制造厂制造的集装箱，其制造时间不同，尺寸和重量参数也有差异。因此，在选用集装箱进行积载时，业务人员必须首先查看集装箱箱体上的具体参数，如表 7-3 所示。

表 7-3　集装箱的内容积和载重量

箱型	干货箱		冷藏箱		开顶箱		框架箱	
	内容积 m^3	载重量 kg	内容积 m^3	载重量 kg	内容积 m^3	载重量 kg	内容积 m^3	载重量 kg
20ft（6. 1m）	33. 1	21740	27. 5	21135	32. 6	21740	—	27800
40ft（12. 2m）	67. 7	26630	58. 7	26580	56. 8	26410	—	40250

7.3　集装箱运输多式联运的组织

7.3.1　多式联运的概念与特点

多式联运是以集装箱为运输单元，将不同的运输方式有机地组合在一起，构成连续的、综合性的一体化货物运输。国际集装箱多式联运是指按照国际集装箱多式联运合同，以至少两种不同运输方式，由多式联运经营人将货物从一国境内接管货物的地点运至另一国指定交付地点的运输。

国际多式联运有以下要点：必须具有一份合同；必须使用一份全程多式联运单证；采用两种以上的运输方式；多式联运的经营人是全程运输负责人，由他对托运人签订一个运输合同，统一组织全程运输，实行运输全程一次托运，一单到底，一次收费，统一理赔和全程负责。

多式联运方便了货物在不同运输方式之间的转换，减少了转换所需要的时间和费用，并对货物运输质量起到了保证作用。发展国际多式联运的意义主要是可以提高运输组织水平，实现合理运输，改善不同运输方式的衔接协作；通过各种运输方式的合理搭配，充分发挥各种运输工具的效能，在提高运输效率的情况下保证降低运输成本；对于货主而言，多式联运的意义还体现在：避免了货物运输的繁杂手续；缩短了运输时间，减少了货损货差的可能性，提高了货运质量；节省了货主在运输方面的费用；方便了货主索赔。对承运人而言，开展多式联运的意义还体现在：促进了承运人之间相互协调配合；提高了运输工具周转率；降低了运输成本；扩大了承运人的业务范围。

在当前国际贸易竞争十分激烈的情况下，货主对商品运输具有速度快、质量好、费用低等方面的要求，而多式联运，尤其是国际集装箱多式联运以其安全快捷、简便省费等优点深受货主的欢迎，具有广阔的发展前景。

7.3.2　多式联运组织方式

（1）海陆联运。海陆联运是国际多式联运的主要组织方式。这种组织方式以航运公司为主体，签发联运提单，与航线两端的内陆运输部门开展联运业务。

（2）陆桥运输。在国际多式联运中，陆桥运输起着非常重要的作用。它是国际多式联运的主要形式。所谓陆桥运输是指采用集装箱专用列车或汽车，把横贯大陆的铁路或公路作为中间桥梁，使大陆两端的集装箱海运航线与专用列车或汽车连接起来的一种连贯运输方式。目前，陆桥运输线路有西伯利亚大陆桥、北美大陆桥和欧亚大陆桥等。

（3）海空联运。海空联运又称为空桥运输（air-bridge service）。海空联运方式始于20世纪60年代，但到80年代才得以较大的发展。目前，国际海空联运线主要有远东—欧洲、远东—中南美等线路。采用这种运输方式，运输时间比全程海运少，运输费用比全程空运便宜，所以，运输距离越远，采用海空联运的优越性就越大。

7.3.3 多式联运运输组织方法①

货物多式联运的全过程就其工作性质而言，可划分为实际运输过程和全程运输组织业务过程两部分。实际运输过程是由参加多式联运的各种运输方式的实际承运人完成的，其运输组织工作属于各种方式运输企业内部的技术、业务组织。全程运输组织业务过程是由多式联运全程运输的组织者——多式联运企业或机构完成的，主要包括全程运输所涉及的所有商务性事务和衔接服务性工作的组织实施。其运输组织方法可以有很多种，但就其组织体制来说，基本上可分为协作式联运和衔接式联运两大类。

（1）协作式多式联运的运输组织方法。协作式多式联运的组织者是在各种部门协调下，由参加多式联运的各运输企业和中转港站共同组成的联运办公室（或其他名称）。货物全程运输计划由该机构制订，这种联运组织下的货物运输过程如图7-5所示。适用于大宗、稳定重要货物运输。

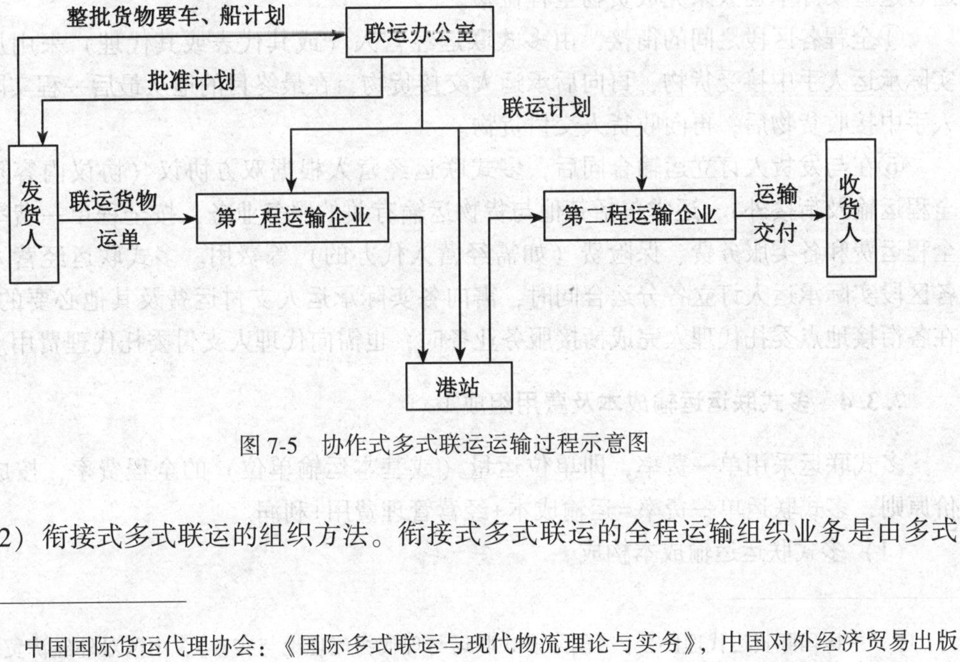

图7-5　协作式多式联运运输过程示意图

（2）衔接式多式联运的组织方法。衔接式多式联运的全程运输组织业务是由多式

① 中国国际货运代理协会：《国际多式联运与现代物流理论与实务》，中国对外经济贸易出版社，2005年版。

联运经营人（多式联运企业，Multimodal Transport Operater，MTO）完成的。这种联运组织下的货物运输过程可用图 7-6 来说明。

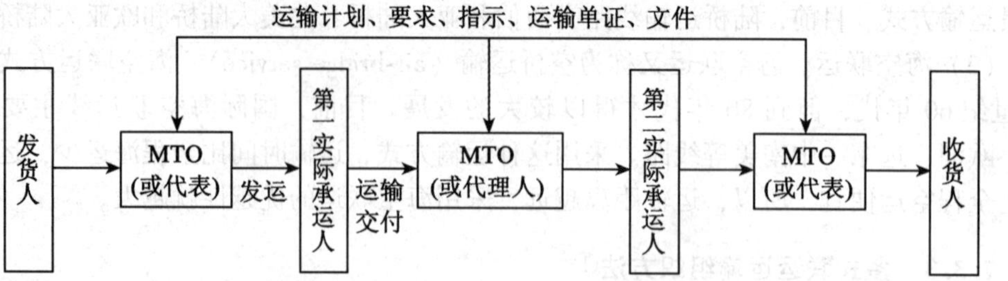

图 7-6　衔接式多式联运运输过程示意图

①在这种组织体制下，需要使用多式联运形式运输成批或零星货物的发货人首先向多式联运经营人（MTO）提出托运申请，多式联运经营人根据自己的条件考虑是否接受，如接受，双方订立货物运输的多式联运合同，并在合同指定的地点（可以是发货人的工厂或仓库，也可以是指定的货运站、中转站、堆场或仓库）双方办理货物的交接，联运经营人签发多式联运单据。

②接受托运后，多式联运经营人首先要选择货物的运输路线、划分运输区段（确定中转、换装地点）、选择各区段的实际承运人，确定零星货物集运方案，制订货物全程运输计划，并把计划发给各中转衔接地点的分支机构或委托代理人。

③根据计划与第一程、第二程……的实际承运人分别订立各区段的货物运输合同。通过这些实际承运人来完成货物全程位移。

④全程各区段之间的衔接，由多式联运经营人（或其代表或其代理）采用从前程实际承运人手中接受货物，再向后承运人交接货物，在最终目的地从最后一程实际承运人手中接收货物后，再向收货人交付货物。

⑤在与发货人订立运输合同后，多式联运经营人根据双方协议（协议内容除货物全程运输及衔接外），还常包括其他与货物运输有关的服务业务，按全程单一费率收取全程运费和各类服务费、保险费（如需经营人代办的）等费用。多式联运经营人在与各区段实际承运人订立各分运合同时，需向各实际承运人支付运费及其他必要的费用。在各衔接地点委托代理人完成衔接服务业务时，也需向代理人支付委托代理费用。

7.3.4　多式联运运输成本及费用组成①

多式联运采用单一费率，即单位运量（或基本运输单位）的全程费率，按成本定价原则，多式联运单一费率=运输成本+经营管理费用+利润。

（1）多式联运运输成本构成。

---

①　中国国际货运代理协会：《国际多式联运与现代物流理论与实务》，中国对外经济贸易出版社，2005 年版。

①从内陆接货地至枢纽港费用。

• 内陆接管货物发生的费用。主要包括从发货人“门”接管货物后至内陆集装箱中转站等集散点的运输费用，及在中转站发生的集装箱存放费、站内装卸费用、站内操作费用等。

• 中转站至码头堆场运费及其他费用。主要包括两点之间运输使用的铁路、公路、内河水运或海上支线的运费，在多级集运中产生的各级中转站费用，铁路、公路、水运、支线运输之间的中转全部费用及可能产生的相关的服务费用、代理费等。

• 干线港（枢纽港）码头服务费。包括卸车费、场内堆存费、移动费、港务费和其他附加费用等。

②海上干线运费。该费用是指多式联运经营人为实现货物海上干线段运输，根据与海上承运人订立的分运合同需要支付的全部费用（由运价表提供）。如果多式联运经营人在该干线上具有较稳定的货源时，一般可根据在该线路上营运的不同船运公司作为自己的长期合作伙伴，通过订立长期的协议以获得一定数量舱位订舱的优先权与优惠的运价（这种优惠一般是不公开的），每次托运的批量越大，这种优惠可能越多。这种优惠可使经营人从运费差价中得到利润。

③从海运目的港至最终交货地费用。这部分费用是指从货物干线运输的卸船港至交货地点之间完成货物运输全部费用，包括：码头费用；码头至内陆中转站费用；中转站费用及交货地费用。

④集装箱租用费和保险费。

（2）多式联运运输费用①。根据以上成本构成分析，多式联运费用主要包括：运费、杂费、中转费和服务费。

①运费。包括铁路、水路、公路、航空、管道五种运输费用，作为联运公司应向货主核收的运输费用包括：

• 发运地区（城市）内的短途运输费用（接取费）；

• 由发运联运服务公司至到达联运服务公司之间的全程运费；

• 到达地区（城市）内的短途运输运费（送达费）。

②杂费。包括装卸费、换装包干费、货物保管费等项目。计算公式如下：

铁路（水路）装卸费=货物重量×适用的装卸费率

换装包干费=货物重量×适用的换装包干费率

货物保管费=货物重量（或车数）×天数×适用的保管费率

公路装卸费=车吨（或货物重量）×适用的装卸费率

③中转费。主要包括装卸费、仓储费、接驳费（或市内汽车短途运费）、包装整理费等。分实付实收和定额包干两种方式。

④服务费。该费用是指联运企业在集中办理业务时支付的劳务费用。一般采取定额包干的方式。

---

① 刘雅丽：《运输管理》，电子工业出版社，2009年版。

7.4 国际集装箱多式联运责任与保险

国际货物运输保险是一种对被保险货物遭受承保范围内的风险而受到损失时由保险人（insurer）负赔偿责任的制度。它通常分为两种类型：一是运输货物保险；二是运输工具保险。前者包括海上、陆上和航空等运输货物保险以及国际货物多式联运保险等；后者包括船舶、火车、卡车、飞机以及船东互保等。随着现代货物运输方式的不断变化，运输保险的内容、范围和方式也随之发生变化。运输保险已从原来的海上运输保险单一种形式发展成为与现在的陆上运输、航空运输保险同时并存的综合运输保险体系。

7.4.1 国际集装箱多式联运保险概述

国际集装箱多式联运的发展，在为货主提供便利的门到门服务，减少了部分集装箱货物运输风险的同时，也增加了一些新的风险，从而给运输保险提出了一些新的问题，如保险人责任期限的延长、承保责任范围的扩大、保险费率的调整以及集装箱运输责任保险等。

与传统的运输方式相比，国际集装箱多式联运使得货物在运输过程中的许多风险将得以减少，其中包括：(1) 装卸过程中的货损事故。(2) 货物偷窃行为。(3) 货物水湿、雨淋事故。(4) 污染事故。(5) 货物数量溢短现象等。

然而，随着集装箱多式联运的开展也出现了一些新的风险，如：

(1) 由于货物使用集装箱运输，货物包装从简，因而货物在箱内易造成损坏。

(2) 由于货物在箱内堆装不当、加固不牢造成损坏。

(3) 在发生货物灭失或损坏时，责任人对每一件或每一货损单位的赔偿限额大为增加。

(4) 装运舱面集装箱货物的风险增大等。

由于上述原因，尤其是舱面装载集装箱，运输风险增大，保险公司会据此提出缩小承保责任范围，或对舱面集装箱征收高保险费率，或征收保险附加费。

与此同时，在多式联运下，保险利益所涉及的范围也有所变化，主要有：

(1) 海运经营人：从某种意义上讲，由谁投保集装箱，与谁拥有集装箱或对集装箱承担责任有关，如果该集装箱由船公司拥有，则应该由船公司进行投保。可采取的投保方式包括延长集装箱船舶保险期、扩大承保范围、单独的集装箱保险等。在实际保险业务中，单独的集装箱保险比延长船舶保险期应用得更为广泛。

(2) 陆上运输经营人：陆上运输经营人通常是指国际货运代理人、公路承运人、铁路承运人等。当他们向货主或用箱人提供集装箱并提供全面服务时，必须对集装箱进行投保，以保护其巨额资金投入。

(3) 租箱公司：在租箱业务中，不仅要确定租赁方式，同时，确定由谁对集装箱进行投保也是十分重要的。根据目前的实际情况看，无论是集装箱的长期租赁，还是程租，较为实际的做法是由租箱公司继续其保险，而向承租人收取费用。

(4) 第三者责任：在集装箱多式联运过程中，除因箱子损坏而产生经济损失外，还有可能对第三方引起法律责任。如集装箱运输过程中造成人身伤亡及其他财产损失等。由于对第三者的损失责任可能发生在世界任何用箱地，因此其签订的保险单也必须是世界范围内的。

7.4.2　国际集装箱多式联运保险的特征

国际集装箱多式联运保险承保的是运输货物从一国（地区）到另一国（地区）之间的“位移”风险。由于所承保的保险标的在整个运输过程中，无论是地理位置，还是运输工具以及操作人员等均频繁变更，使得承保标的时刻暴露在众多的自然或人为的风险之中，因此与其他财产保险相比，多式联运运输保险有着下列不同的特征。

（1）事故发生的频率高，造成损失的数量大。国际集装箱多式联运以其安全、简便、优质、高效和经济的特点已广为国内外贸易界和运输业所接受，业务量迅猛增加。与此同时，由于其覆盖面广、涉及环节多，因此不可避免地使得货物在运输过程中发生事故的频率增加，造成的损失也大。

（2）集装箱多式联运保险具有国际性。国际集装箱多式联运保险的国际性主要表现在它涉及的地理范围超越了国家的界限。多式联运所涉及的保险关系方不仅包括供箱人、运箱人、用箱人和收箱人，而且包括不同国家和地区的贸易承运人和货主等。因此，运输保险的预防与处理，必须依赖于国际公认的制度、规则和方法。这是国际集装箱多式联运保险的一个显著特征。

（3）运输保险人责任确定的复杂性。国际集装箱多式联运保险涉及多种运输方式，一般以海运为主体，铁路运输、公路运输以及内河运输等为辅助。在承运过程中，保险人对被保险货物所遭受的损失是否负赔偿责任，首先应以导致该损失的危险事故是否属于保险合同上所约定的承保事项为依据。也就是说，只有因保险合同上所约定的危险事故造成的损失，保险人才负赔偿责任。其次是货物受损的程度限制。当损失尚未达到保险合同约定的程度时，保险人也不负赔偿责任。由此可见，多式联运下货物损失赔偿的确定是一个非常复杂的问题。它不仅涉及保险合同本身的承保范围，同时也涉及与运输有关的货物承运人的责任问题。因此，为了划清损失的责任范围，必须深入了解各国以及国际上公认的法律和惯例。

7.4.3　国际集装箱多式联运与海上货物运输保险

无论是从保险的基本概念，还是从保险合同条款的内容来看，海上货物运输保险与国际多式联运的风险保护，在某种意义上说是一致的。

目前，以国际贸易运输货物为承保对象的英文保险单大都是以1906年英国海上保险法为准据法的。该法第三条规定：“海上保险合同可以根据明文规定或商业习惯，扩大其承保范围，向被保险人赔付因海上航行前后发生于海上或陆上的风险所造成的损害。”也就是说，在货物运输过程中，货运保险应就运输全程所发生的危险，向被保险人提供连续、不间断的保险。从这一传统的海上货物运输保险的基本概念来看，海上货物运输保险与保护因集装箱化而出现的真正意义上的多式联运过程中所发生的货物风险，从体制上讲是相适应的。

此外，从构成保险合同的条款和保险期限等方面看，海上货物运输保险也能提供适应于集装箱化和国际多式联运下的“门到门”运输的全程货物保险体制。以目前世界各国保险市场上一贯使用的英国保险协会货物条款为例，根据该条款第一条（运输条款）中所规定的“仓到仓”条款，不论贸易当事人之间对于货物的风险、责任转移的时间和地点等的约定有什么差异，从货物离开起运地仓库或其他场所时开始，至进入最终日的地仓库时止（但有时有卸船后60天的限制或其他约束），货物保险均应对货物运输给予全程保险。

7.4.4　国际多式联运经营人的责任限制与保险

在保险实务中，货物的损坏或灭失首先是由货物保险人予以赔偿的。根据国际保险法有关代位追偿权（subrogation）的规定，与支付保险金相对应，保险人可以代位继承（保险代位）被保险人对第三者享有的权利。多式联运经营人责任制的主要作用就是确定保险人对经营人行使代位追偿的权利。

对于多式联运经营人的责任制，国际多式联运公约采用了“修正的统一赔偿责任制”。也就是说，在责任原则方面，遵循由债务人（经营人）承担举证责任的严格责任主义，采用统一责任制。而在责任限额方面，则采用网状责任制。关于责任限额，多式联运公约规定了3种赔偿标准。其中，该公约规定的第一赔偿标准，即包括水运的赔偿标准，比《海牙规则》相应的责任限额提高了4.7倍，分别是《维斯比规则》和《汉堡规则》赔偿限额的1.35倍和1.1倍。同时该公约的第三赔偿标准规定，如果货物的灭失或损坏已确定发生在多式联运的某一地区段，而该区段适用的国际公约或强制性国家法律规定的赔偿限额高于多式联运公约的标准，则经营人的赔偿应以该国际公约或强制性国家法律予以确定。

很显然，在上述情况下，多式联运经营人的赔偿责任将会超过其分承运人，而且难以从其分承运人那里得到与其支付给索赔人（货主）数额相同的赔偿金额。因为多式联运经营人对其分承运人的追偿请求不能适用多式联运公约，只能适用多式联运某运输区段所对应的单一运输国际公约，而有些单一运输方式所适用的国际公约规定的赔偿责任却低于多式联运公约的规定，如上述的《海牙规则》或《汉堡规则》。为弥补此差额，多式联运经营人除提高运费外，只得向保险公司进行责任保险，以避免此类损失。

由此可见，随着多式联运经营人责任的严格化和扩大化，以经营人的责任为对象的货物赔偿责任保险的保险费将会大幅度提高，而这种保险费本来就是包括于运费之中的。所以，多式联运经营人的责任制对其运输成本所产生的影响是很大的。

7.4.5　多式联运经营人的责任保险和货物保险之间的关系

运输保险可以分为两种形式：一种是由货主向货物保险公司投保的货物保险；另一种是由承运人（经营人）向互保协会投保的责任保险。

在多式联运条件下，多式联运经营人作为多式联运单证的签发人，当然应对该多式联运负责。不过，多式联运经营人对于运输过程中造成的货物损坏或灭失的赔偿责任，通常都是以货物赔偿责任保险（简称责任保险）向保险公司或保赔协会投保。当然，经营人的责任保险所承担的风险，取决于其签发的提单中所规定的责任范围，即货物保险承保的是货主所承担的风险，而责任保险所承保的则是经营人所承担的风险。

尽管很难确切地说明货物保险和责任保险的全部关系，但根据有关的国际公约和规则的规定可以看出，两者之间既存在着互为补充的关系，也有共同承保货物运输风险的关系。也就是说，尽管以多式联运经营人所签发的提单上规定的赔偿责任为范围的责任保险和以与货主（托运人或收货人）的可保利益（除作为所有人利益的货物的 CIF 价格外，还包括预期利益、进口税、增值利益等）有关的各种损害为范围的货物保险之间存在着各种各样不同领域的保护范围，但是两者之间的相互补充作用也是很明显的。例如，在多式联运提单下由于不可抗力以及罢工、战争原因所造成的损害是免责的，而在全损险和战争险、罢工险条件下的货物保险则包括上述事项。换句话说，不论把多式联运经营人的责任扩大到什么范围，或严格到什么程度，货主都不会不需要货物保险。

另外，责任保险是以由运输合同约束的货主与承运人（经营人）之间的权利、义务为基础的保险。与此相对，货物保险则是由有无损害发生的事实约束的货主与保险人之间以损害赔偿合同约定的保险。因承运人保留权利而不得不由货主负担的各种风险，理所当然地属于货物保险的范围。这一点不但是货物保险的实质功能，而且也是国际贸易中货物保险之所以不可缺少的重要原因。

7.4.6 货物保险和责任保险的特点

在货物保险中，保险人面临着激烈的自由竞争。货物保险的保险费率是在考虑了该种货物的性质、数量、包装、运输船舶或其他运输工具的详细情况、运输区间、港口条件、季节和其他自然条件、签约人（被保险人）过去承保的得失等因素后，精确地计算出来的。由于签约人可以直接和保险人交涉保险条件和费率，所以他可以将商品的运费和保险费置于自己的管理之下。发生索赔时，只要损害是由保险所承保的危险造成的，就能迅速地从分布于世界各地、港口的理赔代理人那里得到保险金。

与此相对，在责任保险中，承运人以一定的赔偿责任限额为基础，将根据运输合同应由自己承担的责任，向保险人投保。因此，这种保险费率的确定，难以考虑各种货物和不同货主的差别，只能以承运人的责任限额和船舶吨位为基准统一确定。如果从货主的角度来看这一问题，这种做法对货主是很不利的，因为即使货主在包装、托运、运输工具、保管方法或其他方面都采取了确实非常细致的防止损害的措施，他也不能直接享受到因采取这些措施而取得的实效。而且，这种保险不论对过去索赔保险费比率（损失率）低的货主，还是比率高的货主，都是以统一的保险费率承保。另外，即使货主是与承运人签订运输合同的当事人，对于承运人承保的责任保险来说，他也是局外人，所以发生损害时，仅由承运人举证证明所发生的损害属于运输合同所规定的承运人的责任范围，而货主则只能通过承运人间接地享受责任保险的利益。

因此可以说，虽然同属于保险制度，但是货物保险和货物损害赔偿责任保险却是功能完全不同的两种保险。作为国际贸易主体的货主，在责任保险中只能通过承运人间接地享受保险利益，而在货物保险中，货主本身就是保险合同的当事人，他可以直接享受全部保险范围内的利益。

如果从多式联运的货主（托运人或收货人）、多式联运经营人和保险公司之间的关系来看，货物保险和责任保险之间也存在差别。在货物保险中，通过签发保险单，保险公司与托运人和收货人建立了关系，不过，索赔求偿则是仅由收货人与保险公司的索赔代理人直接发生关系。而在责任保险中，保险公司与托运人和收货人之间并无直接关系，通常只是以承运人（经营人）为媒介，享受保险赔偿的利益。

思考题

1. 什么是集装箱运输？什么是集装箱？什么是集装箱运输多式联运？
2. 简述集装箱运输的发展历史和集装箱运输的特点、未来的发展趋势。
3. 简述集装箱的分类、结构和不同的作用。
4. 阐述集装箱运输多式联运的组织方式。
5. 什么是国际集装箱多式联运保险？它的特征是什么？
6. 阐述集装箱多式联运货物保险和责任保险的特点。

案例分析

多式联运经典案例及评析

1. 多式联运经营人对全程运输负责

香港某出口商委托一多式联运经营人作为货运代理，将一批半成品的服装经孟买转运至印度的新德里。货物由多式联运经营人在其货运站装入2个集装箱，且签发了清洁提单，表明货物是处于良好状态下接收的。集装箱经海路从香港运至孟买，再由铁路运至新德里。在孟买卸船时发现其中1个集装箱外表损坏。多式联运经营人在该地的代理将此情况于铁路运输前通知了铁路承运人。当集装箱在新德里开启后发现，外表损坏的集装箱所装货物严重受损；另一集装箱虽然外表完好、铅封也无损，但内装货物已受损。香港出口商要求多式联运经营人赔偿其损失。多式联运经营人对2箱货损是否负责？如负责，其赔偿责任如何，可否享受责任限制？

【评析】多式联运经营人对全程运输负责。作为当事人，国际多式联运经营人收到货物后，如货物处于多式联运过程中产生损失，则首先应由多式联运经营人承担责任，然后再向实际责任人追偿。在本案中，集装箱是多式联运经营人自己装箱，并已承认收货时货物外表状况良好，因而对于2箱货物的损失多式联运经营人都要负责。其中，第一个集装箱是在香港至孟买的海运途中损坏的，很明显，货物也是此时受损的。多式联运经营人在赔付出口商时，可根据《海牙规则》或《海牙—维斯比规则》享受责任限制，且有权向海上承运人索赔。对于第二箱货损，应看作隐藏损害，因为货损发生在哪一阶段无从查明。此时，多式联运经营人的责任可以按照国际商会对于“统一联运单证”的规定限制在2SDR/千克。

2. 集装箱货物短少，多式联运经营人负责

发货人将500包书委托给伦敦一经营多式联运业务的货运代理，货物自伦敦运抵曼谷。该批货物装入一集装箱，且由货运代理自行装箱，然后委托某船公司承运。承运人接管货物后签发了清洁提单。货物运抵目的港曼谷，铅封完好，但箱内100包书不见了。发货人向货运代理起诉，诉其短交货物。

【评析】国际多式联运经营人对从发货人手中接收的货物应全程负责，即应如数交给收货人，何况货物由其自行装箱，更应对箱内所装货物负责。本案的索赔性质应该说属于责任保险范围，如果货运代理投保了责任险，可向保险人索赔。至于可否向承运人索赔，取决于货运代理能否举证货物短少是在海上运输中发生的，否则承运人不负赔偿责任。因为通常承运人对箱内所装货物不进行核查，尽管签发了清洁提单，但其并无义务检查货物，也不应对提单注明的箱内货物数量负责。

3. 收取全程运费的货运代理须对全程负责

印度孟买某电视机进口商与日本东京一厂家签订了货物买卖合同。合同规定采用集装箱进行“门至门”的运输。负责运输的货运代理向卖方计收了全程运费，并签发了FIATA的联运提单，承担合同承运人的义务。

货物是拼箱货，货运代理在其东京货运站装箱后，用卡车运至神户装船发运孟买。买方不愿意承担交货前的风险，卖方不愿意承担海运和在孟买的风险。此时，买卖双方选择何种价格条款为好？货运代理的风险应如何转移？

【评析】

(1) 货运代理从事的是“门至门”的多式联运，向卖方收取了全程运费，当然要对全程运输负责。至于货运代理对运费的划分，除非其能正确划分出海运部分的运费，否则在买卖双方之间只能无根据地划分各自的运费。

(2) 待运单证不能作为已装船证明。由于货物是在货运代理的东京货运站接管，因而货运代理签发的运输单证（包括FIATA联运提单）属收货待运单证，并非货物已装船的证明。当货物装船后，此类待运单证换为承运人所签发的海运提单方为已装船证明。不过，货运代理签发了FIATA的联运提单即表明签单者对全程负责，因为它符合国际商会关于多式联运单证的要求。

(3) 买卖双方适合使用的价格条款。本案中，使用FCA并注明“集装箱货运站——东京”作为交货地是合适的。因为FCA条款即货交承运人，是指卖方在清关后，于指定地点将货物置于买方指定的承运人的控制之下即履行义务。如果买方未指定具体地点，卖方有权在规定地点或范围内选择承运人接管货物的地点。如果按商业习惯，卖方被要求协助买方与承运人订立合同，则卖方可以买方的费用和风险来行事。由于在卖方申请托运和交付运输期间运费上涨的可能性很小，因而当把货物交给货运代理运输时，风险即已由卖方转移给买方。

另外，也可使用CPT或CIP条款，因为货运代理在FCA、CPT、CIP条款下均满足承运人的条件。CPT条款即运费付至（指定目的地），是指卖方负责将货物运至指定目的地的运费，在货物已交承运人掌管时，货物灭失或损坏的风险及货物交给承运人后发生的额外费用从卖方转移到买方。CTP条款即运费、保险费付至（指定目的地)，是指卖方承担与在 CPT 术语下一样的义务，除此之外，卖方还要为买方货物在运输中的灭失或损坏的风险取得保险。卖方负责订立保险合同并支付保险费。但使用 FOB、CFR 或 CIF 条款则不合适。

(4) 货运代理投保责任险。货运代理作为第一承运人（又称总承运人）与客户订立了运输合同，收取了全程运费，就要对全程负责。上述 FCA、CPT、CIP 三种条款对买卖双方来说都可以采用，简化全程运输手续，责任人清楚，一旦货物发生损坏向总承运人——货运代理索赔即可；对货运代理来说，一方面通过延伸服务可创增值效益，另一方面责任风险增加了。不过，就其责任而言，承运人承担承运人的责任，但同时可享有承运人的责任限制。此外，货运代理还可以通过投保承运人责任险事先转移其风险，发达国家的一些货运代理通常都采用这种做法。

资料来源：http：//www. iliyu. com/gjhydl/kemu/anli/1552896/。

第 8 章　配送与配送中心概述

☞ **知识目标**

- 掌握物流配送的要素、分类、特点、一般流程；
- 理解物流配的意义和作用；
- 掌握物流配送中心的概念、分类、地位、功能；
- 掌握物流配送模式，不同模式的选择；
- 熟悉物流配送中心配送流程。

☞ **技能目标**

- 具备运用不同物流配送模式进行不同模式选择的分析、策划能力。

8.1　配送及配送中心

配送是物流中一种特殊的、综合的活动形式，是商流与物流紧密结合，包含商流活动和物流活动，也包含物流中若干功能要素的一种形式。可以从以下几个方面认识配送的概念：

8.1.1　配送合理化

对于配送合理化与否的判断，是配送决策系统的重要内容，目前国内外尚无一定的技术经济指标体系和判断方法，一般来说，以下若干标志应被纳入。

（1）库存标志。库存是判断配送合理与否的重要标志。具体指标有以下两方面：

①库存总量。库存总量在一个配送系统中，从分散于各个用户转移给配送中心，配送中心库存数量加上各用户在实行配送后库存量之和应低于实行配送前各用户库存量之和。

此外，从各个用户角度判断，各用户在实行配送前后的库存量比较，也是判断合理与否的标准，某个用户上升而总量下降，也属于一种不合理。

库存总量是一个动态的量，上述比较应当是在一定经营量前提下，在用户生产有发展之后，库存总量的上升则反映了经营的发展，必须扣除这一因素，才能对总量是否下降作出正确判断。

②库存周转。由于配送企业的调剂作用，以低库存保持高的供应能力，库存周转一般总是快于原来各企业库存周转。

此外，从各个用户角度进行判断，各用户在实行配送前后的库存周转比较，也是判断合理与否的标志。

为取得共同比较基准，以上库存标志，都以库存储备资金计算，而不以实际物资数量计算。

（2）资金标志。总的来讲，实行配送应有利于资金占用降低及资金运用的科学化。具体判断标志如下：

①资金总量。用于资源筹措所占用流动资金总量，随储备总量的下降及供应方式的改变必然有一个较大的降低。

②资金周转。从资金运用来讲，由于整个节奏加快，资金充分发挥作用，同样数量资金，过去需要较长时期才能满足一定供应要求，配送之后，在较短时期内就能达此目的。所以资金周转是否加快，是衡量配送合理与否的标志。

③资金投向的改变。资金分散投入还是集中投入，是资金调控能力的重要反映。实行配送后，资金必然应当从分散投入改为集中投入，以能增加调控作用。

（3）成本和效益。总效益、宏观效益、微观效益、资源筹措成本都是判断配送合理化的重要标志。对于不同的配送方式，可以有不同的判断侧重点，例如，配送企业、用户都是各自独立的以利润为中心的企业，则不但要看配送的总效益，而且还要看对社会的宏观效益及两个企业的微观效益，不顾及任何一方，都必然不合理。又例如，如果配送是由用户集团自己组织的，配送主要强调保证能力和服务性，那么，效益主要从总效益、宏观效益和用户集团企业的微观效益来判断，不必过多顾及配送企业的微观效益。

由于总效益及宏观效益难以计量，在实际判断时，常以按国家政策进行经营，完成国家税收及配送企业及用户的微观效益来判断。

对于配送企业而言（投入确定了的情况下），则企业利润反映配送合理化程度。

对于用户企业而言，在保证供应水平或提高供应水平（产出一定）前提下，供应成本的降低，反映了配送的合理化程度。

成本及效益对合理化的衡量，还可以具体到储存、运输等具体配送环节，使判断更为精细。

（4）供应保证标志。实行配送，各用户的最大担心是害怕供应保证程度降低，这是个心态问题，也是承担风险的实际问题。配送的重要一点是必须提高而不是降低对用户的供应保证能力，才算做到了合理。供应保证能力可以从以下方面判断：

①缺货次数。实行配送后，对各用户来讲，该到货而未到货以致影响用户生产及经营的次数，必须下降才算合理。

②配送企业集中库存量。对每一个用户来讲，其数量所形成的保证供应能力高于配送前单个企业保证程度，从供应保证来看才算合理。

③即时配送的能力及速度。这是用户出现特殊情况的特殊供应保障方式，这一能力必须高于未实行配送前用户紧急进货能力及速度才算合理。

特别需要强调一点，配送企业的供应保障能力，是一个科学的合理的概念，而不是无限的概念。具体来讲，如果供应保障能力过高，超过了实际的需要，属于不合理。所以追求供应保障能力的合理化也是有限度的。

（5）社会运力节约标志。末端运输是目前运能、运力使用不合理，浪费较大的领域，因而人们寄希望于配送来解决这个问题。这也成了配送合理化的重要标志。

运力使用的合理化是依靠送货运力的规划和整个配送系统的合理流程及与社会运输系统合理衔接实现的。送货运力的规划是任何配送中心都需要花力气解决的问题，而其他问题有赖于配送及物流系统的合理化，判断起来比较复杂。可以简化判断如下：

①社会车辆总数减少，而承运量增加为合理；

②社会车辆空驶减少为合理；

③一家一户自提自运减少，社会化运输增加为合理。

（6）用户企业仓库、供应、进货人力物力节约标志。配送的重要观念是以配送代劳用户；因此，实行配送后，各用户库存量、仓库面积、仓库管理人员减少为合理；用于订货、接货、供应的人应减少才为合理。真正解除了用户的后顾之忧，配送的合理化程度则可以说是一个高水平了。

（7）物流合理化标志。配送必须有利于物流合理。这可以从以下几方面判断；

①是否降低了物流费用；

②是否减少了物流损失；

③是否加快了物流速度；

④是否发挥了各种物流方式的最优效果；

⑤是否有效衔接了干线运输和末端运输；

⑥是否不增加实际的物流中转次数；

⑦是否采用了先进的技术手段。

物流合理化的问题是配送要解决的大问题，也是衡量配送本身的重要标志。

◎ **小贴士**

配送合理化可采取的做法

国内外推行配送合理化，有一些可供借鉴的办法，简介如下：

做法	具体内容	备注
专业化配送	通过采用专业设备、设施及操作程序，取得较好的配送效果并降低配送过分综合化的复杂程度及难度，从而追求配送合理化	具备一定程度的专业化要求
加工配送	通过加工和配送结合，充分利用本来应有的这次中转，而不增加新的中转求得配送合理化。同时，加工借助于配送，加工目的更明确和用户联系更紧密，更避免了盲目性。这两者有机结合，投入不增加太多却可追求两个优势、两个效益，是配送合理化的重要经验	是配送合理化的重要经验

续表

做法	具体内容	备注
共同配送	以最近的路程、最低的配送成本完成配送，从而追求合理化	追求合理化的重要形式之一
送取结合	配送企业与用户建立稳定、密切的协作关系。配送企业不仅成了用户的供应代理人，而且承担用户储存据点，甚至成为产品代销人，在配送时，将用户所需的物资送到，再将该用户生产的产品用同一车运回，这种产品也成了配送中心的配送产品之一，或者作为代存代储，免去了生产企业库存包袱	充分利用运力，使配送企业功能有更大的发挥，从而追求合理化
准时配送系统	准时配送是配送合理化重要内容。配送做到了准时，用户才有资源把握，可以放心地实施低库存或零库存，可以有效地安排接货的人力、物力，以追求最高效率的工作。另外，保证供应能力，也取决于准时供应	从国外的经验看，准时供应配送系统是现代配送企业追求配送合理化的重要手段
即时配送	最终解决用户企业担心断供之忧，大幅度提高供应保证能力的重要手段。即时配送是配送企业快速反应能力的具体化，是配送企业能力的体现	成本较高，却是整个配送合理化的重要保证手段。此外，用户实行零库存，即时配送也是重要手段保证

8.1.2　配送中心

配送中心是接受并处理末端用户的订货信息，对上游运来的多品种货物进行分拣，根据用户订货要求进行拣选、加工、组配等作业，并进行送货的设施和机构。

（1）配送中心的作用。配送中心在以下几个方面发挥较好的作用：

①减少交易次数和流通环节；

②产生规模效益；

③减少客户库存，提高库存保证程度；

④与多家厂商建立业务合作关系，能有效而迅速的反馈信息，控制商品质量；

⑤配送中心是现代电子商务活动中开展配送活动的物质技术基础。

（2）配送中心的分类。

①按照配送中心的内部特性分类。

- 储存型配送中心。有很强储存功能的配送中心，一般来讲，在买方市场下，企业成品销售需要有较大库存支持，其配送中心可能有较强储存功能；在卖方市场下，企业原材料，零部件供应需要有较大库存支持，这种供应配送中心也有较强的储存功能。大范围配送的配送中心，需要有较大库存，也可能是储存型配送中心。

• 流通型配送中心。基本上没有长期储存功能，仅以暂存或随进随出方式进行配货、送货的配送中心。这种配送中心的典型方式是，大量货物整进并按一定批量零出，采用大型分货机，进货时直接进入分货机传送带，分送到各用户货位或直接分送到配送汽车上，货物在配送中心仅做少许停滞。

• 加工配送中心。配送中心具有加工职能，根据用户的需要或者市场竞争的需要，对配送物进行加工之后进行配送的配送中心。在这种配送中心内，有分装、包装、初级加工、集中下料、组装产品等加工活动。

世界著名连锁服务店肯德基和麦当劳的配送中心，就是属于这种类型的配送中心。在工业、建筑领域，生混凝土搅拌的配送中心也是属于这种类型的配送中心。

②按照配送中心承担的流通职能分类。

• 供应配送中心。配送中心执行供应的职能，专门为某个或某些用户（例如连锁店、联合公司）组织供应的配送中心。供应型配送中心的主要特点是，配送的用户有限并且稳定，用户的配送要求范围也比较确定，属于企业型用户。因此，配送中心集中库存的品种比较固定，配送中心的进货渠道也比较稳固，同时，可以采用效率比较高的分货式工艺。

• 销售配送中心。配送中心执行销售的职能，以销售经营为目的，以配送为手段的配送中心。销售配送中心大体有两种类型：一种是生产企业为本身产品直接销售给消费者的配送中心，在国外，这种类型的配送中心很多；另一种是流通企业作为本身经营的一种方式，建立配送中心以扩大销售。

销售型配送中心的用户一般是不确定的，而且用户的数量很大，每一个用户购买的数量又较少，属于消费者型用户。这种配送中心很难像供应型配送中心一样，实行计划配送，计划性较差。

销售型配送中心集中库存的库存结构也比较复杂，一般采用拣选式配送工艺，销售型配送中心往往采用共同配送方法才能够取得比较好的经营效果。

③按配送区域的范围分类。

• 城市配送中心。以城市范围为配送范围的配送中心，由于城市范围一般处于汽车运输的经济里程，这种配送中心可直接配送到最终用户，且采用汽车进行配送。所以，这种配送中心往往和零售经营相结合，由于运距短，反应能力强。因而从事多品种、少批量、多用户的配送较有优势。

• 区域配送中心。以较强的辐射能力和库存准备，向省（州）际、全国乃至国际范围的用户配送的配送中心。这种配送中心配送规模较大，一般而言，用户也较大，配送批量也较大，往往是配送给下一级的城市配送中心，也配送给营业所、商店、批发商和企业用户，虽然也从事零星的配送，但不是主体形式。

(3) 配送中心的地位。无论从现代物流学科建设方面还是从经济发展的要求方面来讲，都需要对配送中心这种经济形态有一个明确的界定。

①层次定位。配送中心在整个物流系统中，流通中心定位于商流、物流、信息流、资金流的综合汇集地，具有非常完善的功能；物流中心定位于物流、信息流、资金流的综合设施，其涵盖面较流通中心为低，属于第二个层次的中心；配送中心如果具有商流职能，则属于流通中心的一种类型，如果只有物流职能则属于物流中心的一个类型，可以被流通中心或物流中心所覆盖，属于第三个层次的中心。

②横向定位。从横向来看，和配送中心作用大体相当的物流设施有仓库、货栈、货运站等等。这些设施都可以处于末端物流的位置，实现资源的最终配置。不同的是，配送中心是实行配送的专门设施，而其他设施可以实行取货、一般送货，而不是按照配送要求有完善组织和设备的专业化流通设施。

③纵向定位。配送中心在物流系统中纵向的位置应该是：如果将物流过程按纵向顺序划分为物流准备过程、首端物流过程、干线物流过程、末端物流过程，配送中心是处于末端物流过程的起点。它所处的位置是直接面向用户的位置，因此，它不仅承担直接对用户服务的功能，而且根据用户的要求，起着指导物流的全过程作用。

④系统定位。在整个物流系统中，配送中心在系统中的位置，是提高整个系统的运行水平。尤其是现代物流出现了利用集装方式在很多领域中实现了“门到门”的物流，将可以利用集装方式提高整个物流系统效率的物流对象做了很大的分流，所剩下的主要是多批量。多品种、小批量、多批次的货物，这种类型的货物是传统物流系统难以提高物流效率的对象。在包含配送中心的物流系统中，配送中心对整个系统的效率提高起着决定性的作用。所以，在包含配送系统的大物流系统中，配送中心是处于重要的位置。

⑤功能定位。配送中心的功能，是通过配货和送货完成资源的最终配置。配送中心的主要功能是围绕配货和送货而确定的，例如有关的信息活动、交易活动、结算活动等等虽然也是配送中心不可缺的功能，但是他们必然服务和服从于配货和送货这两项主要的功能。

因此，配送中心是一种末端物流的结点设施，通过有效地组织配货和送货，使资源的最终端配置得以完成。

8.2　物流配送模式及其选择

8.2.1　自营配送模式

所谓自营配送是指企业物流配送的各个环节由企业自身筹建并组织管理，实现对企业内部及外部货物配送的模式。这是国内目前生产、流通或综合性企业所广泛采用的一种物流模式。通过独立组建物流中心，实现对内部各部门、场、店的物品供应。

自营配送模式的优缺点比较见表 8-1。

表 8-1

比较项 模式	优　点	缺　点
自营配送模式	**①企业对供应链各个环节较强的控制能力** 易于与生产和其他业务环节密切配合，全力服务于本企业的经营管理，确保企业能够获得长期稳定的利润。对于竞争激烈的产业，企业自营物流配送模式有利于企业对供应和分销渠道的控制	**①一次性投资大，成本较高** 虽然企业自营配送模式具有自身的优势，但由于物流体系涉及运输、仓储、包装等多个环节，建立物流系统的一次性投资较大，占用资金较多，对于资金有限的企业来说，物流系统建设投资是一个很大的负担。企业自营配送模式一般只服务于自身，依据企业自身物流量的大小而建立。而单个企业的物流量一般较小，企业物流系统的规模也较小，这就导致物流成本较高
	②合理地规划管理流程，提高物流作业效率，减少流通费用 对于规模较大、产品单一的企业而言，自营物流可以使物流与资金流、信息流、商流结合更加紧密，从而大大提高物流作业乃至全方位的工作效率	**②规模较小的企业所开展的自营配送模式规模有限，物流配送的专业化程度较低** 对于规模不大的企业而言，其产品数量有限，采用自营配送模式，不能形成规模效应，一方面导致物流成本过高，产品在市场上的竞争能力下降；另一方面，由于规模有限，物流配送的专业化程度低，不能满足企业的需要
	③可使原材料和零配件采购、配送以及生产支持从战略上一体化 实现准时采购，增加批次，减少批量，调控库存，减少资金占用，成本降低，从而实现零库存、零距离和零营运资本	**③企业配送效率低下，管理难以控制** 对于绝大多数企业而言，物流部门只是企业的一个后勤部门，物流活动也并非为企业所擅长。在此情况下，企业自营配送模式等于迫使企业从事不擅长的业务活动，企业的管理人员往往需要花费过多的时间、精力和资源去从事辅助性的工作，结果是辅助性的工作没有抓起来，关键性业务也无法发挥出其核心作用
	④反应快速、灵活 整个物流体系属于企业内部的一个组成部分，与企业经营部门关系密切，以服务于本企业的生产经营为主要目标，能更好满足企业在物流业务上的时间、空间要求，特别是要求物流配送较频繁的企业，自建物流能更快速、灵活地满足企业要求	

自营配送模式的适用范围为：（1）规模较大的集团公司；（2）物流对企业成功重

要度很高，且企业处理物流能力也高，企业对物流控制力强，产品线单一的企业。

8.2.2　共同配送

共同配送也称共享第三方物流服务，指多个客户联合起来共同由一个第三方物流服务公司来提供配送服务。它是在配送中心的统一计划、统一调度下展开的。

虽然目前共同配送在发达国家已经成为一种潮流，但它并不是一个全新的概念。早在 1961 年时，美国哈灵顿仓储服务公司就将 Quaker 公司、General Mills 公司、Pillsbury 公司以及其他公司的日用食品杂货订单整合成一个整车运输发往同一个销售商，这样就大大降低了运输成本。在当时，这种做法只是被简单地称为“库存整合”。虽然那时没有像“共同配送”这样复杂的名词，但是两者其实是一回事。

（1）共同配送的方式。主要有两种运作形式：

①由一个配送企业对多家用户进行配送。即由一个配送企业综合某一地区内多个用户的要求，统筹安排配送时间、次数、路线和货物数量，全面进行配送。

②仅在送货环节上将多家用户待运送的货物混载于同一辆车上，然后按照用户的要求分别将货物运送到各个接货点，或者运到多家用户联合设立的配送货物接收点上。这种配送有利于节省运力和提高运输车辆的货物满载率。

（2）共同配送的原因。

①从货主的角度来看，共同配送可以降低配送成本。由于共同配送是多个货主企业共享一个第三方物流服务公司的设施和设备，配送成本由多个货主共同分担。另外，由多个不同货主的零散运输通过整合可以变成成本更低的整车运输，使得运输费用大幅度降低。共同配送还可以降低每个货主的日常费用支出，降低新产品上市时初始投资的风险。

②从第三方物流服务商的角度来看，共同配送同样可以降低他们的成本，从而间接地为其客户带来费用的节省。

（3）共同配送的功能。历经多年共同配送再度盛行，主要是因为共同配送可以实现以下两方面的功能：

①从多点到一点。现在很多第三方物流服务公司都提供共同配送服务，而且通过与 ECR（有效消费者响应）和连续补货方式相联系，更显现出其独特之处。尤其在零售业共同配送非常流行，零售业的一个重要特点就是产品种类多，因此一个零售商要由很多的供货商向其供货。

共同配送需要第三方物流商提供更多的技术和管理系统来对由多个供应商所提供商品组成的订单进行优化从而形成整车运输。实现共同配送的另一个前提条件就是第三方物流服务商同样要有同一行业的大量客户。

②可以做到最小风险，最大柔性。共同配送已经形成了一个潮流，而且它的广度与深度已经超越了整合运输的这种简单形式。随着经济的发展，很多公司都想扩展自己的业务、开拓新的市场，或进入其他的产品市场。但是，在进行投资之前都非常谨慎并希望投资风险尽量减小，基于这个原因，很多公司采取了共同配送的运作形式。

由于共同配送避免了厂商在仓库等建筑物、物料搬运系统设备、人工以及支持性的信息系统这些方面的投资，又能及时满足客户的需求，因而受到厂商等客户的欢迎。因为对于厂商来说采用共同配送所需的成本只是实际的货运量带来的变动成本，节省了固定成本，因此他们可以用节省下来的资金投资于自己的核心业务活动如产品开发、市场营销以及其他创收活动。

共同配送本身所具有的柔性同样是其深受广大公司青睐的一个重要原因。大客户一般倾向于与第三方物流服务商签订长期合同，与之相比，共享服务对象所签订的合约往往是短期的，通常一月一签约。

(4) 共同配送的作用与实施难点。共同配送理念的实现，从微观角度而言，企业可以得到以下几方面的好处：达到配送作业的经济规模，提高物流作业的效率，降低企业营运成本；不需投入大量资金、设备、土地、人力等，可以节省企业的资源；企业可以集中精力经营核心业务，促进企业的成长与扩散；扩大市场范围，消除原有封闭性的销售网络，共建共存共荣的环境。

从整个社会的角度来讲，实现共同配送主要有以下好处：减少社会车流总量，减少闹市卸货妨碍交通的现象，改善交通运输状况；通过集中化处理，有效提高车辆的装载率，节省物流处理空间和人力资源，提升商业物流环境进而改善整体社会生活品质。

总而言之，共同配送可以最大限度地提高人员、物资、金钱、时间等物流资源的使用效率（降低成本），取得最大效益（提高服务），还可以去除多余的交错运输，并取得缓解交通、保护环境等社会效益。

共同配送是物流配送发展的总体趋势。当然，共同配送涉及很多具体的细节问题，在实施过程中难免会出现一些困难点。

首先，各业种经营的商品不同，有日用百货、食品、酒类饮料、药品、服装乃至厨房用品、卫生洁具等，不一而足。不同的商品特点不同，对配送的要求也不一样，共同配送存在一定的难度。

其次，各企业的规模、商圈、客户、经营意识等方面也存在差距，往往很难协调一致。还有费用的分摊、泄露商业机密的担忧，等等。

(5) 政府在推动配送共同化进程中应采取的措施。近年来流通业者纷纷朝水平、垂直、同业、异业等方向整合，有的是渠道共配整合，有的是产品共整合。在整合过程中，如何让业者之间建立共识，辅导其建立高效的共同配送体系，以落实商业自动化的整体效应，是现阶段推行共同配送的首要任务。在商业自动化即将进入整合阶段的关键时期，探讨现行法律法规，拟订具体奖励办法，推动相关企业向建立共同配送体系的方向努力，有着重要的意义。

具体说来，政府在推动配送共同化进程中应采取的措施如下：

①加强观念宣传及技术辅导。成立共同配送技术辅导专门机构，选取几个典型企业，建立共同配送示范体系，以点带面，发挥示范作用。

②加强相关法令的修改与制订。重新审视并修改现行的有关土地取得的法律法规，在审批、税收等方面给予一定的优惠措施，以降低个企业的土地取得成本；加快物流行业标准的制定工作，建立一个统一、科学、规范的标准体系。企业提供公平公正的竞争环境，促进共同配送体系的发展；落实交通法规的执行，以改善交通及停车状况，并改

进道路，人行道的相关规范，加速道路工程的建设。

8.2.3　集中配送模式

（1）集中配送的概念。集中配送是指由专门从事配送业务的配送中心对多家用户进行配送。由于配送中心规模大和专业性强，从而可与多家用户确定固定配送关系；由于集中配送品种多和数量大，经济效益比较明显。

（2）集中配送的优势。集中配送与传统的配送方式相比，具有以下优势：

①降低企业总库存。集中配送方式只在配送中心有库存各零售点没有库存，会大大降低企业库存资金占用。尤其对家电零售企业，由于单品价值高、账期短，家电品种杂、型号多、消费时间性、地域性强，通过销售同一库存，减少各种因素对库存的影响。

②降低经营成本。零售卖场的原有库房可用于增加营业面积，而配送中心一般位于市郊，租金要低于同等面积的市内仓库。

③降低运输费用。大家电的运输费用一般占销售额的 1%～1.5%，采用集中配送的方式，可以减少由仓库到门店的运输。同时，采用集中配送可使配送线路优化，提高车辆使用效率。

④最大限度满足客户要求。对卖场面积较小或家电销售一般的商场，可以选择少量有针对性的产品，依靠配送中心多品种的支持和信息流支持，品种、规格、型号设置更灵活，仍可最大限度满足客户的各种需要。

⑤降低残次率。减少运输的同时也同时减少了搬运次数和装卸次数，可有效降低商品的残次率。

⑥对客户的服务时间更灵活。客户不需要与商品同行，因此可以在购买、登记后随意支配自己的时间；客户可以预约送货时间；为大多数客户提供 2～5 小时的送货服务，同时也提供 1～2 小时的加急送货。

⑦客户忠诚度更高。服务质量更优，增强客户对企业服务的印象，通过上门提供优质服务，加深客户对企业的印象、提高客户忠诚度。建立有效的客户服务体系监督服务质量；通过电话回访和客户免费电话的方式在企业与客户间建立起有效的沟通渠道。

⑧适应电子商务的发展需要。随着电子商务的发展，越来越多的客户接受了网上购物方式。集中配送与电子商务的物流模式基本相同，企业可以利用这种方式开展电子商务。

⑨完善配送中心的服务功能。通过集中配送方式，配送中心不但成为物流、信息流核心，而且有效参与企业的服务，企业的资源得到最有效的利用。

集中配送非常适合家电连锁企业的低成本运营。随着市场竞争，越来越多的企业会发展这种配送模式或建立共同配送中心，有效降低运营总成本。

8.2.4　互用配送模式

（1）互用配送模式的概念。所谓互用配送模式，是指几个企业为了各自利益，以契约的方式达到某种协议，互用对方配送系统而进行的配送模式。其优点在于企业不需要投入较大的资金和人力，就可以扩大自身的配送规模和范围，但需要企业有较高的管理水平以及与相关企业的组织协调能力，如图 8-1 所示。

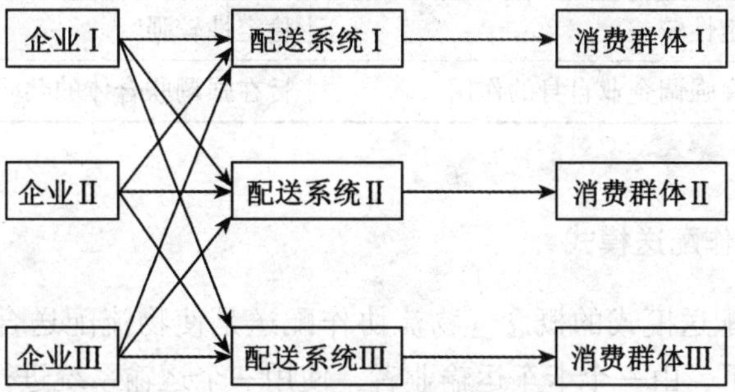

图 8-1　互用配送模式的基本形式

（2）互用配送模式的形式。在电子商务条件下，企业与消费者之间可直接通过网络进行信息交流与订货，互用配送模式的形式就转换成以网络控制为主的配送形式，如图 8-2 所示。

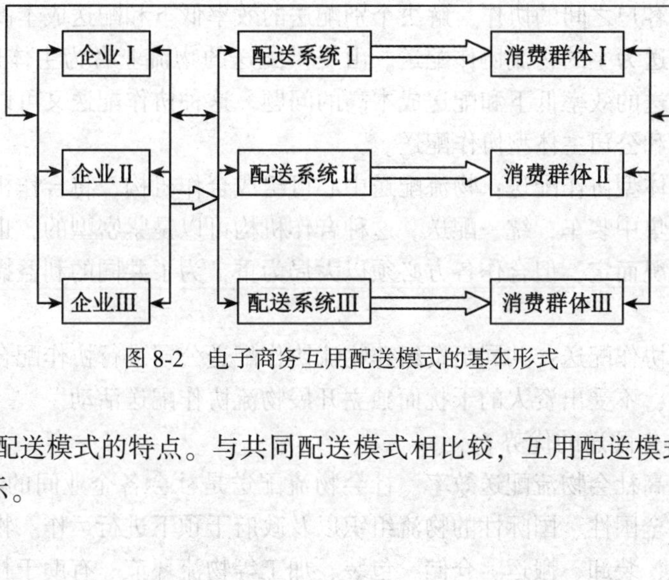

图 8-2　电子商务互用配送模式的基本形式

（3）互用配送模式的特点。与共同配送模式相比较，互用配送模式的特点比较主要如表 8-2 所示。

表 8-2

模式 特点	互用配送模式	共同配送模式
1. 定位目标	旨在提高自己的配送功能，以企业自身服务为核心	旨在建立配送联合体，以强化配送功能为核心，为社会服务
2. 合作对象	既可以是经营配送业务的企业，也可以是非经营业务的企业	经营配送业务的企业

续表

模式 特点	互用配送模式	共同配送模式
3. 合作形式	稳定性较差	稳定性较强
4. 作用体现	旨在强调企业自身的作用	旨在强调联合体的共同作用

8.2.5　物流协作配送模式

（1）物流协作配送模式的概念。物流协作配送是使物流配送合理化，在几个有配送需求的货主合作下，由一个卡车运输业者，使用一个运输系统进行的配送。其目的在于降低物流成本，节约物流费用，提高物流作业效率和物流服务水平。主要是客户和配送者通过协作配送，以解决物流配送运输过程中存在的低效率、低效益、高成本的问题。

（2）物流协作配送的模式。物流协作配送的模式多种多样，在实际物流作业中主要有以下模式：

①以客户为主的协作配送。主要由有配送需求的厂商、批发商、零售商等客户为主进行合作，通过客户之间的协作，解决个别配送的效率低下和配送成本高的问题。

②以物流配送为主的物流协作配送。由提供配送的物流业者为主体进行协作配送，解决个别企业配送的效率低下和配送成本高的问题。这种协作配送又可以分为合作机构主体型协作配送和公司主体型协作配送。

合作机构主体型协作配送：物流配送中心可组成合作机构，将合作机构各成员各自收集的货物进行集中装车，统一配送。这种合作机构可以是紧密型的，也可以是松散型的，视其具体情况而定，但合作各方必须以大局为重，为了共同的利益搞好物流协作配送。

公司主体型协作配送：共同出资组建物流协作配送公司进行协作配合。这种公司必须是独立的公司，不受出资人的干扰而独立开展物流协作配送活动。

（3）物流协作配送的优势。

①有利于提高社会物流配送效率。社会物流配送是社会各企业间的物流配送活动。一般在地区性、全国性、国际性的物流组织以及政府干预下进行运作。物流协作配送可以优化货物运输、装卸、搬运、仓储、包装、加工等物流环节。有助于打破地区分割的流通格局，形成与社会大生产相适应的社会化大流通格局，使物流配送体系趋于合理化。还可以协作共用所有的物流人才、设备与设施，充分提高社会物流配送效率和效益。

②有利于降低配送成本，节约物流费用。物流协作配送由于使用共用车辆、路线和配送设施，对配送活动实施统一管理，这样有助于配送资源的充分利用和优化配置，从而提高配送的使用效率，大大降低配送成本，节约物流费用。

③有利于提高配送服务质量。物流配送服务的关键是留住客户，不断提高配送质

量。物流协作配送采用横向联合方式，由同一配送工具，使用一个配送系统完成多个客户的配送，节省了货物的配送成本，又很好地满足了客户的需求，达到双赢的局面。

④有利于提高物流配送中心的经营效益。物流协作配送能有效降低物流成本，提高物流效率，使物流配送中心获得较好的经营效益。物流协作配送还有利于物流配送中心有限资源的合理利用，实施物流协作配送可以有效解决有限资源不足的矛盾，使不同企业的有限资源能够优势互补，实现协作配送的规模效益，从而提高物流配送中心的经营效益。

（4）物流协作配送的实现条件。

①经济持续发展，物流规模扩大。物流协作配送是经济发展到一定阶段的产物。经济发展初期，社会物流规模有限，人们的需求通过一般的简单交易就可满足，随着生产规模的扩大，社会产品增加，社会物流规模增大，从而要求物流的规模相应扩大，运输能力相应提高，为物流协作配送的产生提供了可能。同时，经济的持续增长使传统的独立配送方式面临挑战。客观上要求引入一种低成本高效率的物流配送方式，于是物流协作配送就产生了。

②参与物流协作配送的是独立的法人，具有独立的经济利益。物流协作配送是在协作各方完全自愿的前提下进行的，是一种法人之间联合协作的非政府行为，各个法人具有独立的经济利益。因为只有法人作为一种独立的经营主体，有着自己独立的经济利益，才能按照自己的意志和要求独立从事经济活动。否则，必然出现当面对利益时大家一哄而起，而当出现困难时又会互相推诿，互相扯皮，物流协作配送必然破裂。

③物流技术的发展。物流协作配送产生的首要原因是经济的增长使社会物流规模大幅增加，大规模的物流只是通过简陋的物流工具和完全依靠人力完成是不可能的。要适应协作配送的要求，就必须大量应用先进设备和现代化物流技术，要广泛使用现代物流技术和物流设备，充分发挥现代物流技术和物流设备的作用，只有这样才能充分体现物流协作配送的优越性。

④政府的积极支持。物流协作配送虽然是一种非政府化的企业之间的协作行为，但也需要政府的积极政策扶持。

（5）物流协作配送的策划。

①物流协作配送的原则。

第一，扬长避短、资源共享、实现共赢的原则。资源稀缺是现代化经济的一个共同特征，任何一个企业的资源都是有限的，各物流配送中心在人力、物力、财力等资源方面都是不均匀的，各有所长，各有所短，为了摆脱困境寻求发展，物流配送中心可以结为合作伙伴，扬长避短，资源共享，共同合作形成新的、更大的竞争能力，通过物流协作配送实现共赢。

第二，利益均沾、互惠互利、共同发展的原则。参与物流协作，配送的各方难免有一些自己的想法，有一些自己的利益。为了保证物流协作配送的顺利进行，在协作之前各方都要表明自身的有利和不利条件，协商洽谈，坚持利益均沾、互惠互利、共同发展。

第三，协作自愿形式多样，追求实效的原则。参与物流协作配送的企业必须是自愿协作，不能强迫，可以采用松散型、紧密型等方式协作，不论采用哪种形式协作，必须从实际出发，以效益为衡量标准，追求协作的实效。

②正确选择物流协作配送的协作伙伴。正确选择物流协作配送的协作伙伴对于参加协作配送的任何一方来说，都是非常重要的，选择正确，则各方收益，选择失误，则面临严重危机，甚至后患无穷。因此，必须慎重选择协作 伙伴。在选择协作伙伴时应注意以下几点：

明确自己参加协作配送的目标，即根据自己的长处和不足来决定是否参与物流协作配送，把它作为物流配送中心的一项战略规划来对待，避免造成随大流的盲目协作。

与准备协作的企业广泛接触，深入了解，多方比较和综合论证，做到心中有数，知己知彼，切忌盲目协作。

着眼于企业现有资源的相互利用，提高资源使用效率，尽可能减少新的投资。力争做到不花钱办好事，花小钱办大事。

尽可能寻找长期合作伙伴，建立一种相对稳定的协作关系，促进企业持续发展。

③可行性论证。可行性包括技术上的可行性和经济上的合理性。这里的技术指达到一定目的的实际手段和途径，经济合理是指能否取得预期的经济效益。可行性论证包括对协作伙伴的论证、技术论证、资源状况论证和经济效益论证。

④物流协作配送模式的确定。物流协作配送可以采用松散型的、半松散半紧密型的、紧密型的，具体要根据协作企业的特点和可行性论证的结论来决定，一切从实际出发。

8.3　物流配送流程

从配送中心是开展商品配送及其相关业务的场所这个角度来看，配送中心一个完整的配送流程应该具备订单处理、采购、进库入库、库存管理以下几个基本流程，见表 8-3：

表 8-3

流程	步　骤	备　注
1. 订单处理作业	①咨询 物流中心的交易起始于客户的咨询、业务部门的报表，而后由订单的接收，业务部门查询出货日的存货状况、装卸货能力、流通加工负荷、包装能力、配送负荷等来答复客户	当订单无法依客户之要求交货时，业务部门加以协调
	②结账 由于物流中心一般均非随货收取货款，而是于一段时间后，予以结账	在订单资料处理的同时，业务人员依据公司对该客户的授信状况查核是否已超出其授信额度

续表

流程	步骤	备注
1. 订单处理作业	③统计 在特定时段，业务人员统计该时段的订货数量，并予以调货、分配出货程序及数量	退货资料的处理亦该在此阶段予以处理
	④报表 业务部门制定报表计算方式，做报表历史资料管理，订定客户订购最小批量、订货方式或订购结账截止日	
2. 采购作业	①复单 自交易订单接受之后由于供应货品的要求，物流中心要由供货厂商或制造厂商订购商品	采购作业的内容包含商品数量统计、对供货厂商查询交易条件
	②出单 依据物流中心所制订的数量及供货厂商所提供较经济的订购批量，提出采购单	对于采购单发出之后则进行入库进货的跟踪运作
3. 进库入库作业	①催单 当采购单开出之后，采购人员进货入库跟踪催促	
	②进库 入库进货管理员即可依据采购单上预定入库日期，做入库作业排程、入库站台排程	
	③入库 • 于商品入库当日，当货品进入时做入库资料查核、入库品检验，查核入库货品是否与采购单内容一致，当品项或数量不符时即做适当的修正或处理，并将入库资料登录建档 • 入库管理员可依一定方式指定卸货及栈板堆叠 • 在入库搬运的过程中由管理人员选用搬运工具、调派工作人员，并做工具、人员的工作时程安排	一般商品入库堆叠于栈板之后有两种作业方式：一种方式为商品入库上架，储放于储架上，等候出库，需求时再予出货。商品入库上架 由电脑或管理人员依照仓库区域规划管理原则或商品生命周期等因素来指定储放位置，或于商品入库之后登录其储放位置，以便日后的存货管理或出货查询。另一种方式即为直接出库，此时管理人员依照出货要求，将货品送往指定的出货码头或暂时存放地点
	④退货品入库 对于由客户处退回的商品，退货品的入库也经过退货品检、分类处理而后登录入库	

续表

流程	步　骤	备　注
4. 库存管理作业	①产品分类 ②经济采购批量及订购时点的确定 ③库存盘点作业 ④商品周转率分析与货位使用率分析	除了商品出入库的各项实际作业外，库存量的变化则显示配送中心资金积压状况，另外商品进出量的准确性也影响了库存损失金额，因此配送中心需做好库存管理工作

思考题

1. 什么是配送？什么是配送中心？
2. 配送的主要要素和分类有哪些？
3. 配送与物流之间的关系是什么？
4. 配送合理化的标准是什么？
5. 配送合理化有哪些具体做法？
6. 配送的模式具体有哪些？怎样选择不同的配送模式？
7. 物流配送中心的配送流程是什么？

案例分析

A 制药厂自动化物流管理中心的建设

A 制药厂是一个具有 40 多年制药历史的老企业，经过几十年的不懈努力，现已成为广西大型重点综合性制药企业，是西南地区规模最大、品种最多、效益最好的国有制药基地。

随着企业的迅速发展，原有的物流和仓储系统已不能满足新形势的要求，必须建立一个集物流、信息流和资金流于一身的自动化物流管理中心，从而降低企业综合物流成本，提高企业综合效益。

物流机械有限公司是专门从事自动化立体仓库和自动化物流配送中心研究、开发、设计和制造的专业公司。A 制药厂与 B 物流机械有限公司洽谈之后，决定结合 A 制药厂原来的物流管理中心的运作情况，将现有的仓库剥离出去，成立一个对外经营并独立核算、自负盈亏，并对西北地区的药房进行药品配送的现代药品仓储配送中心——现代药品仓储配送中心。

1. A 制药厂原来的仓储系统状况

原来仓库数量多，条块分割严重，占地面积大，储存量小，运作效率低，耗费人力大。具体存在问题：

库房种类多，布局分散，管理部门多，造成全局管理难度大。例如，库房种类有成品库、原材料库。成品库又分片剂、粉剂、针剂。原材料库又分原料、成品、内外包材、标签类等不同的库房，这样的储存模式必然运作效率低、浪费土地和人力资源。

库房管理采用传统的手工记账方式，不能及时和动态地反映库房信息，使经营决策者在决策时有一定的困难。

仓库作业采用人工方式，出入库效率低、时间长、完全不能满足该企业迅速发展的要求。

原有库房设施不能使药品这一特殊商品实现先进先出的原则。

原有库房的库存量太大，占用流动资金多，不利于企业发展。

各大药房各自要求送货到库，送货成本一直居高不下。

综上所述，建立一个现代化的药品仓储配送中心势在必行。

2. 仓库位置和面积

新建的仓储中心位于厂区东北角，库区面积 95m×42m，即 3990 m^2。

3. 保管物品种类和规格

（1）品种规格。

①共 100 个品种，129 个规格。其中：片剂（包括颗粒剂、胶囊）品种 64 个，规格 83 个；针剂（包括粉剂）品种 36 个，规格 46 个。

②常年生产的品种 72 个，规格 87 个。其中：片剂 47 个品种，58 个规格；针剂 25 个品种，29 个规格。

③一个月中生产的品种规格 23 个。其中片剂 12 个，针剂 11 个。

（2）日出入库量。

日入库量：最多 11925 箱，最少 5364 箱。

日出库量：最多 8349 箱，最少 413 箱。

（3）每箱重量：最大 30kg，最小 11kg，数量最多的品种每箱 16.8kg。

（4）片剂用外包装箱规格：最大 690mm×415mm×270mm；最小 315mm×205mm×140mm。

针剂用外包装箱规格：最大 625mm×415mm×270mm；最小 475mm×225mm×180mm。

4. 参数设计

制药厂库存品种繁多，数量巨大，尺寸规格不尽相同。在包装形式上分别有箱、桶、袋。在尺寸规格上有 120 多种，最大纸箱为 900mm×500mm×200mm，最小纸箱为 315mm×278mm×200mm，出入库作业以批次作业为主，拣选作业较少，根据这些特点，选用 T-1000 型托盘式有轨道式高层自动化立体仓库。

（1）单元载货的确定。

托盘尺寸为：1400mm×1100mm×150mm（W×L×H）。

单元货格有效容积为：1400mm×1100mm×1250mm（W×L×H）。

（2）立体仓库的主要参数。

库房占地面积：95m×42m=3990 m^2。

采用 5 巷道 9 层 50 列，每巷道 2 排，总货位数为：50×9×5×2=4500（个）。

（3）主要设备：①自动堆垛机 5 台；②传送带若干；③笼车若干；④装货平台 1 个；⑤卸货平台 1 个；⑥工业机器人 1 个；⑦铁轨滑车 1 个。

自动化立体仓库的进出货能力：每台堆垛机的平均复合能力为 134.1s，即处理复合进出货所需时间。复合存取是堆垛机把托盘运入、放进货格之后不出立体库，而是到另一货格把需出库的货物运出。

仓库结构特点：整个货架区为全封闭式，入库和出库作业区分开，入库品在入库前为整理和除尘等工序留有足够的空间。在货架区前面留有 15m×26m 的场地，作为货物的拣选区和入库前、出库后的暂存区，也为将来发展自动化水平旋转库留有余地。

该系统由计算机统一管理，存放的货物既可以归类存放在某一巷道的货格中，又可以分散存放在其他巷道的货格中，这样可适应某些物品紧急入出库的需要，而不影响整个系统作业。

思考题：

1. 请根据以上资料，做出现代药品仓储配送中心的设施设备的简单规划，并对该仓储配送中心的进出库流程进行优化设计。

2. 以小组为单位进行比赛，以优化设计方案为依据，仓储中心的主要设施设备以及主要的流程制作成物流三维仿真模型，并进行演示。模型制作要考虑软件的功能和时间要求。

◎ 实训设计

A 制药厂物流配送中心进出库流程研究

【实训目标】

通过实训，学生更好地理解配送及配送中心的理论知识，并能将所学运用于实际，在现实环境中掌握配送中心的配送模式、规划设计、流程，认识到配送中心模式选择及工作流程，并分析在选择配送模式、规划设计时可能遇到的困难，同时培养学生收集、整理分析资料和解决实际问题的能力。

【实训内容与要求】

1. 描述企业概况

（1）A 制药厂所处领域、业务功能和区位等方面优势；

（2）对 A 制药厂的仓储配送中心的调查和分析；

（3）根据对 A 制药厂的调查分析，做出现代药品仓储配送中心设施设备的简单规划。

2. 实训内容

根据配送中心规划设计的理论知识，结合企业的发展规划和实际情况，在教师和企业人员指导下分组制订现代药品仓储配送中心的设施设备的简单规划：

（1）调查A制药厂的基本情况；

（2）对A制药厂的仓储配送中心的进行实地调查和分析；

（3）运用所学方法制订现代药品仓储配送中心设施设备的简单规划；

（4）结合实际情况对所选方案给予评价。

3. 实训要求

据具体情况，选择物流企业，经调查、分析的基础上给出该物流企业配送中心的设施设备的规划设计，限期一周。

【成果与检验】

将各小组的情况填入下表，并计算总分。

小　组	设计构想（35分）	设计效果（25分）	报告表述（25分）	团队合作（15分）	总　分
1					
2					
3					
4					

第 9 章　配送中心组织与运作

☞ 知识目标

- 掌握不同模式的配送中心作业管理流程；
- 理解配送中心信息技术因素；
- 理解配送中心信息系统架构；
- 熟悉配送中心信息系统流程图。

☞ 技能目标

- 灵活运用所学知识，分析案例；
- 具备运用不同物流配送模式的配送中心作业管理流程的选择分析、策划能力；
- 具备配送中心信息系统架构和流程的分析、设计能力。

9.1　配送中心作业管理

不同模式的配送中心作业内容有所不同，一般来说配送中心执行如下作业流程：市场开发—订单处理—采购—进库入库—库存管理—补货及拣货—流通加工—出货—配送—会计—经营管理及绩效管理。

9.1.1　市场开发作业

除实际销售商品的作业外，还需要进行商品促销、让消费者了解各项商品特色并获得消费者的需求。促销要考虑以下的作业内容或计算机管理系统的开发，如销售预测、现有销售数据分析、商品管理、客户管理等。其中商品管理系统包括畅、滞销品分析，商品周转率分析，商品获利能力分析及市场对此类商品需求分析等。

商品退货作业一般容易比较容易忽视。退货作业内容本身比较复杂，作业量也比较大，尤其是退货商品检验、退货数量核查等工作耗费大量时间和人力。退货作业除退货商品检验、退货数量核查外还需将可用商品重新入库、可修补商品送往流通加工区处理、不可用商品予以报废，并且统计各项送修、报废数量以供检查库存、出货流通加工、配送过程的问题。

9.1.2　订单处理作业

配送中心的交易始于客户的询价、业务部门的报价，然后是订单的接收，业务部门需查询出货日的库存状况、装卸货能力、流通加工负荷、包装能力、配送负荷等是否能满足客户需求。当无法按客户要求交货时，业务部门需进行协调。由于配送中心不随货收款，在订单处理时，需根据公司对客户的信用状况进行查核。另外，需统计该时段的订货数量，并调货、分配出货程序及数量。退货数据也在此阶段处理。此外，业务部门还需制定报价计算方式，做报价历史管理，制定客户订购最小批量、订货方式或订购结账截止日。

9.1.3 采购作业

接受订单后，配送中心需向供货厂商或制造厂商订购商品。采购作业包括商品数量需求统计，向供货厂商查询交易条件，然后根据所需数量及供货厂商提供的经济订购批量定出采购单。采购单发出后则进行入库进货的跟催。其中，由于商品必须购入后才能够出货，因此议价功能对配送中心就非常重要。议价则需要配送中心多方询价，统计订购量；建立厂商管理系统，对供货价格、商品质量、交货日期等进行管理。

9.1.4 进货入库作业

开出采购单后，入库进货管理员即可根据采购单上预定入库日期进行入库作业调度；在商品入库当日，进行入库资料查核、入库质检，当质量或数量不符时即进行适当修正或处理，并输入入库数据。入库管理中可按一定方式指定卸货及托盘堆叠。对于退回商品的入库需经过质检、分类处理，然后登记入库。商品入库后有两种作业方式：

（1）商品入库上架，等候出库需求时再出货。商品入库上架可由计算机或管理人员按照仓库区域规划管理原则或商品生命周期等因素来指定储放位置并登记，以便日后的库存管理或出货查询。

（2）直接出库。此时管理人员需按照出货要求将商品送往指定的出货码头或暂时存放地点。入库搬运过程中需由管理人员选用搬运工具、调派工作人员，并安排工具、人员的工作流程。

9.1.5 库存管理作业

库存管理作业包括库区管理及库存控制。库区管理包括：商品在仓库区域内摆放方式、区域大小，区域分布等规划；商品进出仓库方式的选择，如先进先出方式或后进先出方式；进出货方式的制定，如商品所需搬运工具、搬运方式，仓储区货位的调整及变动等。此外，库区的管理还包括包装容器的使用与保管维修。库存控制则需按照商品出库数量、入库所需时间等来制定采购数量及采购时间，并计划好采购时间预警系统；制定库存盘点方法，定期打印盘点清单，并根据盘点清单内容清查库存数、修正库存账目并制作盘盈盘亏报表。

9.1.6 补货及拣货作业

统计客户订单即可知道商品真正的需求量。在出库日，当库存数满足出货需求量时，即可根据需求数量打印出库拣货单及各项拣货指示，进行拣货区域的规划布置、工具选用及人员调派。出货拣取不只包括拣取作业，还需补充拣货货架上的商品，使拣货不至于缺货。这包括补货量、补货时点、缺货作业水准的确定和补货作业人员调派。

9.1.7　流通加工作业

配送中心的各项作业中，流通加工能提高商品的附加价值。流通加工作业包括商品的分类、过磅、拆箱重包装、贴标签及商品组合包装。这就需要进行包装材料及包装容器的管理、组合包装规则的制定、流通加工包装工具的选用、流通加工作业的调度、作业人员的调派。

9.1.8　出货作业

处理完成商品拣取及流通加工作业后，即可进行商品出货作业。出货作业包括：根据客户订单为客户打印出货交易计划，制订出货调度计划，打印出货批次报表、出货商品上含所需地址的标签及出货核对表；由调度人员决定集货方式、选择集货工具、调派集货作业人员，并决定运输车辆大小与数量；由仓库管理人员或出货管理人员决定出货区域的规划布置及出货商品的摆放方式。

9.1.9　配送作业

配送作业包括商品装车并实际配送。完成这些作业需事先规划配送区域的划分或配送路线安排，由配送路线选用的先后次序来决定商品装车顺序，并在商品配送途中进行商品跟踪、控制及配送途中意外状况的处理。

9.1.10　会计作业

商品出库后销售部门可根据出货数据制作应收账单，并将账单转入会计部门作为收款凭据；商品入库后，则由收货部门制作入库商品统计表，以供供货厂商催款稽核之用，并由会计部门制作各项财务报表供经营政策制定及经营管理参考。

9.1.11　经营管理及绩效管理业务

除上述作业外，还需高层管理人员通过各种考核评估来实现配送中心的效率管理，并制定经营决策及方针。

经营管理和绩效管理可先由各个工作人员或中层管理人员提供各种信息与报表，包括出货销售统计数据、客户对配送服务的反馈报告、配送商品次数及所需时间报告、配送商品的失误率、仓库缺货率分析、库存损失率报告、机具设备损坏及维修报告、燃料分析等。然后，根据各项活动及活动间的相关性，将作业内容相关性较大者或数据相关性较大者分成同一组群，并将这些组群视为计算机管理系统下的大结构。

9.2　配送中心信息技术

配送中心信息技术是指物流企业的配送中心运用现代信息技术对物流配送过程中产生的全部或部分信息进行采集、分类、传递、汇总、识别、跟踪、查询等一系列处理活动，以实现对货物流动过程的控制，从而降低成本、提高效益的管理活动。配送中心信息化技术是现代物流的灵魂，是现代物流发展的必然要求和基石。

物流配送中心的信息技术主要包括 EDI（电子数据交换）、条码技术、GPS（全球定位系统）、EPC 标签、物联网等，随着新技术的不断出现，信息技术的重要性将会愈发突出。

9.2.1 EDI 技术

EDI 技术作为信息化手段，对于分享信息、提高流通效率、降低配送成本发挥着重要作用，具有纸面单证处理系统无法比拟的优势。主要表现在以下几个方面：

（1）EDI 通过双方约定标准协议，将数据翻译成计算机统一识别的报文，消除了人为干扰，有助于减少人为错误。

（2）EDI 便捷的数据处理方式减少了人工成本和数据处理成本。

（3）EDI 通过计算机联网可以提示货物异常情况，提高客户服务水平和响应速度，降低配送延误可能性。

（4）贸易伙伴之间使用 EDI 技术对于管理供应链伙伴关系有很大帮助，能够保持上下游供应商、生产商和消费者的稳定关系，从而拥有一个稳定的市场。

EDI 交易各方的数据交换标准不统一，使得 EDI 交易既不灵活，又需要集中的组织时间。可视化 EDI（transparent EDI）在标准上更加灵活，也使得可视化 EDI 交易使用起来更加友好，从而成为未来配送中心信息技术的主要发展方向。

9.2.2 条码技术

条码技术通常与 EDI 技术混合使用，由于其简单便利的识读条件，在整个供应链生产活动中占据重要的地位，配送中心使用最多的条码是 EAN13 码。条码不仅仅在配送中心业务处理中发挥作用，配送中心的数据采集、经营管理同样离不开条码。通过计算机对条码的管理，对商品运营、库存数据的采集，可及时了解货架上商品的存量，从而进行合理的库存控制，将商品的库存量降到最低点；也可以做到及时补货，减少由于缺货造成的分店补货不及时，发生销售损失。

条码同样可用来做配送中心配货分析。通过统计分店要货情况，可按不同的时间段，合理分配商品库存数量，合理分配货品摆放空间，减少库存占用，更好地管理商品。条码和计算机的应用，大大提高了信息的传递速度和数据的准确性，从而可以做到实时物流跟踪，整个配送中心的运营状况、商品的库存量也会通过计算机及时反映到管理层和决策层。这样就可以进行有效的库存控制，缩短商品的流转周期，将库存量降到最低。此外，由于采用条码扫描代替原有的填写表单、账簿的工作，避免了人为的错误，提高了数据的准确性，减少了错账、错货等问题造成的商品积压、缺货、超过保质期等情况的发生，减少配送中心由于管理不善而造成的损失。

9.2.3 GPS 技术

GPS 技术被认为是与 RFID 技术并驾齐驱的跟踪技术，让车辆驾驶员不必等待调度中心发出调度命令，通过车载 GPS 接收机，就可以随时知道自己的具体位置，并通过车载 GPS 向调度中心发送位置信息，并在调度中心大屏幕电子地图上显示出来，方便调度中心调控。

9.2.4　EPC 标签

由德州仪器公司发明的 Tag-it 技术，将现代信息技术引入一个可以识别货物和管理库存的具有革命性的新技术时代。EPC（Electronic Product Code）标签本身包含一个硅芯片和一个天线，拥有授权的浏览设备可以接受芯片中的数据，芯片中存储的数据可以包括物品的物理性描述，如数量、款式、大小、颜色以及货物来源地、生产日期等相关信息资料。

9.2.5　物联网

物联网的概念则是在 1999 年提出的，英文为“the Internet of things”，简言之，物联网就是“物物相连的互联网”。这有两层意思：第一，物联网的核心和基础仍然是互联网，是在互联网基础上的延伸和扩展的网络；第二，其用户端延伸和扩展到了任何物品与物品之间，进行信息交换和通信。严格而言，物联网的定义是：通过射频识别(RFID)、红外感应器、全球定位系统、激光扫描器等信息传感设备，按约定的协议，通过无线网络传输，把任何物品与互联网连接起来，进行信息交换和通信，以实现智能化识别、定位、跟踪、监控和管理的一种网络。

“物联网”概念的问世，打破了之前的传统思维。过去的思路一直是将物理基础设施和 IT 基础设施分开：一方面是机场、公路、建筑物，而另一方面是数据中心，个人电脑、宽带等。而在“物联网”时代，钢筋混凝土、电缆将与芯片、宽带整合为统一的基础设施，在此意义上，基础设施更像是一块新的地球工地，世界的运转就在它上面进行，其中包括经济管理、生产运行、社会管理乃至个人生活。

物联网中非常重要的技术是 RFID 电子标签技术。以简单 RFID 系统为基础，结合已有的网络技术、数据库技术、中间件技术等，构筑一个由大量联网的阅读器和无数移动的标签组成的，比 Internet 更为庞大的物联网已成为 RFID 技术发展的趋势。在“物联网”普及以后，用于物品的传感器与电子标签及配套的接口装置的数量将大大超过手机的数量。

在“物联网”的构想中，RFID 标签中存储着规范而具有互用性的信息，通过无线数据通信网络，把这些信息自动采集到中央信息系统，实现物品（商品）的识别，进而通过开放性的计算机网络实现信息交换和共享，实现对物品的“透明”管理。为用户提供实时准确的货况信息、车辆跟踪定位、运输路径选择、物流网络设计与优化等服务，大大提升物流企业综合竞争能力。

思考题

1. 配送中心的主要物流设备有哪些？

2. 配送中心的物流设备、物流机械设备、物流装备设备技术的区别和联系主要是什么？

3. 不同模式的配送中心作业管理流程各是什么？

4. 配送中心信息技术主要包括哪些技术？

5. RFID、EPC 标签和物联网之间存在怎样的联系？

6. 你认为未来配送中心信息技术的主要发展方向是什么？

案例分析

戴尔物流配送模式

戴尔公司于 1984 年由迈克尔·戴尔创立，总部设在得克萨斯州奥斯汀，是全球领先的 IT 产品及服务供应商，其业务包括帮助客户建立自己的信息技术及互联网基础架构。戴尔的理念非常简单：按照客户要求制造计算机并向客户直接发货，使戴尔公司能够最有效和明确地了解客户需求，继而作出回应。这个直接的商业模式消除了中间商，这样就减少了不必要的成本和时间，让戴尔公司能够更好地理解客户的需要。这种直接销售模式允许戴尔公司能以富有竞争性的价位，为每一位消费者定制并提供具有丰富配置的强大系统。通过平均四天一次的库存更新，戴尔公司能够把最新的相关技术带给消费者，而且远远快于那些运转缓慢、采取分销模式的公司。

根据美国一家权威机构的统计，戴尔个人电脑销售额占全球第一，戴尔连续多年以两位数的发展速度飞快发展，"戴尔"现象，令世人为之迷惑。

是什么创造着戴尔奇迹？公司分管物流配送的副总裁迪克·亨特一语道破天机："我们只保存可供 5 天生产的存货，而我们的竞争对手则保存 30 天、45 天甚至 90 天的存货。这就是区别。"物流配送专家詹姆斯·阿尔里德在其专著《无声的革命》中指出，主要通过提高物流配送打竞争战的时代已经悄悄来临。看清这点的企业和管理人员才是未来竞争激流中的弄潮者，否则，一个企业将可能在新的物流配送环境下苦苦挣扎，甚至被淘汰出局。配送中心是基于物流系统合理化和发展市场两个需要而发展的，是以组织配送式销售和供应，以实物配送为主要功能的流通型物流节点。它很好地解决了用户多品种、小批量需求和企业大批量、专业化生产的矛盾。因此，配送中心正逐渐成为现代化物流的一个标志。

亨特在分析戴尔成功的诀窍时说："戴尔总支出的 74%用在材料配件购买方面，2000 年这方面的总开支高达 210 亿美元，如果我们能在物流配送方面降低 0.1%，就等于我们的生产效率提高了 10%。"物流配送对企业的影响之大由此可见一斑。

提高物流配送效率方面，戴尔和 50 家材料配件供应商保持着密切、忠实的联系，庞大的跨国集团戴尔所需材料配件的 95%都由这 50 家供应商提供。戴尔与这些供应商每天都要通过网络进行协调沟通：戴尔监控每个零部件的进展情况，并把自己新的要求随时发布在网络上，供所有的供应商参考，提高透明度和信息流通效率，并刺激供应商之间相互竞争；供应商则随时向戴尔通报自己的产品进展、价格变化、存量等方面信息。

几乎所有工厂都会出现过期、过剩的零部件。而高效率的物流配送使戴尔的过期零部件比例保持在材料开支总额的 0.05%~0.1%，2000 年戴尔全年在这方面的损失为 2100 万美元。而这一比例在戴尔的对手企业高达 2%~3%，在其他工业部门更是高达 4%~5%。

然而，面对如此高效的物流配送，戴尔的亨特副总裁仍不满意："有人问 5 天的库存量是否为戴尔的最佳物流配送极限，我的回答：当然不是，我们能把它缩短到 2 天。"由此可见，具有先进的管理理念和出色的物流配送手段是公司保持高速发展的重要保障。

资料来源：百度文库，http://wenku.baidu.com/link? url=rtc8FKWqGp2YGaDAnezEKVbgWe_t_rcQYPPwlTLw-nc9Tm_bXBXzuWWwbRYyRrJQG04a-_rgM5d4wAj4StKSqG-CLZXm JFl4P4JpNay3qPm。

思考题：

1. 戴尔公司的经营理念与模式是什么？
2. 高效率的配送为什么能够使戴尔公司获得成功？
3. 戴尔物流配送模式的特点有哪些？
4. 在我国实施这种配送模式时可能存在的问题有哪些？

第10章　配送中心选址与布局

☞ **知识目标**

- 理解配送中心选址及物流网点布局的概念；
- 掌握配送中心选址的目标、原则及步骤；
- 理解配送中心选址的影响因素；
- 理解物流网点合理布局的目标和原则，掌握物流网点合理布局的内容；
- 熟悉配送中心选址的方法。

☞ **技能目标**

- 灵活运用所学知识，分析案例；
- 具备运用选址方法进行简单选址问题的计算的能力。

配送中心选址与布局是指在一个具有若干供应点和若干需求点的经济区域内确定配送中心的数目以及各配送中心的具体坐落位置。配送中心选址及网点布局的决策不仅直接关系到日后配送中心的运营成本和服务水平，也关系到整个社会物流系统的合理化，因此配送中心选址与布局是配送中心建设项目规划中至关重要的问题。

10.1　配送中心选址概述

配送中心选址决策是物流系统中具有战略意义的投资决策问题，属于物流系统的长期规划项目，建设地点一旦选定则很难改变。配送中心的选址将会直接影响配送中心各项活动的成本，同时也关系到配送中心的正常运作和发展，其选址是否合理，将对整个系统的物流合理化、物流的社会效益和企业命运有着决定性的影响。

配送中心选址，是指在一个具有若干供应点及若干需求点的经济区域内，选择一个地址设置物流配送中心的规划过程。

10.1.1　配送中心选址的目标

由于配送中心是进行社会物流组织的重要节点，其运作模式的主要特点在于它不是从事具体商品生产的社会组织，而是从生产商手中汇集各种商品资源，再进行分类、配送等集约化活动，以实现物流活动的规模经济性，有效地降低整个社会的物流成本的活动，所以在商品资源分布、需求状况以及运输和其他自然条件的影响下，不同的配送中心选址地点会使整个物流系统的运作成本产生很大差异，所以在已有的客观条件下，如何设置配送中心，使整个系统的物流费用最低，客户服务效果最好，是配送中心选址决策的核心问题。

一般来讲，配送中心选址的目标有下述几个：

（1）费用低，即寻求配送中心包括建设费用和经营费用在内的总费用最低；

（2）服务好，即配送中心选择的地址应该能够保证物品及时、完好地送达用户；

（3）辐射强以及社会效益高，即配送中心的选址应该从整个区域的物流大系统出发，使配送中心的地域分布与区域物流资源和需求分布相适应，适应相关地区经济发展的需要。

10.1.2　配送中心选址的原则

配送中心的任务是向用户提供配送服务，其选址既要考虑到配送范围的大小、集货渠道的距离、实际交通状况，又要考虑时间、费用和经济效益等因素。配送中心的选址过程应同时遵守以下四项原则：

（1）适应性原则。配送中心的选址应与国家或地区的经济发展方针、政策相适应，与我国物流资源分布和需求分布相适应，与国民经济和社会发展相适应。

（2）协调性原则。配送中心的选址应将国家或地区的物流网络作为一个大系统来考虑，使物流配送中心的设施设备在地域分布、物流作业生产力、技术水平等方面与整个物流系统协调发展。

（3）经济性原则。配送中心选址的费用主要包括建设费用及物流费用（经营费用）两部分，物流配送中心的选址是选定在市区、近郊区还是远郊区，其未来物流活动辅助设施的建设规模、建设费用和运费等物流费用都是不同的，因此，物流配送中心选址时应以总费用最低为原则。

（4）战略性原则。配送中心的选址应具有战略眼光。一是要考虑全局，二是要考虑长远。局部要服从全局，眼前利益要服从长远利益，既要考虑目前的实际需要，又要考虑日后发展的可能。

10.1.3　配送中心选址应考虑的主要因素

配送中心选址时应该考虑的主要因素有客户的分布、供应商的分布、交通的条件、土地的条件、自然的条件、行政的条件等，下面针对这几点加以说明。

（1）客户的分布。配送中心选址时首先要考虑的就是所服务客户的分布。客户分布的位置会直接影响到配送的距离，进而会直接影响到配送的费用和配送质量。

（2）供应商的分布。配送中心的商品全部是由供应商所供应的，如果物流节点接近供应商，则其商品的安全库存可以控制在较低的水平。

（3）交通运输条件。交通运输的条件是影响物流的配送成本及效率的重要因素之一。交通运输的不便将直接影响配送的进行，因此必须考虑对外交通的运输通路，以及未来交通与邻近地区的发展状况等因素。地址宜紧临重要的运输线路，以方便配送运输作业的进行。一般配送中心应尽量选择在交通方便的高速公路、国道及快速道路附近的地方，如果以铁路及轮船作为运输工具，则要考虑靠近火车编组站、港口等。

◎ 小贴士

物流运输成本占配送成本的比例

在整个物流配送体系中，有关入库、出库、交货及员工交通等成本，在营运总成本中所占比例很高，根据美国有关的统计资料，一般物流运输成本要占公司总配送成本的50%~60%。国内外的一些知名企业或物流公司（如沃尔玛、“7-11”零售连锁店、华联超市、百胜物流等）在降低配送中心的运输成本方面做了大量的研究和探索，也得到了一些非常宝贵的经验。

(4) 地理条件。地理条件包括土地与地形，是配送中心选址必须考虑的因素。对于土地的使用，必须符合相关法规及城市规划的限制，尽量选在物流园区或经济开发区，此时土地的获得就相对容易，地价以及地价以外的其他土地交易费用也可能比较低。另外，还要考虑土地大小与地价，由于土地的稀缺性，在世界各国土地一般都不是免费使用的，而配送中心又需要占用大面积的土地，所以地价的高低将直接影响配送中心的选址以及网点布局，在考虑现有地价及未来增值状况下，配合未来可能扩充的需求程度，决定最合适的面积大小。

◎ 小贴士

配送中心的占地面积

配送中心由于每天要处理多品种、大批量的货物，因此需要给货物的存储以及搬运、运货卡车停车等留出足够的空间，另外配送中心还要考虑到长远扩充发展的需要，所以一般配送中心规划占地面积都较大。配送中心在选址时必须考虑能否在备选区域得到足够面积的土地。据统计，美国一般的配送中心占地面积在30万平方米以上，面积超过100万平方米的也很常见。

(5) 自然条件。由于配送中心通常要储存大量以及堆码很高的货物，所以需要建造位置所在地的土壤条件不能过于松软，同时建造地地形会影响配送中心内部的布局，地势的高低还会影响排水系统的设置。另外，温度与湿度对人员的作业效率以及货物的保管维护均有重要的影响。为使气温与湿度适合于人员与物品作业，并避免库存物品因过度潮湿而损坏，配送中心在进行位置选择时应尽量避免潮湿多雨的地区。

(6) 劳动力因素。目前大多数配送中心开展诸如贴标签、做促销包装等简单的流通加工增值作业，一些日常作业如拣货作业等，还都属于劳动密集型作业，所以配送中心还存在对劳动力资源的依赖。因此在进行位置选择时，必须考虑劳动力资源的来源、技术水平、工作习惯、工资水平等因素。

(7) 政策环境。政策环境条件包括企业优惠措施（土地提供、减税）、城市规划（土地开发、道路建设计划）、地区产业政策等。如果有政府政策的支持，则更有助于物流业的发展。最近在许多交通枢纽城市如深圳、武汉等地都在规划设置现代物流园区，其中除了提供物流用地外，也有关于税费方面的减免，有助于降低物流企业的营运成本。

除了考虑上述因素外，在实际决定配送中心所在位置时，还需考虑下列因素：

第一，城市的大小。将影响交通运输、员工的取得、劳务设施的利用、工资水平、地价等诸多方面。

第二，运输形态。对于特定区域内可用的运输方式必须做调查，如与主要道路的连接是否顺畅、货运公司的多少、大宗邮寄的能力、短程转运的计费方式等问题。

第三，居民的态度。决定特定区域时，附近居民的接受程度，将影响土地的取得、员工的雇佣及企业形象等问题。

◎ **小案例**

配送中心里“农超对接”

有机玉米茶、无添加的杂粮面、传统工艺加工的红薯粉条、有机黄瓜和西红柿……150 余种名优特新农产品由农民专业社直接推介给超市商家。北京物美集团、家家悦、家乐福、沃尔玛、北方国贸等大型超市和集团采购商在推介会上与 50 余家农民专业社交流洽谈。“农户在这里推介产品，商场在这里寻找货源，信息对接成功后，剩下的事情就由配送中心来解决了，他们将为我们配送到家。”北方国贸采购负责人高兴地说，他们在第一时间订购了 2 吨白菜和 2000 个萝卜。仅仅一上午，就有 12 家农民专业社与 7 家超市达成了合作意向。

农产品配送中心由青岛市供销社主办，设有 1700 平方米的展示交易区，摊位 50 余个，配备完整的农产品监测设备和网络设施，具备产品监测、展示展销、信息交流、宣传推介、物流配送等服务功能，旨在搭建产品展示交易平台，推介名优特新农产品，推动零售商、社区超市及社会团体与农民专业社的交流合作。由于采用基地直供市场的办法，更多的“青岛名牌”将直接配送到终端市场，为广大市民提供质量安全、价格实惠的原产地农产品，进一步丰富广大市民的菜篮子。市供销社社务管理处处长表示，这种形式面向“三农”，连接城乡，有利于建立起新型农产品经营服务体系。

资料来源：http：//ribao. qingdaonews. com/html/2009-10/23/content_2226548. htm。

10.1.4　配送中心选址的决策步骤

配送中心选址决策通常包括几个层次的筛选，是一个逐步缩小范围、更为具体的选择过程，见图 10-1。

（1）选址约束条件分析。约束条件是指系统或系统环境中那些由于种种原因而不能改变的因素，在某种意义上讲，每一个约束条件都能使情形得以简化，因为它减少了需要进行分析的可供选择方案的数目。例如，资金的约束可能使我们把选址的注意力放在特定的区块，而不必考虑所有区块。配送中心选址决策常见约束条件有以下六个：

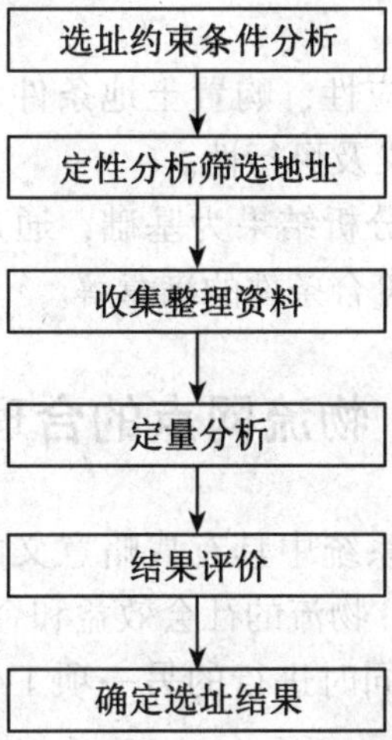

图 10-1 配送中心选址决策程序图

①资金：资金约束将会影响到区位决策，因为不同位置的土地价格差异非常大。

②交通运输条件：由于只能选择能够到达用户的运输方式，选址决策必须在此范围内进行。例如，对多数用户而言公路是唯一能到达的运输方式，则物流中心位置必须在公路交通枢纽或干线附近选址。

③能源条件：供水、供电等能源系统是物流节点赖以生产的基础，选址时能源条件将限制物流节点的选址范围。

④政府对土地用途的规划：地方政府对使用不同区块的土地有着各种不同的限制，物流中心只允许建在政府指定的区域范同内。

⑤经济政策：税收、关税等与企业的选址决策直接相关，企业总是会寻求较宽松的选址环境，如：企业往往希望将物流中心建在政府规划的物流园区内，以享受特定的待遇。

⑥竞争对手：竞争对手的分布将影响物流中心的选址，企业将根据自身的产品或服务特征，来决定是靠近竞争对手或是远离竞争对手。

此外，一些特殊商品的物流中心还受到温度、湿度、雨量等自然因素的约束。

（2）定性分析筛选地址。在对上述各约束条件进行充分的分析后，就可以对初始候选地址进行筛选，初步确定选址范围。

（3）收集整理资料。确定物流节点位置需要对影响其位置选择的相关因素进行定量、定性分析，为此，在确定物流节点位置前需要收集调查大量的相关数据、资料，以作为选址的依据。调查资料主要包括：客户分布，客户生产经营状况，产品特征，物流量，交通状况，运输费率，运输批量、频率，土地价格，物流节点的建设成本，客户对运输的时效性要求，等等。

（4）定量分析。设施选址方法的研究已经成为一个受人关注的研究领域。随着应用数学和计算机的普及，数学方法广泛地用于解决设施选址问题。在具体的物流节点选址时，需要根据对现有已知条件的掌握情况、选址要求等，针对不同情况选用一个或多种具体模型进行定量分析。

（5）结果评价。结合市场适应性、购置土地条件、服务质量等，对计算所得结果进行评价，看其是否具有现实意义及可行性。

（6）确定选址结果。以定量分析结果为基础，通过定性分析求出合理解，但是所得解不一定为最优解，可能只是符合条件的满意解。

10.2　物流网点的合理布局

物流网点的合理布局是物流系统中具有战略意义的投资决策问题。其布局是否合理，将对整个系统的物流合理化、物流的社会效益和企业命运有着决定性的影响。物流网点的布局是与配送中心的选址同时进行的另一项工作，又称配送中心宏观的合理布局。

10.2.1　物流网点的概念

物流配送中心的布局就是企业物流网点的设置。所谓物流网点，是指物流过程中所经过的中转站点。在物流系统中，将物流活动分为节点活动与线路活动，物流网点则是进行节点活动的位置和场所。同时，物流网点也是线路活动的起点或终点。从理论上讲，物流网点与从事物资经营的商流网点不一样，物流网点主要进行物资的包装、装卸、储存保管、配送等物流活动，不发生物资的供销业务。但在我国现有的物资管理体制下，很多情况是物资的供应机构本身就设有仓库，所以有时对物流网点和商流网点并不加以区分，统称为网点或供应网点。

10.2.2　物流网点设置的目的

物流网点是联结生产和消费的流通部门，利用时间及场所创造效益的机构与设施。因而，对于不同的货物和不同的流通方式，物流网点设置的目的也是多种多样的。

（1）从物流配送中心本身的宏观经济运营业务来讲，物流网点的设置可能是为了调整大量生产和大量消费的时间差而进行的保管，也可能是为了调整生产和消费波动而进行的保管。

（2）从物流配送中心内部物品调配业务来讲，可能是为了降低运输成本，组织批量运输或者设置货物集结点向终端用户配送，以经济的批量进行发货和进货；也可能是把分散保管的库存物品汇集在一起，并提高包括保管、装卸在内的效率；还可能是从各个方面把多种供应商品集中，或者为向消费者计划运输而将商品集中起来。

（3）从提高配送质量来讲，可能是为了提高对客户的配送服务水平，而在靠近消费地区保管；也可能是为了维持对客户的服务水平，平时保持合理的库存。

（4）从方便流通加工来讲，为了提高运输效率，在消费地点进行装配和加工等。还有的是为了使商流和物流活动分开，以提高效率。

物流网点的合理布局是关系到物流系统的合理化和商品流通的社会效益的重大投资

决策问题。对于物流企业来讲，是涉及企业命运和持续发展的大事，具有战略意义。

10.2.3 物流网点布局的原则

配送中心物流网点的布局就是根据现状及发展的预期，确定配送中心应如何分布。

由于配送中心的长期使用和难以更改，其布局是一项带有战略性的决策。事实证明，配送中心一旦建成，其现实布局对它的经济活动将产生举足轻重的影响，国内外不乏先例。由于配送中心分布不合理，难以与用户进行有效的衔接，活动功能受到了很大抑制乃至失败。

为了追求配送中心的合理分布，保证功效的充分发挥，在它未形成之前需要慎重规划。

配送中心物流网点的布局受多方因素制约，是一项复杂的系统工程。解决这个问题应从以下分析原则入手，辅以相应的数学实证方法：

(1) 动态的原则。影响配送中心的经济环境和相关因素处于时刻的变动之中，如交通条件的变化、价格因素的变化、用户数量的变化、用户需求的变化。布局选址时，首先应摒弃绝对化的观念，从动态原则出发，对这些动态因素予以充分考虑，使配送中心建立在详细分析现状和准确预期未来的基础上。同时，配送中心在规划设计时还要留有余地，以便能够在一定范围内适应数量、用户、价格等多方面的波动。否则，布局一旦实现，就可能出现不能满足配送要求或配送需求不足的被动情况。

(2) 统筹的原则。配送中心的布局、层次、数量与生产力布局、消费布局等紧密相关，存在相互促进制约的关系。因此，设定合理的配送中心布局，必须从宏观微观两方面加以考虑，统筹兼顾，全面安排。

(3) 竞争的原则。配送中心的业务活动贴近用户，服务性强，必须充分体现竞争原则。在市场机制中，配送服务竞争的强弱是由用户可选择性的宽窄范围决定的，为了扩大用户选择，配送中心的布局应体现出多家竞争，即每一家配送中心只能占领局部市场，只能从局部市场的角度规划。如果忽略了这种市场机理的作用，单纯从路线最短、成本最低、速度最快等角度片面考虑，一旦布局形成，用户的选择就会被弱化，从而导致垄断的形成和配送服务质量的下降。但体现竞争并不等于过度竞争，在市场容量有限的情况下，过多设置和布局配送中心可能会导致过度竞争和资源浪费。

(4) 低运费原则。配送中心利用规划的、技术的方法，组织对用户的配送运输，低运费原则在成本收益分析中至关重要，成为竞争原则在运费方面的具体体现。

由于运费和运距有关，最低运费原则可以简化为最短距离问题，用数学方法求解，得出配送中心与预计供应点之间的最短理论距离或最短实际距离，以此作为配送中心市局的参考。但运费与运量也有关系，最短距离求解并不能说明抵达各供应点的运量；即使求解出最短距离，也不等于掌握了最低运费。因此，最低运费原则也可以转化为运量问题（吨或吨千米），通过数学方法求解。在市场环境中，运量处于经常的波动之中，不像供应点位置那样固定不变，所以这种转化也只能作布局上的参考。

(5) 交通原则。配送中心的内部活动依赖于该中心的设计及工艺装备；而配送中心的外部活动散布于中心周围相当广泛的一个辐射地区，需要依赖于交通条件。竞争原则、低运费原则的实现都和交通条件密切相关，通过交通条件最终实现。交通原则是配送中心布局的特殊原则。

交通原则的贯彻包括两方面：一是布局时要考虑现有交通条件；二是布局配送中心时，交通作为同时布局的内容之一。只布局配送中心而不进行交通布局，往往导致布局的失败。

10.2.4　物流网点合理布局的主要内容

配送中心是组织物流活动的基础条件。由于物流资源的分布、需求状况、运输条件、自然环境和周边经济等因素的影响，在同一计划区域内的不同地方，如何设置与其经营业务相适应规模的物流配送中心，怎样合理划定不同的供货范围，是至关重要的。因为由这些节点组成的整个物流系统和全社会的经济效益是不相同的，有时甚至差别很大。那么，在已有的客观条件下，如何设置物流配送中心，才能使物流费用最少而社会的经济效益最佳，对用户的服务质量最好呢？这就是配送中心物流网点的合理布局问题。

(1) 物流网点合理布局应考虑的主要问题。概括地讲，物流网点的合理布局是以物流系统和社会的经济效益为目标，用系统学的理论和系统工程的方法，综合考虑物资的供需状况、运输条件、自然环境等因素，对物流配送中心的设置位置、规模、供货范围等进行研究和设计。

进行物流网点合理布局应以费用低、服务好、社会的经济效益高为目标。物流网点的合理布局是在一大片经济区域中，综合考虑各种因素现模、供货关系等进行规划设计。具体包括：

①计划区域内应设置物流配送中心的数目。

②物流配送中心的地理位置。

③各物流配送中心的规模（吞吐能力）。

④各物流配送中心的进货与供货关系，即从哪些资源厂进货，向哪些用户供货。

⑤计划区域内中转供货与直达供货的比例。

研究和解决这些问题，一般先通过详细的系统调查，收集资料并进行系统分析，确定一些可能设置网点的备选地址，建立模型。然后对模型优化求解，最后进行方案评价，并确定最佳布局方案。

(2) 物流配送中心的费用。物流网点合理布局模型通常是以系统总成本最低为目标函数。建立模型时主要应考虑以下几项费用：

①物流配送中心建设投资。物流配送中心建设投资包括建筑物、与物流配送中心的位置和规模有关。

②物流配送中心内部的固定费用。物流配送中心设置以后的人员工资、固定资产、折旧费以及行政支出等与经营状态无关的费用，称之为物流配送中心内部的固定费用，它与物流配送中心的位置关系不大。

③物流配送中心经营费用。经营费用是物流配送中心在经营过程中所发生的费用，如进/出库费、保管维护费等。它是与经营状态直接相关的费用，即与物流配送中心的

经营规模有关。

④运杂费。运杂费是商品运输过程中所发生的费用，主要包括运价、途中换乘转装以及支垫物资等发生的费用。显然，它与运输路线，即与物流配送中心的位置有关。

为了研究方便起见，一般将上述费用分成两大类：固定费用和可变费用。如投资、人员工资和固定管理费等属于固定费用；经营费用和运杂费则为可变费用。在满足用户需求和各种约束条件下，选择使总费用最省的布局方案。

(3) 物流网点布局的约束条件。物流网点布局模型其目标是使系统总成本降到最低，约束的条件主要有：

①资源点向外提供的资源量不超过其生产能力。

②运达用户的商品等于它的需求。

③各物流配送中心中转商品的数量不超过物流配送中心的设置规模（吞吐能力）。

④用户采用直达方式进货时，其每笔调运量不低于订发货起点的规定。

⑤用户中转进货的商品应尽量集中在一个物流配送中心，以便提高转运效率。

(4) 物流网点布局合理化的目的。物流网点布局合理化的目的，简单地说，就是在变化的物流环境中，确保优质的物流服务，降低总的物流成本。具体地说有以下两点：

①确保提供优质物流服务。在激烈的竞争中，作为销售战略的一环，优质的物流服务是不可缺少的。如果没有完善的物流系统，将承接的订货迅速、准确地送出，企业就难以在销售竞争中取胜。作为提供专业物流服务的物流配送中心，必须适应客户需求小批量、多品种、交货期缩短、交货快的要求。也就是说，按期保质保量交货，提高物流服务效率，在销售战略上是非常重要的。

②降低物流总成本。将物流网点集中，设立较大规模的物流配送中心，可以减少库存，使运输计划化、大型化，可以扩大多品种货物配送范围，通过协同配送降低运输费用，可以减少土地购买费、建设费、机器设备费、人力费用等物流配送中心经费，从而减少物流总成本；过去物流网点集中，则必然延长运输距离、增加运输时间，办理订货、下达发货指令、向外订货、处理商品过多、拣选商品等也都将耗费过多的时间。现在由于高速公路网更加完善，时间和距离都已经不成为障碍，而且开发出大量处理多批次、小批量的系统，作业速度加快。又由于信息化的发展，各企业均已联网，可以及时联系。正是由于这种信息和作业速度的提高，集中物流网点已成为合理和可能，也成为物流行业的趋势和现实。

10.2.5　物流网点布局的方法

(1) 解析法。解析法是通过数学模型进行网点布局的方法。采用这种方法，首先根据问题的特征、外部条件和内在联系建立起数学模型或图解模型，然后对模型求解，获得最佳布局方案。解析方法的特点是能获得精确的最优解；但是，这种方法对某些复杂问题难以建立恰当的模型，或者由于模型太复杂，使求解困难，或要付出相当高的代价。因而这种方法在实际应用中受到一定的限制。

采用解析方法建立的模型通常有微积分模型、线性规划模型和整数规划模型等。对某个问题究竟建立什么样的模型，要根据具体分析而定。

（2）模拟法。网点布局的模拟法是将实际问题用数学方程和逻辑关系的模型表示出来，然后通过模拟计算机逻辑推理确定最佳布局方案。这种方法较之用数学模型解析法简单。采用这种方法进行网点布局时，分析者必须提供预定的各种网点组合方案以供分析评价，从中找出最佳组合。因此，决策的效果依赖于分析者预定的组合方案是否接近最佳方案，这也是该方法的不足之处。

（3）启发式方法（逐次逼近法）。启发式方法又称逐次逼近法，是针对模型的求解方法而言的，是一种逐次逼近最优解的方法。这种方法对所求得的解进行反复判断、实践修正直到满意为止。其特点是模型简单，需要进行方案组合的个数少，因此便于寻求最终答案。此方法虽不能保证得到最优解，但只要处理得当，可获得决策者满意的近似最优解。其步骤如下：

①定义一个计算总费用的方法。

②拟定判别准则，规定方案该选的途径。

③建立相应的模型。

④迭代求解。

◎ **小贴士**

南宁金桥物流园区①

金桥物流园区位于南宁市兴宁区的东沟岭，服务于南宁市农资、农产品与建筑材料在南宁周边地区的干线分拨与城市配送。基本规模为：2005 年 54 万吨，32.5 万平方米；2010 年 77 万吨，39 万平方米；2015 年 122 万吨，60 万平方米，见表 10-1。

表 10-1　**南宁金桥物流园区设施能力与规模预测**

	农资物流中心群（交易市场）		综合物流中心（金桥货运站）	
	能力（万吨）	规模（万 m^2）	能力（万吨）	规模（万 m^2）
2005 年	34	20	20	12.5
2010 年	50	25	27	14
2015 年	75	38	47	22

该园区建设分为农产品物流中心和综合物流中心两个部分，其主要功能为南宁市农资、农产品及建材等其他产品（商品）贸易的集散和辐射周边地区提供高效的物流服务，并针对南宁市及周边城市各大批发市场与商场的各类建材、农资及精

① http：//www.nanning.gov.cn/5159/2006_9_20/5159_151953_1158715700271.html。

细农产品开展连锁配送业务。金桥园区在建设地域与建设进度上应与南宁市公路主枢纽规划修编中的金桥货运站结合开展建设，并针对其特定的服务对象建设包括高低温冷库、蔬菜加工生产车间、农（水）产品交易市场和农资仓库以及其他各类配套设施在内的专用设施。

10.3　配送中心选址的方法

10.3.1　选址问题中的距离计算

选址问题模型中，最基本的一个参数是各个节点之间的距离。一般采用两种方法来计算节点之间的距离，一种是直线距离，也叫欧几里得距离；另一种是折线距离，也叫城市距离，如图 10-2 所示。

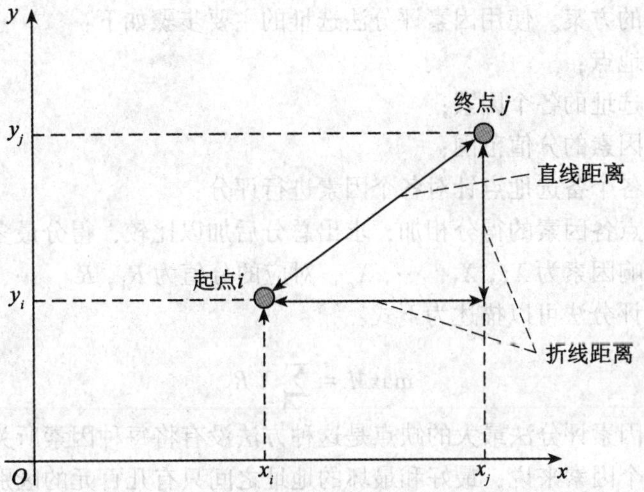

图 10-2　直线距离与折线距离的比较图

（1）直线距离。当选址区域的范围较大时，网点间的距离常可用直线距离近似代替，或用直线距离乘以一个适当的系数 ω 来近似代替实际距离，如城市间的运输距离、大型物流园区间的间隔距离等都可用直线距离来近似计算。

区域内两点（x_i，y_i）和（x_j，y_j）间的直线距离 d_{ij} 的计算公式为：

$$d_{ij}{}^{R} = \omega_{ij}\sqrt{(x_i - x_j)^2 + (y_i - y_j)^2}$$

式中，ω_{ij}称为迂回系数，$\omega_{ij} \geqslant 1$，一般可取定一个常数，当 ω_{ij}取为 1 时，d_{ij}为平面上的几何直线距离。ω_{ij}取值的大小取决于区域内的交通情况，在交通较发达地区，ω_{ij}取的值较小；反之，ω_{ij}取值较大。如在美国大陆，ω_{ij}是 1.2，而在南美洲，ω_{ij}是 1.26。

（2）折线距离。折线距离也称为城市距离，当选址区域的范围较小而且区域内道路较规则时，可用折线距离代替两点间的距离。如城市内的配送问题、具有直线通道的配送中心、工厂及仓库内的布置、物料搬运设备的顺序移动等问题。

折线距离的计算公式如下：

$$d_{ij}{}^{R} = |x_i - x_j| + |y_i - y_j|$$

10.3.2　单节点配送中心的选址模型

单个节点选址是指在规划区域内设置网点的数目唯一的物流配送中心的选址问题。

（1）因素评分法。因素评分法常用来解决离散型单点物流设施的选址问题，这也是在实际选址问题中最常用的一种有效方法。

离散点选址指的是在有限的候选位置里面选取最为合适的一个或一组位置为最优的方案，相应的模型就称为离散点选址模型。它与连续点选址模型的区别在于：它所拥有的候选方案只是有限个元素，我们考虑问题的时候，只需要在这几个有限的位置上进行分析。

因素评分法是将每一个备选地点都按因素计分，在允许的范围内给出一个分位；然后将每一地点各因素的得分相加或加权相加，求出总分后加以比较；最后，选择得分最多的地点为最终的方案。使用因素评分法选址的主要步骤如下：

①给出备选地点；

②列出影响选址的各个因素；

③给出每个因素的分值范围；

④由专家对各个备选地点针对各个因素进行评分；

⑤将每一地点各因素的得分相加，求出总分后加以比较，得分最多的地点中选。

假设各项影响因素为 X_1，X_2，…，X_n，对应的分值为 R_1，R_2，…，R_n，备选方案总分为 M，则因素评分法可以描述为下式：

$$\max M = \sum_{i=1}^{n} X_i R_i$$

这种简单的因素评分法最大的缺点是这种方法没有将每种因素所关联的成本考虑在内。例如，对某个因素来说，最好和最坏的地址之间只有几百元的区别，而对另一个影响因素来说，好坏之间可能就有几千元的差别。第一个因素可能分值最高，但是对选址决策帮助不大；第二个因素分值不高，但是能反映各个地址的区别。为了解决这个问题，建议将每一因素的分值根据权重来确定。而权重则要根据成本的标准差来确定，而不是根据成本位来确定，这样就把相关的成本考虑进来了。

（2）交叉中值法。交叉中值模型是用来解决连续点选址问题的一种十分有效的模型，它是利用城市距离进行计算。连续点选址问题指的是在一条路径或者一个区域里面的任何位置都可以作为选址的选择。

假设在某区域内，有 n 个需求点，其分布的坐标为（x_i，y_i）（$i=1$，2，…，n），各点的需求量为 ω_i（$i=1$，2，…，n），在此区域内准备设置一个配送中心，假设配种中心坐标为（x_s，y_s），如图 10-3 所示。

运用交叉中值的方法可以对单一的选址问题在一个平面上的加权的城市距离进行最小化。其相应的目标函数为：

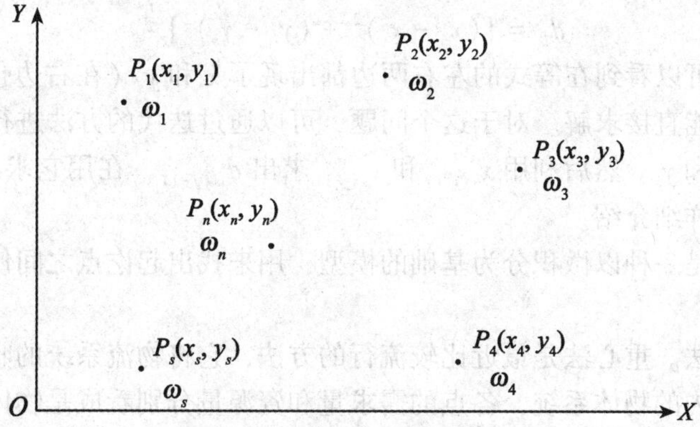

图 10-3 顾客分布图

$$Z = \sum_{i=1}^{n} \omega_i \{ |x_i - x_s| + |y_i - y_s| \}$$

式中，ω_i为与第 i 个点对应的权重（例如需求）；x_i，y_i为第 i 个需求点的坐标；x_s，y_s为服务设施的坐标；n 为需求点的总数目。

需要注意的是，这个目标函数可以用两个互不相干部分来表达。

$$\min Z = \min \sum_{i=1}^{n} \omega_i |x_i - x_s| + \min \sum_{i=1}^{n} \omega_i |y_i - y_s|$$

选择的就是所有可能需要服务对象到目标点的绝对距离总和最小，最优位置也就是由如下坐标组成的点：

x_s是在 x 方向的对所有的权重 ω_i的中值点；

y_s是在 y 方向的对所有的权重 ω_i的中值点。

考虑到 x_s，y_s或者同时两者可能是唯一值或某一范围，最优的位置也相应地可能是一个点，或者是线，或者是一个区域。

(3) 重心模型法。重心模型是选址问题中最常用的一种模型，可解决连续区域直线距离的单点选址问题。

①精确重心法。前面介绍的交叉中值模型由于其本身的局限性，例如使用的是城市距离，只适合于解决一些小范围的城市内的选址问题。下面介绍的精确重心法，在评价的过程中使用的是欧几里得距离，即直线距离，它使选址问题变得复杂，但是有着更为广阔的应用范围。

在使用了欧几里得距离之后，目标函数变成：

$$Z = \sum_{i=1}^{n} \omega_i \left[(x_i - x_s)^2 + (y_i - y_s)^2 \right]^{1/2}$$

$$\min Z = \min \sum_{i=1}^{n} \omega_i \left[(x_i - x_s)^2 + (y_i - y_s)^2 \right]^{1/2}$$

这是一个双变量系统，分别对 x_s和 y_s进行求偏微分，并且令其为零，这样就可以得到两个微分等式。应用这两个等式分别对 x_s和 y_s进行求解，即可以求出下面的一对隐含有最优解的等式。其求解过程及结果如下：

$$d_{is} = [(x_i - x_s)^2 + (y_i - y_s)^2]^{\frac{1}{2}}$$

在上式中，可以看到在等式的左右两边都出现了 x_s和 y_s（在右边包含 d_{is}项），因此该微分方程组不能直接求解。对于这个问题，可以通过迭代的方法进行求解，这需要提供一组初始值 x_s和 y_s。然后利用 $x_{s(j-1)}$ 和 $y_{s(j-1)}$ 求出 $d_{is(j-1)}$，在用它求出 x_{sj}和 y_{sj}，具体迭代过程此处不详细介绍。

精确重心法是一种以微积分为基础的模型，用来找出起讫点之间使运输成本最小的设施位置。

②实验模拟法。重心法是最近比较流行的方法，它将物流系统的收货点看成是分布在某一平面范围内的物体系统，各点的需求量和资源量分别看成是物体的重量，物体系统的重心将作为物流中心的最佳设置点，利用确定物体重心的方法来确定物流网点的位告，其具体的操作顺序（见图 10-4）为：

第一，在平板上放一幅缩尺地图，并画出 *A*，*B*，…，*N*，在点上分别穿一个孔。

第二，用一定长度的绳，分别拴上一个小锤，小锤的重量比例按顾客需要量换算求得。

第三，把拴有 *A*，*B*，…，*N* 个小锤的线，分别穿过平板中的各对应孔，然后在平板上方把各线的线端集中在一个小结上，同时在平板上的打结处做个记号。

第四，用手掌把绳结托起，然后让它们自由落下。

第五，这样多次反复实验，把落下点比较稳定处作为合适的选址点。

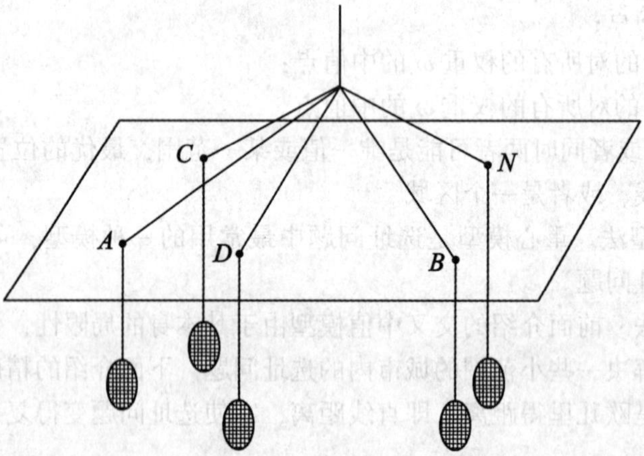

图 10-4　重心法示意图

10.3.3　多节点配送中心的选址模型

对大多数企业来说，其面临的问题往往是必须同时决定两个或更多个设施的选址，虽然问题更加复杂，却更加接近实际情况。多物流节点选址问题更普遍，因为除了非常小的公司以外，几乎所有公司的物流系统都有一个以上的物流节点。不能将这些节点看成是经济上相互独立的，而且可能的选址布局方案相当多，因而问题更复杂。

$$\begin{cases}\dfrac{\partial Z}{\partial x_s}=\sum\limits_{i=1}^{n}\omega_i[(x_s-x_i)/d_{is}]=0\\ \dfrac{\partial Z}{\partial y_s}=\sum\limits_{i=1}^{n}\omega_i[(y_s-y_i)/d_{is}]=0\end{cases}\Rightarrow\begin{cases}x_s=\dfrac{\sum\limits_{i=1}^{n}\dfrac{\omega_i x_i}{d_{is}}}{\sum\limits_{i=1}^{n}\dfrac{\omega_i}{d_{is}}}\\ y_s=\dfrac{\sum\limits_{i=1}^{n}\dfrac{\omega_i y_i}{d_{is}}}{\sum\limits_{i=1}^{n}\dfrac{\omega_i}{d_{is}}}\end{cases}$$

关于有 m 个工厂的产品，经物流节点发售给 n 个地区的用户。拟建立若干个物流节点，候选地点有 S 个，问题是如何从 S 个候选地点中选择若干个地点修建物流节点，使物流费用达到最小。

（1）多重心法。精确重心法是一种以微积分为基础的模型，用来找出起讫点之间使运输成本最小的物流节点数量，若确定的物流节点数目不止一个，就有必要将起讫点预先分配给位置待定的物流节点，这就形成了个数等于待定选址节点数量的许多起讫点群落，找出每个起讫点群落的精确重心点。

算法思想如下：

①把相互间距离最近的起讫点组合起来形成群落，运用精确重心法找出各群落的精确重心，作为物流节点的初步方案；

②根据物流节点的初步方案，按照距离最近原则重新分配起讫点形成新群落；

③根据精确重心法重新计算新群落的精确重心，作为新的物流节点方案；

④重复步骤二，直到群落无变化为止。

该方法也可以针对不同数量的物流节点重复计算过程，求出最优物流节点数量、位置。

随着物流节点数量的增加，运输成本通常会下降。与运输成本下降相平衡的是物流系统中总固定成本和库存持有成本的上升。最优解是使所有这些成本和最小的解。

如果存在能够评估所有分配起讫点群落的方法，那么该选址方法是最好的。尽管如此，就实际问题的规模（起讫点过多）而言，在计算上是不现实的。即便预先将大量顾客分配给很少的几个物流节点，也是一件极其庞杂的工作。因此，还需要使用其他选址方法。

（2）集合覆盖模型。集合覆盖模型的目标是用尽可能少的设施去覆盖所有的需求点，相应的目标函数可以表达为：

目标函数：
$$\min\sum_{j\in N}x_j$$

约束条件：
$$\sum_{j\in B(i)}y_{ij}=1,\ i\in N$$

$$\sum_{j\in A(j)}d_i y_{ij}\leqslant C_j x_j,\ j,\ i\in N$$

$$x_j,\ y_{ij}\in\{0,\ 1\},\ j,\ i\in N$$

式中：N 代表需求点数，$N=1, 2, \cdots, n$；

d_i 代表第 i 个需求点的需求量；

C_j 代表设节点 j 的容量；

$A(j)$ 代表设施节点 j 所覆盖的需求节点的集合；

$B(j)$ 代表 $B(j)=\{j|i, i \in A(j)\}$ 可以覆盖需求节点 i 的设施节点的集合。

$x_j=1$，第 i 个需求节点被选中为物流节点；

$x_j=0$，第 i 个需求节点未被选中为物流节点；

$y_{ij}=1$，第 j 个需求节点供应第 i 个需求点；

$y_{ij}=0$，第 j 个需求节点不供应第 i 个需求点。

对此类带有约束条件的极值问题，有两大类方法可以进行求解。一是应用分枝定界求解的方法，能够找到小规模问题的最优解，由于运算量方面的限制，一般也只适用于小规模问题的求解；二是启发式方法，所得到的结果不能保证是最优解，但是可以保证是可行解，对大型问题进行的分析、求解用启发式算法可以大大减少运算量。

（3）最大覆盖模型。对有限的服务网点选址，为尽可能多的对象提供服务，即在给定数量的设施下，覆盖尽可能多的需求点。

目标函数：
$$\max \sum_{j \in N} \sum_{i \in A(i)} d_i y_{ij}$$

约束条件：
$$\sum_{j \in B(i)} y_{ij} = 1, \ i \in N$$
$$\sum_{j \in A(j)} d_i y_{ij} \leqslant C_j x_j, \ j \in N$$
$$\sum_{j \in N} x_j = p$$
$$x_j, \ y_{ij} \in \{0, 1\}, \ j, \ i \in N$$

式中：N 代表需求点数，$N=1, 2, \cdots, n$；

d_i 代表第 i 个需求点的需求量；

C_j 代表节点 j 的容量；

$A(j)$ 代表设施节点 j 所覆盖的需求节点的集合；

$B(j)$ 代表 $B(j)=\{j|i, i\in A(j)\}$ 可以覆盖需求节点 i 的设施节点的集合；

P 代表允许建造的物流节点数目。

$$x_j = \begin{cases} 1, & \text{第 } j \text{ 个需求点被选中为物流节点} \\ 0, & \text{第 } j \text{ 个需求点未被选中为物流节点} \end{cases}$$

$$y_{ij} = \begin{cases} 1, & \text{第 } j \text{ 个物流节点供应第 } i \text{ 个需求点} \\ 0, & \text{第 } j \text{ 个物流节点不供应第 } i \text{ 个需求点} \end{cases}$$

最大覆盖模型可以采用贪婪启发式算法进行求解，该算法首先求出可以作为候选点的集合，并以一个空集作为原始解的集合，然后在候选点集合中选择一个具有最大满足能力的候选点进入原始解集合，作为二次解，如此往复，直到设施数目满足要求。

多物流节点的选址方法除了上述阐述的三种外，还有 P 中值模型、奎汉—哈姆勃兹模型、鲍摩—瓦尔夫模型等，由于这些模型过于复杂，此处不一一阐述。

思考题

1. 什么是配送中心选址？什么是物流网点布局？
2. 配送中心选址的目标和步骤？
3. 配送中心选址时应考虑的主要因素？
4. 物流网点布局的原则？
5. 物流网点合理布局的内容？
6. 单节点配送中心选址方法？多节点配送中心选址方法？

案例分析

德国物流中心的建设

本书以不来梅物流中心为例介绍德国的物流中心组建的情况。

1. 物流中心的规划

不来梅州政府通过直接投资和土地置换的方式对物流中心投资。物流中心的原址是一片盐碱地，州政府从当地农、牧民手中以每平方米6~8马克的价格征用土地200公顷，由“经济促进公司”负责物流中心的建设工作。

经济促进公司是由不来梅州政府的相关部门组成，是私营的事业单位。经济促进公司主要负责物流中心的三通一平和与物流中心相连的公路、铁路的基础设施的建设工作，还代表州政府负责物流中心的招商工作。

经济促进公司通过招商让企业进入物流中心，进入物流中心的企业承担地面以上的建筑、设施的建设。经过三通一平的土地变卖或租给进入物流中心的企业。第一阶段，每平方米土地卖30马克（租用30年后再签协议）；第二阶段，只卖不租，每平方米土地卖50马克；第三阶段，每平方米土地卖70马克。现有的200公顷土地全部卖出或租用。

2. 物流中心的布局

物流中心的选址非常重要，德国政府对物流中心的选址和功能提出了以下要求：

一是物流中心紧临港口，靠近铁路编组站，周围有高速公路网；

二是该区域内有许多大型的工商企业，工商企业是物流中心生存的基础；

三是附近有从事运输、仓储的物流企业；

四是有银行、保险等机构或企业；

五是物流中心要远离闹区，面积至少在100公顷，周围要有发展空间。

物流中心的功能主要为区域的工业、销售企业提供物流服务，同时要成为当地的货物枢纽、集散地，通过其良好的集散条件，积极吸引物资到该区域，形成物资的交易中心，促进当地的经济发展。

3. 物流中心的组织结构

德国制定的物流企业的条件是：

(1) 有一定的资本，其资本额要达到国家或银行规定的最低注册资本。

(2) 具有经营物流业的能力，具备一定数量的物流管理人员和物流管理技能。

(3) 企业法人没有犯罪记录。

4. 物流协会

德国的物流中心协会是 1993 年成立，由不来梅物流中心牵头组建，现有协会成员 15 个。德国联邦政府交通部赋予物流中心协会负责物流方面经验交流的任务。物流中心协会成立后，担负起物流中心建设的咨询服务，对外联络、对外宣传，民间与官方的合作。德国的物流中心由民间或私营企业负责建设，物流中心协会向这些企业收取少量的会员费。

资料来源：http：//ilsc. chd. edu. cn/Article/case/chain/200911/480. html。

思考题：

1. 你认为我国物流中心的建设发展思路应当是什么？

2. 在物流中心的建设上政府与企业应当形成什么样的关系？

3. 在物流中心的建设中，投资结构、组织形式、合理布局、管理机制等，如何做到最佳？

◎ 实训设计

某物流企业配送中心选址问题研究

【实训目标】

通过实训，学生更好地理解配送中心选址及网点布局的理论知识，并能将所学运用于实际，在现实环境中掌握配送中心选址的步骤、影响因素，认识到配送中心选址的重要性，并分析在进行选址时可能遇到的困难，同时培养学生收集、整理分析资料和解决实际问题的能力。

【实训内容与要求】

1. 描述企业概况

(1) 物流企业所处领域、业务功能和区位等方面优势；

(2) 物流企业定位与发展规划；

(3) 对物流企业的客户分布、供应商分布及选址的其他相关因素的调查和分析。

2. 实训内容

根据配送选址的理论知识，结合企业的发展规划和实际情况，在教师和企业人员指导下分组制定配送中心选址方案：

(1) 调查物流企业的基本情况；

(2) 对物流企业配送中心选址的影响因素进行分析；

(3) 运用所学方法计算物流企业配送中心所选位置；

(4) 结合实际情况对所选方案给予评价。

3. 实训要求

据具体情况，选择物流企业，在调查、分析的基础上给出该物流企业配送中心的网络布局及选址方案，限期一周。

【成果与检验】

将各小组的情况填入下表，并计算总分。

小　组	设计构想（35 分）	设计效果（25 分）	报告表述（25 分）	分工合作情况（15 分）	总　分
1					
2					
3					
4					

第 11 章　配送运输方案设计方法

☞ 知识目标

- 理解配送运输的概念和特点；
- 掌握配送运输中的不合理运输的表现形式，理解实现合理化运输的途径；
- 掌握配送运输线路优化的方法。

☞ 技能目标

- 灵活运用所学知识，分析配送运输的案例；
- 具备运用线路优化方法进行简单线路优化问题的计算的能力。

配送运输是指物流过程的中转型送货，也称二次输送、支线输送、终端输送。也就是在产品用户集中的区域，按用户的订货要求和时间计划，在物流中心配货，并将配好的货物采用汽车巡回运送的方式送交收货人的小范围、近距离、小批量、多品种、为多用户服务的运输。配送运输在美国、日本等国家开展得比较早，近几年来，在我国也有较快的发展。

11.1　配送运输问题概述

配送运输是物流活动中直接面对用户的环节，它直接与客户接触，代表着公司的形象和信誉，在整个物流活动中起着极其重要的作用。

11.1.1　配送运输的概念

在物流活动中，进行配送活动的运输称为“配送运输”。它是指将被订购的货物使用汽车或其他运输工具从供应点送至顾客手中的活动，其间货物可能是从工厂等生产地仓库直接送至客户，也可能是通过批发商、经销商或由配送中心、物流中心转送至客户手中。

配送运输通常是一种小批量、短距离、高频率的运输形式。如果单从运输的角度看，它是对干线运输的一种补充和完善，属于末端运输、支线运输。它以服务为目标，以尽可能满足客户要求为优先。配送运输主要为汽车运输，具有城市轨道货运条件的可以采用轨道运输，对于跨城市的地区配送还可以采用铁路运输或水上运输。

◎ 小贴士

配送运输的有效距离

配送运输方式有直送式配送运输、分送式配送运输和配送式配送运输三种，其运输距离较短，从日本配送运输的实践来看，配送运输的有效距离最好在50千米半径以内，而我国配送运输的经济里程大约在30千米以内。

11.1.2 配送运输的特点

配送运输是一种直接面向用户的服务，具有以下几个特点：

(1) 时效性。时效性，即确保在客户指定的时间内快速及时的交货，在快速化的时代，这是客户最重视的因素，也是配送运输服务水平的充分体现。配送运输是从客户订货到交货的最后一道环节，是最容易引起时间延误的环节。影响时效性的因素有很多，配送线路选择不当、中途客户卸货不及时及异常状况如配送车辆故障等均会造成时间上的延误。因此，运输企业必须在认真分析各种因素的前提下，用系统优化的思想，综合管理、有效协调，优化选择配送线路、配送车辆、送货人员，使每位客户在其所期望的时间内能收到所期望的货物。

(2) 方便性。配送以服务为目标，以最大限度地满足客户需求为优先。因此，配送应尽可能地让顾客享受到便捷的服务，通过采用高弹性的送货系统（如紧急送货、顺道送货与退货、回收等），为客户提供真正意义上的便利服务。

(3) 沟通性。配送运输是配送的末端服务，它通过送货上门服务直接与客户接触，是整个物流活动中直接面对顾客的环节，是与顾客沟通最直接的桥梁和纽带，代表着公司的形象和信誉，在沟通中起着极其重要的作用。所以，公司必须充分利用配送运输活动中与客户沟通的机会，巩固和发展公司的信誉，为客户提供更优质的服务。

(4) 经济性。实现一定的经济利益是企业运作的基本性的实质目标，因此，对合作双方而言，以较低的费用完成配送作业，是企业建立双赢机制、加强合作的基础。所以，企业不仅要为客户提供高质量、及时方便的配送服务，还必须提高配送运输的效率，加强成本控制与管理，为客户提供优质、经济的配送服务。

(5) 安全性。配送运输的宗旨是将货物完好无损地送到目的地。在配送运输中影响安全性的因素很多，如货物的装卸作业、运送过程中的机械振动和冲击及其他意外事故、客户地点及作业环境、配送人员的素质等，因此，配送运输管理必须坚持安全性的原则。

11.1.3 影响配送运输的因素

影响配送运输效果的因素很多，大体可分为以下两类：

第一为静态因素，如配送客户的分布区域、道路交通网络、车辆运行限制等；

第二为动态因素，如车流量变化、道路施工、配送客户的变动、可供调动的车辆变动等。

以上各种因素互相影响，很容易造成送货不及时、配送路径选择不当、贻误交货时间等问题。因此，这些因素对配送运输的有效管理极为重要，否则不仅影响配送效率和信誉，而且将直接导致配送成本的上升。

11.1.4　配送运输的基本作业流程

配送运输的基本作业流程可分为七个步骤，具体见图 11-1。

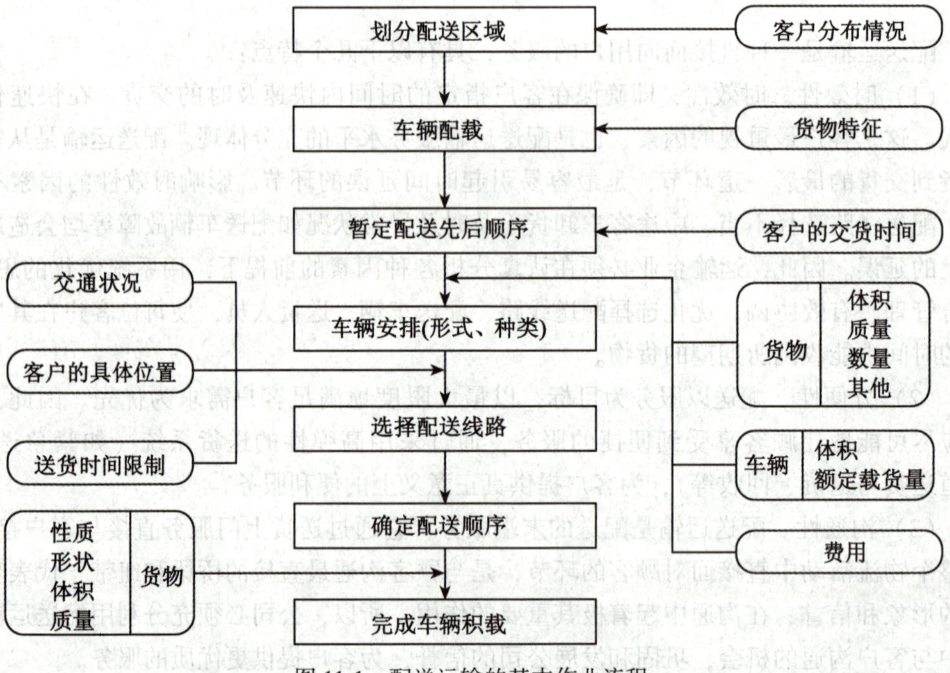

图 11-1　配送运输的基本作业流程

(1) 划分配送区域。为使整个配送有一个可遵循的基本依据，应首先将客户所在地的具体位置作准确、系统的统计，并做区域上的整体划分，将每一客户分配到不同的基本配送区域之中，以作为下面决策的基本参考。如按行政区域或交通条件划分不同的配送区域，在这一区域划分的基础上再作弹性调整来安排配送。

(2) 车辆配载。由于配送货物品种、特性各异，为提高配送效率，确保货物质量，必须首先对特性差异大的货物进行分类。如按冷冻食品、速冻食品、散装货物、箱装货物等分类配载，以分别采取不同的配送方式和运输工具；其次，配送货物也有轻重缓急之分，必须初步确定哪些货物可配于同一辆车，哪些货物不能配于同一辆车，以做好车辆的初步配装工作。

◎ 小贴士

车辆配载需遵循的原则

车辆配载时需要遵循的原则主要有：

(1) 轻重搭配的原则。车辆装货时，必须将重货置于底部，轻货置于上部，避免重货压坏轻货，并使货物重心下移，从而保证运输安全。

(2) 大小搭配的原则。如到达同一地点的同一批配送货物，其包装的外部尺寸有大有小，为了充分利用车厢的内容积，配送中心可采取不同尺寸大小货物，在同一层或上下层合理搭配，以减少厢内留有的空隙。

(3) 货物性质搭配的原则。拼装在一个车厢内的货物，其化学属性、物理属性不能互相抵触。因货物性质抵触而发生的损耗，由托运人负责；由此造成承运人损失的，托运人应负赔偿责任。

(4) 确定合理的堆码层次及方法。配送中心可根据车厢的尺寸、容积、货物外包装的尺寸以及货物的性质来确定堆码的层次和方法。

(5) 到达同一地点的适合配装的货物应尽可能一次积载。

(6) 积载时车厢内货物重量应分布均匀。

(7) 防止车厢内货物之间碰撞与沾污等。

(3) 暂定配送先后顺序。在考虑其他影响因素，做出最终的配送方案前，应根据客户订单要求的送货时间将配送的先后作业次序作一个概括的统计，为车辆积载做好准备工作。预先确定基本配送顺序既可以有效地保证送货时间，又可以尽可能提高运作效率。

(4) 车辆安排（形式、种类）。车辆安排需要解决的问题有安排什么类型、吨位的配送车辆进行送货。在安排时要尽量达到“车尽其用”的效果。一般企业拥有的车型和车辆数量有限，当本公司车辆无法满足要求时，可外雇车辆。在保证配送运输质量的前提下，是组建自营车队，还是以外雇车为主，则需视经营成本而定，但无论自有车辆还是外雇车辆，都必须事先掌握有哪些车辆可供调派并符合要求，即这些车辆的容量和额定载货是否满足要求。其次，安排车辆之前，还必须分析订单上货物的信息，如体积、质量、数量等，对于装卸的特别要求等，综合考虑各方面因素的影响，做出最合适的车辆安排。

◎ 小案例

自营车队还是外雇车？

越南某配送中心就自营车队和外雇车对问题进行分析：在保证配送运输质量的前提下，是组建自营车队，还是以外雇车为主，则须视经营成本而定，具体如图11-2所示。曲线1表示外雇车辆的运送费用随运输量的变化情况；曲线2表示自有车辆的运送费用随运输量的变化情况。当运输量小于A时，外雇车辆费用小于自有车辆费用，所以应选用外雇车辆；当运输量大于 A 时，外雇车辆费用大于自有车辆费用，所以应选用自有车辆。

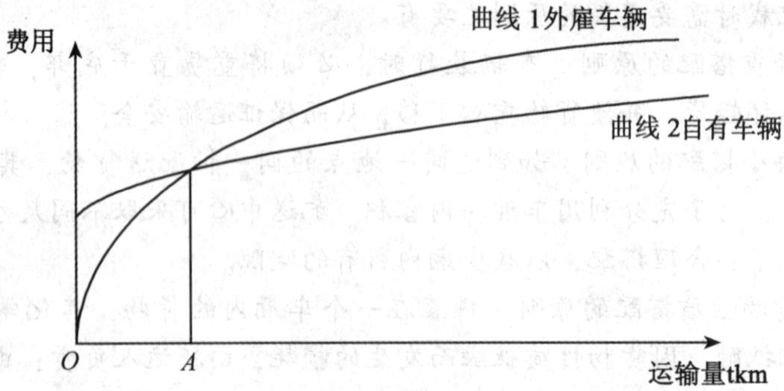

图 11-2　外雇车辆和自有车辆费用比较

(5) 选择配送线路。明确了每辆车负责配送的具体客户后，如何以最快的速度完成对这些货物的配送，即怎样选择最佳的配送线路，使配送时间短、配送成本低，这需根据客户的具体位置、沿途的交通情况等进行线路的优化和选择。除此之外，还须考虑某些客户或其所在地点环境对送货时间、车型等方面的特殊要求，如有些客户不在早晨或晚上收货，有些道路在某高峰期实行交通管制等。

(6) 确定最终的配送顺序。完成车辆安排及选择好最佳的配送线路后，依据各车负责配送的具体客户的先后，即可将客户的最终配送顺序加以明确的确定。

(7) 完成车辆积载。明确了客户的配送顺序后，接下来就是如何将货物装车，以什么次序装车的问题，即车辆的积载（怎样装）问题。原则上，知道了客户的配送顺序先后，只要将货物依“后送先装”的顺序装车即可。但有时为了有效利用空间，可能还要考虑货物的性质（怕震、怕压、怕撞、怕湿）、形状、体积及质量等作出相应的弹性调整。此外，对于货物的装卸方法也必须依照货物的性质、形状、质量、体积等来做具体决定。

在以上各阶段的操作过程中，需要注意的要点有：

第一，明确、熟悉订单内容。

第二，掌握货物的种类、性质。

第三，明确具体配送地点。

第四，选择适当的配送车辆。

第五，选择最佳的配送线路。

第六，充分考虑各作业点装卸货时间。

11.1.5　配送运输中存在的问题及其对策

配送运输中难以控制的可变因素太多，而且因素之间往往又相互影响问题较为集中的区域。从以往的经验来看常见的问题及针对各问题可采取的对策如表11-1所示。

表11-1　　配送运输中常见的问题及对策

问　　题	对　　策
从接受订货至出货的周期非常长	需要改进拣选的作业方式，提高作业效率
难以制订有效的配送计划	从客户订单开始到调度出货，未能制定有效的作业时间表，并配合有效的配送调度管理
配送路径的选择不合理，造成配送资源浪费	对配送路线重新规划
配送效率低下，造成车辆利用率较低	需要检查以下几方面因素： ◆ 交通道路情况 ◆ 驾驶员的时间管理 ◆ 客户接货的作业效率
无法按时配送交货	需检查配送时间表是否合理
配送评价标准不明确，无法对驾驶员实施有效的考核	制定明确的驾驶员考核指标，并与驾驶员的薪酬挂钩
驾驶员的工作时间不均，产生抱怨	合理分配驾驶员的工作量和工作时间
货品在配送过程中的损毁与遗失	检查装车和装卸的损耗情况
配送的差异处理往往与客户产生争端	与客户之间制定明确的差异测量方式和责任归属原则
车辆的维修费和运输费用较高	加强对驾驶员的培训教育很多车辆维护
车辆安全问题	加强车辆维护和修理，购置车辆保险

11.2 配送运输合理化分析

配送运输合理化也即配送运输优化，是指从物流的总体目标出发，运用系统理论和系统工程原理和方法，充分利用各种运输方式的优点，扬长避短，以运筹学等方法建立模型、图表，选择合理的运输路线和运输工具，以最短的路径、最少的环节、最快的速度和最少的费用以及最好的服务，组织好物品的配送运输活动，避免不合理运输情况的出现。

11.2.1 配送运输合理化的影响因素

物流合理化在很大程度上依赖于配送运输合理化，配送运输合理化的影响因素很多，起决定作用的主要有五个方面，称为合理配送运输的五要素。

(1) 运输距离。运输距离是影响合理配送运输的一个基本要素，在配送运输过程中的运输时间和运输费用等技术经济指标都与运输距离有关。运输里程的远近是决定合理与否最基本的因素。运输企业应尽可能就近运输，避免舍近求远，要尽量避免过远、迂回运输。

（2）运输环节。围绕着配送运输业务活动，运输企业还要进行装卸、搬运、包装等工作，多一道环节，就要多花很多劳动。因此，物流企业应尽量组织直达、直拨配送运输，消除一切不必要的中间环节，努力做到精简环节。

（3）运输工具。物流企业要根据货物的不同特点，发挥各种类型运输工具的优势、特点和作用，同时还要不断提高装载技术。

（4）运输时间。配送运输的不及时，容易使企业失去销售机会，造成商品积压或脱销。配送运输时间包括两方面的含义——运输时间的长短和准时性，在制订运输方案时，要想法设法地缩短运输时间，提高准时性。

（5）运输费用。配送运费占整个配送费用的比例较高，其费用的高低，不仅关系到企业的经济效益，影响到商品的销售成本，同时也会影响整个物流系统的竞争能力。

以上五个要素既相互联系，又互相影响，有时甚至是矛盾的。这就要求物流企业进行综合比较分析，选择最佳配送运输方案。在通常情况下，运输时间短、运输费用省是考虑合理运输的两个主要因素，它集中体现了配送运输的经济效益。

11.2.2　不合理配送运输的形式

不合理配送运输是与合理配送运输原则相违背，从而造成运力浪费、配送运输时间增加、配送运输费用超支等问题的配送运输形式。按其表现形式不同，不合理配送运输大致可分为以下三类：

（1）与配送运输距离有关的不合理运输。

①过远运输。过远运输是一种舍近求远的配送运输。过远运输占用运力时间长、运输工具周转慢，如图 11-3 所示。

图 11-3 中，B 和 C 同为生产地（产地），A 为需求地（销地），BA<CA，但没从 B 处运，而从 C 处运往 A 地，这种情况就为过远运输。

②迂回运输。由于交通网的纵横交错及中间的机动性、灵活性，在同一发运站和目的站之间往往有不同的运输路径可供选择，凡不经最短路径的绕道运输，称为迂回运输。即货物在长于最短距离方向上进行的绕道运输。见图 11-4，图中 A 处生产的物品运往 C 处，没走 AC 线，而是走 AB+BC 线，为迂回运输。

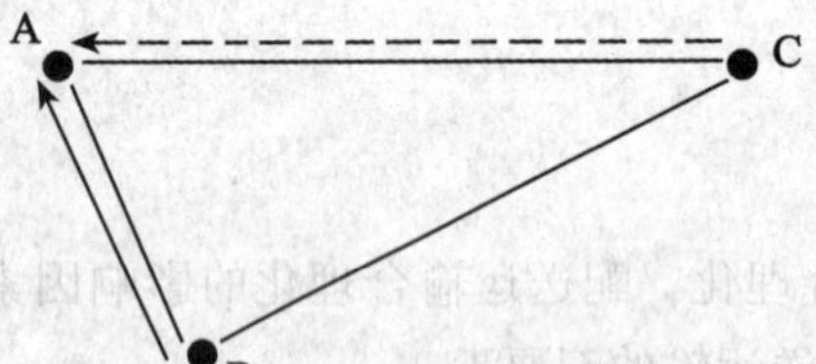

图 11-3　货物过远运输示意图

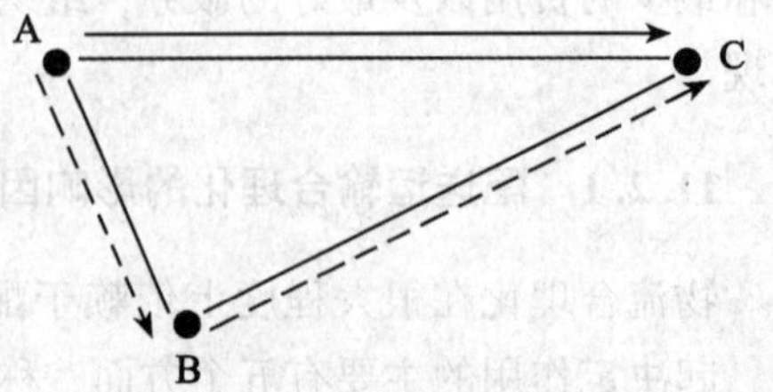

图 11-4　货物迂回运输示意图

（2）与配送运输方向有关的不合理运输。

①对流运输。对流运输亦称“相向运输”，是指同一种货物或彼此间可以互相代用而又不影响管理、技术及效益的货物，在同一线路上或平行线路上作相对方向的运送，而与对方运程的全部或一部分发生重叠交错的运输称对流运输。它是不合理运输最突出、最普遍的一种，有两种表现形式：

- 明显对流，即同类的或可以互相代替的货物沿着同一线路相向运输，如图11-5所示。

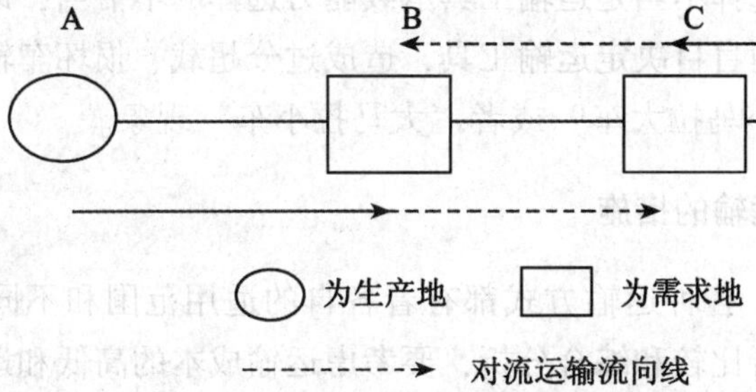

图11-5　货物对流运输示意图

- 隐蔽对流，即同类的或可以相互代替的货物在不同运输方式的平行路线上或不同时间进行相反方向的运输。

②倒流运输。倒流运输是对流运输的一种派生形式，是指货物从销地或中转地向产地或起运地回流的一种运输现象。其不合理程度要甚于对流运输，其原因在于，往返两程的运输都是不必要的，形成了双程的浪费，可以看成是隐蔽对流的一种特殊形式。

③返程或起程空驶。空车无货载行驶可以说是不合理运输的最严重形式。在实际运输组织中，有时候必须调运空车，从管理上不能将其看成不合理运输。但是，因调运不当，货源计划不周，不能形成社会化的运输体系而导致的空驶，是不合理配送运输的表现。造成空驶的不合理配送主要有以下几种原因：

- 能利用社会化的配送体系而不利用，却依靠自备车送货提货，这往往出现单程重车，单程空驶的不合理运输；
- 工作失误或计划不周造成货源不实，车辆空去空回，形成双程空驶；
- 由于车辆过分专用，无法搭运回程货，只能单程实车，单程回空周转。

(3) 与货物运量有关的不合理配送运输。

①重复运输。本来可以直接将货物运到目的地，但是在未达目的地之处，或目的地之外的其他场所将货卸下，再重复装运送达目的地，这是重复运输的一种形式，如图11-6所示。另一种形式是，同品种货物在同一地点一面运进，同时又向外运出。重复运输的最大毛病是增加了非必要的中间环节，这就延缓了流通速度，增加了费用，增大了货损。

②无效运输。无效运输是指被运输的货物杂质较多，如煤炭中的矿石、原油中的水分等，使运输能力浪费于不必要的物资运输上的现象。

图 11-6　货物重复运输示意图

③运力选择不当。运力选择不当是指不正确地利用运输工具造成的不合理现象。在配送运输中比较常见的运力选择不当是运输工具承载能力选择的不恰当，即不根据承运货物数量及重量进行选择，而盲目决定运输工具，造成过分超载、损坏车辆及货物不满载、浪费运力的现象，如“小马拉大车”或者“大马拉小车”现象。

11.2.3　组织合理配送运输的措施

(1) 合理选择运输方式。各种运输方式都有着各自的适用范围和不同的技术经济特征，物流企业选择时应进行比较和综合分析，要考虑运输成本的高低和运行速度的快慢，甚至还应考虑商品的性质、数量的大小、运距的远近、货主需要的缓急及风险程度。

(2) 合理选择运输工具，提高载运工具的实载率。实载率有两个含义：一是单车实际载重与运距之乘积和标定载重与行驶里程之乘积的比率，这在安排单车、单船运输时，是作为判断装载合理与否的重要指标；二是车船的统计指标，即一定时期内车船实际完成的货物周转量（以吨千米计）和占车船载重吨位与行驶千米之乘积的百分比。在计算时，车船行驶的千米数包括载货行驶和空驶两个方面的行程。提高实载率的意义在于：充分利用运输工具的额定能力，减少车船空驶和不满载行驶的时间，减少浪费，从而求得运输的合理化。物流企业应根据不同商品的性质要求的车辆。

当前，国内外开展的“配送”形式，就是发展社会化的运输体系。优势之一就是将多家需要的货物或者一家需要的多种货物实行配装，以达到容积和载重的充分合理运用。

(3) 正确选择运输配送路线。关于运输路线的选择，运输企业一般应尽量安排直达、快速运输，尽可能缩短运输时间；否则，可安排沿路加载或循环配送运输，以提高车辆的容积利用率和车辆的里程利用率，从而达到节省运输费用、节约运力的目的。

(4) 提高货物包装质量并改进配送中的包装方法。货物配送线路的长短、装卸操作次数的多少都会影响到商品完好程度，所以运输企业应合理地选择包装物料，提高包装质量。另外，有些商品的配送线路较短，且要采取特殊放置方法（如烫好的衣服应垂挂），则运输企业应改变相应的包装。

(5) 提高车辆的装载技术，配载运输。虽然车辆具有固定的载重量和车厢容积，但对于载重量和容积的同时充分利用，运输企业需要进行合理的配载和合适的装载。

配载运输是充分利用运输工具载重量和容积，运用科学的载运方法，合理安排装载的货物，以求得合理化的一种运输方式。配载运输也是提高运输工具实载率的一种有效形式。

配载运输往往是轻重商品的混合配载，在以重质货物运输为主的情况下，同时搭载一些轻泡货物。在基本不增加运力投入情况下，在基本不减少重质货物运输情况下，配载运输解决了轻泡货的搭运，因而效果显著。

◎ **延伸阅读**

基于层次分析法的会展物流运输方式选择

会展是参展商和观众进行交流的桥梁和纽带，为参展商和观众提供一个合适的交流合作平台。作为一种新的产业形式，会展业已经成为与旅游业、房地产业并驾齐驱的三大新经济产业之一，已经发展成为在地区经济发展中重要的“动力引擎”。由于会展业可观的经济效益创造力，加上会展业对其他相关产业的带动发展作用，我国对会展业基础设施的直接投入持续增加。相关产业的迅速发展反过来又不断加速会展业的新增投资力度，促进会展业的规模扩大，产生新一轮的乘数效应。据专家测算，国际上展览业的产业带动系数大约为1∶9，即展览场馆的收入如果是1，相关的产业收入则为9。

以东盟博览会为例，中国—东盟博览会是由中国和东盟10国共同主办的综合国际博览会。它具有规格高、国际性强、综合性强、特色突出、市场大、商机多等特点，为中国和东盟10国的经济文化交流合作提供了一个高水平的平台，除了能发挥会展业的产业带动效应之外，还具有重要的国家战略意义。从参展商的角度来说，由于参展企业为数众多，参展的要求不尽相同，展商要根据自己的具体情况，选择适合自己的运输方式，达到经济效益与社会效益的最大化。要科学地进行会展展品运输方式的选择，必须按照展商自身的要求，认真分析展品的特性，合理选择展品运输方式。降低会展物流运输费用，选择最为合理的运输方式是至关重要的。目前对于运输方式选择主要使用多目标决策、层次分析法、AHP-模糊综合评价、组合评价等方法。

不同的运输方式所耗费的参展成本差异较大，由于会展物流的特殊性，参展商可选择的物流运输方式不多。以第六届中国—东盟博览会为例，根据《展品运输指南》的展品运输流程图（见图11-7）可以看到参展商可选择的运输方式有：参展商自行运输方式、汽车铁路航空托运模式和大会指定物流总代理运输方式三种。参展商应根据自己的实际情况和各种影响因素，进行综合评价，选择适合自己的运输方式。

影响参展商选择展品运输方式的因素分析

(1) 展品运输对安全的要求。展品运输的安全性是展商成功参展，顺利实现参展目的的前提保障。对于在国外举行的展览会议，由于涉及出口报关、国际运输、国际保险、展品的再处理等环节，对提供展品运输安全性服务的要求就会更高，更是需要考虑展品的运输方式。

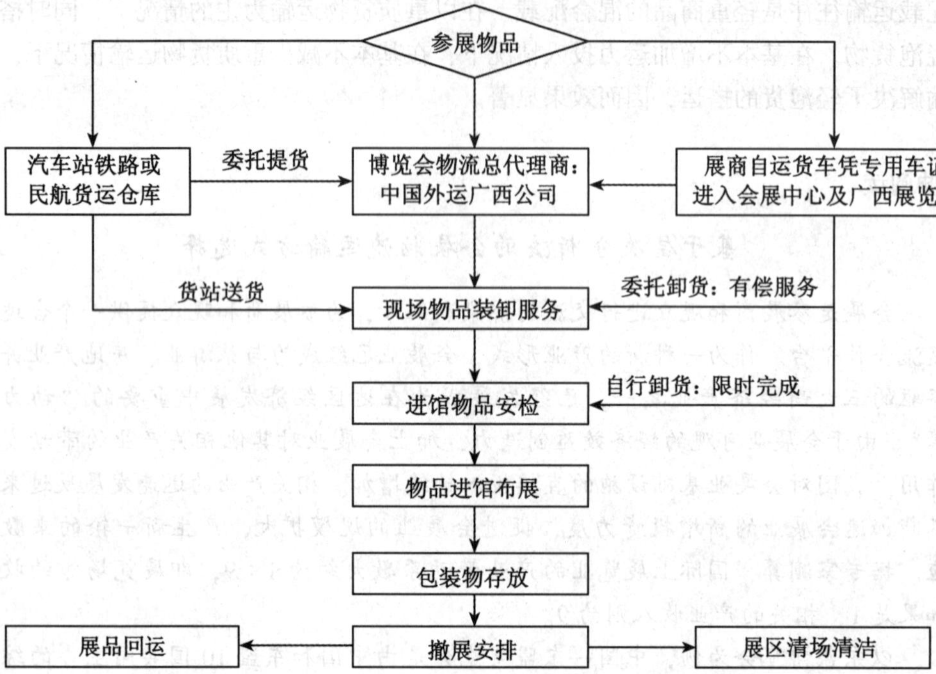

图 11-7　展品运输流程图

（2）展品运输时限。会展物流对展品运送的及时性的要求较高，一旦展品延误到达，将错过参展机会，造成重大损失，而太早参展商需要付出高昂的仓储费。以第六届中国—东盟博览会为例，布展时间：10 月 14—18 日（其中：10 月 14—16 日为 8：30—18：00；10 月 17 日 8：30 至 10 月 18 日 24：00 可连续布展；10 月 18 日 24：00 封馆），撤展时间：10 月 24 日 17：30 至 24：00；10 月 25 日 8：30 至 18：00，规定展品需于布展期间送达展位，正式展览期间，不得进入展馆，不得提前撤展。所以展品的运输时限是展商在选择运输方式时必须考虑的重要因素。

（3）展品特性。参展商参展的目的之一就是展示新产品，因此一家参展企业发往展览地的展品一般是不同品种、不同型号、不同质量、不同性质的样品，而不同的展品对仓储、包装、装箱、运输等环节具有不同的要求。另外，会展物流涉及的展品五花八门，有价值昂贵的珠宝、艺术品，或体积庞大，易被损坏的大型机械模具、精密仪器等，这些展品特殊、难运，于是根据展品的特性进行运输方式的选择就变得很重要。

（4）运输成本。虽然对于参展商来说，他们首先关心的是运输质量，比如展品能否及时、安全到达，然后才是物流成本。但是运输成本是参展成本一个很重要的组成部分，虽在大多数情况下展品的运输质量是首要的标准，但如果能找到实现质量和成本同时兼顾的解决方案，那对展商来说则会是最好的选择。所以展商在选择运输方式时，也应该综合考虑比较自行运输、汽车铁路航空托运和大会指定物流总代理运输这三种运输方式的成本情况。

(5) 展商开展会展业务综合能力。会展业务涉及商务、法律、贸易、营销、管理等诸多专业，同时会展业务又几乎囊括了运输、保管、保险、报关等所有的物流环节，这就要求展商在选择运输方式时要考虑自身开展会展业务的综合能力。

层次分析法的原理与步骤

AHP 通过分析复杂系统所包含的因素及相关关系，将问题条理化、层次化，构造一个层次分析结构模型，将每一层次的各要素两两比较，按照一定的标度理论，得到相对重要程度的比较标度并建立判断矩阵，计算判断矩阵的最大特征值及其特征向量，得到各层次要素对上层次要素的重要性次序，从而得到权重向量。其主要步骤如下：

(1) 根据标度理论，构造两两比较判断矩阵 A：

$$A=(a_{ij})_{n\times n} \quad (i, j=1, 2, \cdots, n)$$

式中，$a_{ii}=1$，$a_{ij}=1/a_{ji}$。

(2) 将判断矩阵 A 的各列作归一化处理：

$$\overline{a_{ij}}=\frac{a_{ij}}{\sum_{k=1}^{n} a_{kj}} \quad (i, j=1, 2, \cdots, n)$$

(3) 求判断矩阵 A 各行元素之和 $\overline{w_i}$：

$$\overline{w_i}=\sum_{j=1}^{n}\bar{a}_{ij} \quad (i=1, 2, \cdots, n)$$

(4) 对 $\overline{w_i}$ 进行归一化处理得到：

$$w_i=\frac{\overline{w_i}}{\sum_{i=1}^{n}\bar{w}_i} \quad (i=1, 2, \cdots, n)$$

(5) 根据 $Aw=\lambda_{\max}w$ 求出最大特征根及其特征向量。

(6) 一致性检验：

①计算一致性指标 $\mathrm{CI}=\dfrac{\lambda_{\max}-n}{n-1}$；

②找出相应的平均随机一致性指标 RI；

③计算一致性比例 $\mathrm{CR}=\dfrac{\mathrm{CI}}{\mathrm{RI}}$，当 CR<0.1 时，可接受一致性检验，否则对 A 修正。

构造判断矩阵

判断矩阵由相关物流方面的多位专家填写判断矩阵表格，然后进行平均处理和调整，填入对应位置，以下数据是以打分的方法对某一参展商在展品运输方式选择时考虑的各关键要素的重要性进行的评测，根据判断矩阵标度及其含义得到判断矩

阵 A，归一化处理后，得到表 11-2。

表 11-2　　　　　　各衡量指标相对于总目标的重要性权重

A	B_1	B_2	B_3	B_4	B_5	W_i
B_1	1	1	1	3	3	0.273
B_2	1	1	1	3	3	0.273
B_3	1	1	1	3	3	0.273
B_4	1/3	1/3	1/3	1	1	0.091
B_5	1/3	1/3	1/3	1	1	0.091

同理可得其他各判断矩阵，判断矩阵 B_i—C（方案相对于影响因素的重要性比较）如表 11-3 所示。

表 11-3　　　　　　方案相对于影响因素的重要性权重

		B_1—C					B_2—C		
B_1	C_1	C_2	C_3	W_i	B_2	C_1	C_2	C_3	W_i
C_1	1	3	5	0.637	C_1	1	1/2	3	0.285
C_2	1/3	1	3	0.258	C_2	2	1	5	0.614
C_3	1/5	1/3	1	0.105	C_3	1/3	1/5	1	0.101
		B_3—C					B_4—C		
B_3	C_1	C_2	C_3	W_i	B_4	C_1	C_2	C_3	W_i
C_1	1	2	1	0.400	C_1	1	1/5	1/3	0.105
C_2	1/2	1	1/2	0.200	C_2	5	1	3	0.637
C_3	1	2	1	0.400	C_3	3	1/3	1	0.258
		B_5—C							
B_5	C_1	C_2	C_3	W_i					
C_1	1	1/3	1/4	0.017					
C_2	3	1	1/3	0.268					
C_3	4	3	1	0.615					

计算特征值和一致性检验

可得：$\lambda_{max}(A)=5.07$，$CI=0.0175$，$RI=1.12$，$CR=0.016<0.10$。CR 小于 0.10，显示判断矩阵 A 具有满意的一致性。

同理可得 B—C 矩阵中方案最大特征值、检验值等结果：

$\lambda_{max}(B_1)=3.038$；$CI=0.019$；$RI=0.58$；$CR=0.033<0.1$

λ_{max}（B_2）= 3.017；CI = 0.0085；RI = 0.58；CR = 0.015<0.1

λ_{max}（B_3）= 3；CI = 0；RI = 0.58；CR = 0<0.1

λ_{max}（B_4）= 3.038；CI = 0.019；RI = 0.58；CR = 0.033<0.1

λ_{max}（B_5）= 3.096；CI = 0.048；RI = 0.58；CR = 0.083<0.1

CR 均小于 0.1，说明判断矩阵 $B—C$ 具有满意的一致性。

排序对比结果

根据表 11-3，可计算出各物流模式方案的组合权值及方案排序，结果如表 11-4 所示：

表 11-4　**总层次排序表**

层次 C	B_1	B_2	B_3	B_4	B_5	层次 C 总排序权值	方案排序
	0.273	0.273	0.273	0.091	0.091		
C_1	0.637	0.258	0.400	0.105	0.017	0.3646	2
C_2	0.258	0.614	0.200	0.637	0.268	0.3750	1
C_3	0.105	0.101	0.400	0.258	0.615	0.2449	3

经上述分析计算，根据选择的衡量标准及其对于不同要素重要性程度的判断，该参展商目前适合采用第三种运输方式，即大会指定物流总代理运输方式，该结论与实际参展商品物流运输方式相一致。

11.3　配送运输路线的优化选择

配送运输路线的选择直接关系到配送运输的距离，进而影响到配送运输的时间和费用等。如何选择最佳的配送运输路线，缩短配送运输的时间和距离、降低配送运输的费用，是物流企业进行配送运输时需要考虑的最重要的问题。

11.3.1　配送运输路线优化的意义

为将货物送到客户手中，需要从一个或多个配送中心组织配送运输。从配送中心把货物送到所需的各个用户，有很多种不同的路线选择方案。合理选择配送线路，对企业和社会都具有很重要的意义。一般来说，由于配送中心和配送目的地之间存在一个道路交通网，如何在这张道路交通网上综合考虑各线路车流量、道路状况、客户的分布状况、配送中心的选址、车辆额定载重量以及其他车辆运行限制等的因素，找出一条最佳的运输线路解决方案，及时、安全、方便、经济地将客户所需的不同物资准确送达客户手中，以便提供优良的物流配送服务，最终达到节省时间、缩短运行距离和降低运行费用的目的，达到节省运行距离、运输时间和运行费用的目的就是线路设计的意义所在。

科学安排配送车辆路径，优化配送运输车辆路线，可以改善配送运输系统，从而使配送运输合理化。进行配送线路优化时，必须有明确的目标，配送线路方案目标和意义可以从以下几个方面来考虑：

（1）节约配送成本。成本和配送路线之间有着比较密切的关系，通过提高运输工具的装载率、降低运输工具的空驶率及减少配送中的不合理运输缩短运输里程，能够减少货物单位配送成本。

（2）效益最高。效益是企业整体经营活动的综合体现。但可以用利润来表示，因此，在计算时是以利润的数值最大化为目标值的。由于效益是综合的反映，在拟定数学模型时，很难与配送路线之间建立函数关系，一般很少采用这一目标。

（3）提高客户服务质量。通过为配送设定固定的路线，安排固定的车辆和司机，可方便客户收货的安排和联络。通过特定车辆路线，可满足客户的特殊送货要求，提供个性化的配送服务。

（4）节省运力和能源。合理安排车辆路线，会促进配送运输的合理化，消除不合理的现象，节省运力，降低能源消耗。

配送路线方案的意义和目标实际上是多元的，但考虑到制订方案所选择的目标值应当容易计算，一般要尽可能选择单一化的目标值，这样容易求解，实用性较强。

配送路线方案目标的实现过程受到很多约束条件的限制，因而必须在满足约束条件的限制下取得成本最低或路线最短或消耗最小等目标。常见的约束有：

①收货人对货物品种、规格和数量的要求，同一辆车上配送的是性质不相抵的货物；

②收货人对货物送达时间或时间范围的要求，方案能满足所有用户的到货时间要求；

③道路运行条件对配送的制约，如单行道、城区部分道路对货车通行的限制；

④车辆最大装载能力的限制，不使车辆超载；

⑤车辆最大行驶里程数的限制；

⑥司机的最长工作时间的限制；

⑦各种运输规章的限制等。

配送车辆路线优化，是配送系统优化的关键一环，也是电子商务活动不可缺少的内容。对车辆路线优化的理论和方法进行系统研究是物流集约化、发展智能交通运输系统和开展电子商务的基础。

总之，对于完成配送系统的目标而言，配送运输路径优化起着十分重要的作用，如提高服务水平，具体表现为降低配送成本，提高配送效率，提高配送质量，都要依靠合理的车辆路线安排才能达到目标。

11.3.2　配送线路的优化计算

在从货物的配送中心输送到货物配送目的地的过程中，由于配送中心数量和客户收货地点的数量不同，配送线路的优化计算方法也不同。如前所述配送运输方式有直送式配送运输、分送式配送运输、联合式配送运输三种，其中前两种最为常见。下面就主要介绍这两种运输方式的配送线路优化方法：

(1) 直送式配送运输——最短路径求解方法。直送式配送运输是指由一个供应点对一个客户的专门送货，即一对一的配送模式。从物流优化的角度看，直送式客户的基本条件是其需求量接近于或大于可用车辆的额定载重量，需专门派一辆或多辆车一次或多次送货。在直送情况下，货物的配送追求的是多装快跑，选择最短配送线路，以节约时间和费用，提高配送效率。因此，直送问题的物流优化即是寻找物流网络中的最短线路问题，从而实现高效率的配送，达到快速、经济配送的经营目的。

所谓最短路径问题指的是：如果要从网络图（图 11-8）某顶点出发（此点称为源点，如图 11-8 中 V_0点）经过图中的路径到达另一顶点（称为终点，如图 11-8 中 V_6点），而这些路径不止一条，那么如何找到一条路径使沿此路径上各边的权值之和为最小。

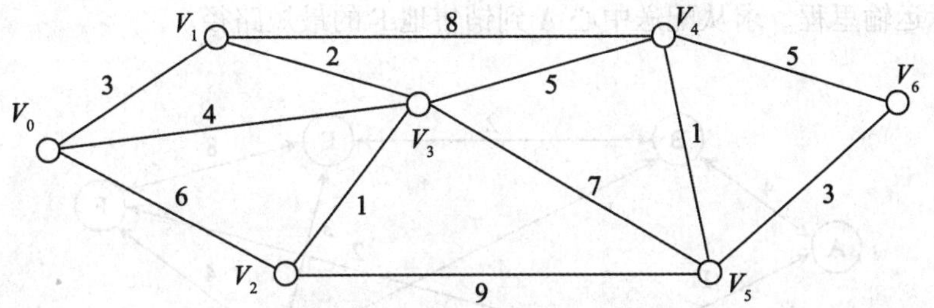

图 11-8 网络连通图

①模型的数学描述。假设有一 n 个节点和 m 条弧的连通图 $G=(V_n, E_m)$，其中 V_n 表示此图共有 n 个节点（包括起点和终点），E_m表示此图共有 m 条弧，并且图中的每条弧 (i, j) 都有一个长度（或者费用、时间等）c_{ij}，则最短路线问题为：在连通图 $G=(V_n, E_m)$ 中找到一条从某指定源点 V_0到其余各点的最短路径。

在考虑使用最短路径求解时，为了能够得到合理的、正确的解，问题模型一般需要满足一定的假设条件：

第一，在连通图中，从任何一个端点到其他所有的端点都有直接的路径；如果存在不能直接相连的端点，则可以在它们之间加上一个极大的距离，例如无穷大，表示它们之间不可能作为一个备选方案。

第二，连通图上的所有距离为非负。

第三，连通图是有方向性的（单向或双向）。

②两点之间最短路线算法——Dijkstra 算法。Dijkstra 在 1959 年提出了按路径长度的递增次序，逐步产生最短路径的 Dijkstra 算法。该算法可以用于求解任意指定两点之间的最短路径，也可以用于求解指定点到其余所有节点之间的最短路径。

该算法的基本思路是：一个连通网络中 $G=(V, E)$ 中，$V=(v_1, v_2, \cdots, v_n)$，$E=(e_1, e_2, \cdots, e_m)$，求解从节点 v_0到 v_n的最短路径时，首先求出从 v_0出发的一条最

短路径，再参照它求出一条次短的路径，依次类推，直到从顶点 v_0 到顶点 v_n 的最短路径求出为止，即定点 v_n 被加入到路径中。

最初，开始时只有起点是已解的节点，所有的节点都没有经过求解，也就是说，没有通过各个节点明确的路线。需通过 n 次迭代，找到最短路径。其具体步骤为：

第一，将点划分为已决点（包含起始点）和未决点两个集合。

第二，每次从未决点中找出距离已决点集合最近的点，选距离初始点最近的点加入已决点集合，重新计算借助此点后，起始点到各点的距离。

第三，循环步骤二，直至到找到终止点。

③算法示例。

[**例 11-1**]　新加坡某配送中心签订了一项配送运输合同，要从配送中心 A 配送一批货物到销售地 F，两点之间可选择的行车路线如图 11-9 所示。图中，圆圈也称节点，代表起点、目的地和与行车路线交叉点；弧代表相邻两个节点之间的路线，每一条弧上的数字表示运输里程。求从配送中心 A 到销售地 F 的最短路径。

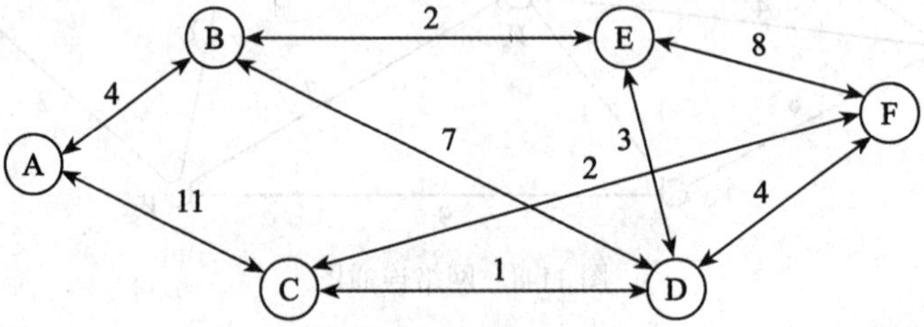

图 11-9　各点间的连通图

分析：可以看出，从配送中心 A 出发到达销售地 F，可以有很多条路线可以选择。但是如何选择配送运输路线，才能使总路程的长度最短？这就是配送运输规划中的最短路问题。

利用 Dijkstra 算法的求解步骤如下：

第一，找出第 n 个距起点最近的节点。对 $n=1$，2，…，重复此过程，直到所找出的最近节点是终点。

第二，在前面的迭代过程中找出（$n-1$）个距起点最近的节点，及其距起点最短的路径和距离，这些节点和起点统称为已解的节点，其余的称为未解节点。

第三，每个已解的节点和一个或多外未解的节点相连接，就可以得出一个候选点——连接距离最短的未解点。如果有多个距离相等的最短连接，则有多个候选点。

第四，将每个已解节点与其候选点之间的距离累加到该已解节点与起点之间最短路径的距离上，所得出的总距离最短的候选点就是第 n 个最近的节点，其最短路径就是得出该距离的路径（若多个候选点都得出相等的最短距离，则都是已解节点）。

解：首先根据已知条件列出表 11-5。

表 11-5 **最短路径的计算表**

步骤	直接连接到未解节点的已解节点	与其直接连接的未解节点	相关总成本	第 n 个最近节点	最小成本	最新连接
1	A	B	4	B	4	A—B
	A	C	11			
2	A	C	11	E	6	B—E
	B	D	4+7=11			
	B	E	4+2=6			
3	A	C	11	D	9	E—D
	B	D	4+7=11			
	E	D	6+3=9			
	E	F	6+8=14			
4	A	C	11	C	10	D—C
	D	C	9+1=10			
	D	F	9+4=13			
	E	F	6+8=14			
5	C	F	10+2=12	F	12	C—F
	D	F	9+4=13			
	E	F	6+8=14			

- 第一个已解的节点就是起点 A 与其直接连接的未解节点有两个 B 和 C，从表中可以看出 B 点距 A 最近，记为 A—B，最短距离为 4。由于 B 点是唯一选择，所以它成为已解的节点。
- 列出与已解节点 A、B 直接连接的未解节点构成的线段 AC、BD、BE，计算其距起点的运输总成本，找出最小的为 E 点，即 A—B—E，最短距离为 6，E 为已解节点。
- 列出与已解节点 A、B、E 直接连接的未解加点构成的线段 AC、BD、ED、EF，计算其距起点的运输总成本，找出最小的为 D 点，即 A—B—E—D，最短距离为 9，D 为已解节点。
- 以此类推，找出起点 A 至 F 点的最短距离为 12，最短路径为 A—B—E—D—C—F，如图 11-10 所示。

对于节点较多，运输网络较复杂的情况，最短路径法适合利用计算机进行求解，把运输网络中的链和节点的资料都存入数据库中，选好起点和终点后，计算机可以很快就算出最短路径。

（2）分送式配送运输——节约里程法求解。分送式配送运输又称为一对多配送运

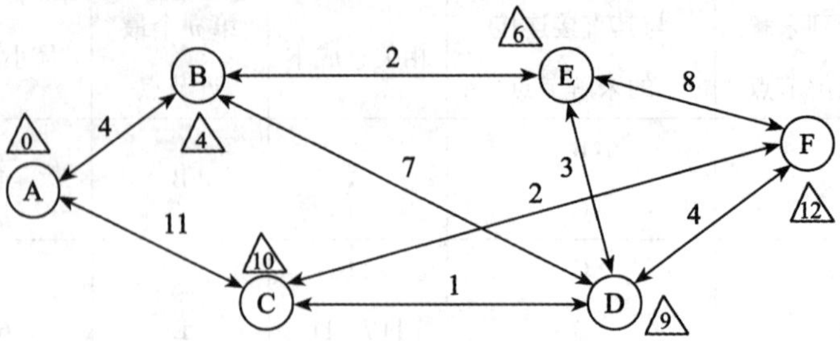

图 11-10　最短路径的图形表达

注：Δ 里面的数字表示从起点至该节点最短路径的距离

输，是指由一个供应配送点对多个客户货物接收点的共同配送。其基本条件是同一条线路上所有客户的需求量总和不大于一辆车的额定载重量。其基本思想是：送货时，由一辆车装着所有客户的货物，沿着一条经过计算选择出的最佳线路依次将货物送到各个客户的货物接收点，这样既保证按时按量将用户需要的货物及时送到，又节约了里程、节约了车辆，节省了费用，同时还缓解了交通紧张的压力，减少了交通运输对环境造成的污染。解决这种模式的优化设计问题可以采用“节约里程”法。

①节约法的基本规定。利用里程节约法确定配送线路的主要出发点是，根据配送方的运输能力及其到客户之间的距离和各客户之间的相对距离来制定使配送车辆总的周转量达到或接近最小的配送方案。为方便介绍，有如下假设：

第一，配送的是同一种或相类似的货物，即货物之间不存在忌装性；

第二，各用户的位置及需求量已知；

第三，配送方有足够的运输能力；

利用节约法制定出的配送方案除了使总的周转量最小外，还应满足以下条件：

第一，方案能满足所有用户的到货时间要求；

第二，不使车辆超载；

第三，每辆车每天的总运行时间及里程满足规定的要求；

第四，每个用户都只有一条运输线路通过。

②节约里程法的基本思想。如图 11-11（1）所示，假设 P_0为配送中心，A 和 B 为客户接货点，各点相互的运输距离分别为用 a、b、c 表示。比较两种运输路线方案：

第一种是派两辆车分别为客户往 A、B 点送货，如图 11-11（2）所示，其总的运输里程为：$2(a+b)$。

第二种是将 A、B 两地的货物装在同一辆车上采用巡回配送方式进行配送，如图 11-11（3）所示，其总的运输里程为：$a+b+c$。

若不考虑道路特殊情况等因素的影响，第二种方案与第一种方案总运输里程之差为：

$$2(a+b)-(a+b+c)=a+b-c$$

按照三角原理，两边之和大于第三边，因此第二种方案比第一种方案节约（$a+b-$

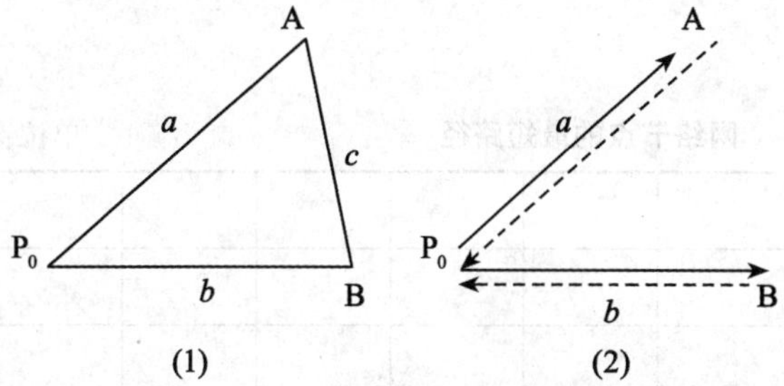

图 11-11 配送中心配送路线的选择

c）个里程数，这个节约量称为“节约里程”，节约法就是按照以上原理对配送网络的运输路线进行优化计算的。

实际操作时，需要配送货物的客户数量较多，应首先计算包括配送中心在内的相互之间的最短距离，然后计算出各客户之间的可节约的运行距离，按照节约运行距离的大小顺序连接各配送地点，最后规划出配送运输路线。下面举例说明节约法的求解过程。

③节约里程法算例。

[例 11-2] 某连锁零售店，下设有一个配送中心 P 和 9 个连锁分店 A~J，配送中心和各连锁分店及各连锁分店之间的位置关系如下图 11-12 所示，线路上的数字为两点间的最短距离（单位：千米），括号里的数字为各连锁分店的输送量（单位：吨）。该商品由配送中心统一采购并进行配送运输，配送中心有最大装载量为 2 吨和 5 吨的货车，并限定车辆一次运行距离不超过 35 千米，设送到时间均符合用户要求，求配送中心的最优配送运输方案。

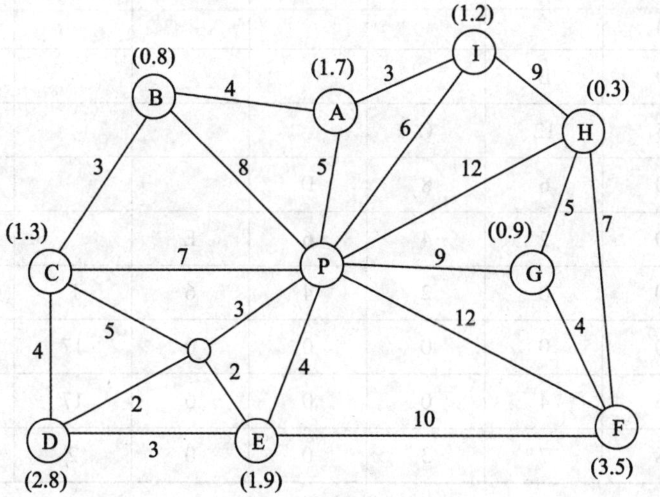

图 11-12 配送网络图

解：第一步：利用前面所述的最短路径法，计算出网络各节点间的最短距离。计算结果如表 11-6 所示。

表 11-6 **网络节点的最短路径** 单位：千米

节点	P									
A	5	A								
B	8	4	B							
C	7	7	3	C						
D	5	10	7	4	D					
E	4	9	10	7	3	E				
F	12	17	20	17	13	10	F			
G	9	14	17	16	14	13	4	G		
H	12	12	16	19	17	16	7	5	H	
I	6	3	7	10	11	10	16	14	9	I

第二步：由最短距离表，利用"节约里程"法计算出各连锁分店之间的节约里程，得出节约里程表（表 11-7），计算结果有正有负，节约里程为负数时，无实际意义，在表内写 0。

表 11-7 **用户之间的节约里程** 单位：千米

节点	A							
B	9	B						
C	5	12	C					
D	0	6	8	D				
E	0	2	4	6	E			
F	0	0	2	4	6	F		
G	0	0	0	0	0	17	G	
H	5	4	0	0	0	17	16	H
I	8	7	3	0	0	2	1	9

第三步：将节约里程由大到小顺序排列，列出节约里程排序，见表 11-8，以便尽量使节约里程最多的点组合装车配送。

表 11-8　　**配送线路节约行程排序表**　　单位：千米

序　号	连接点	节约里程	序　号	连接点	节约里程
1	F—G	17	12	E—F	6
2	F—H	17	13	A—C	5
3	G—H	16	14	A—H	5
4	B—C	12	15	B—H	4
5	A—B	9	16	C—E	4
6	H—I	9	17	D—F	4
7	A—I	8	18	C—I	3
8	C—D	8	19	B—E	2
9	B—I	7	20	C—F	2
10	B—D	6	21	F—I	2
11	D—E	6	22	G—I	1

初始解：从 P 向各个接货点配送，见图 11-13，共有 9 条，总的运行距离为 136 千米，需要 2 吨汽车 7 辆，5 吨汽车 2 辆。

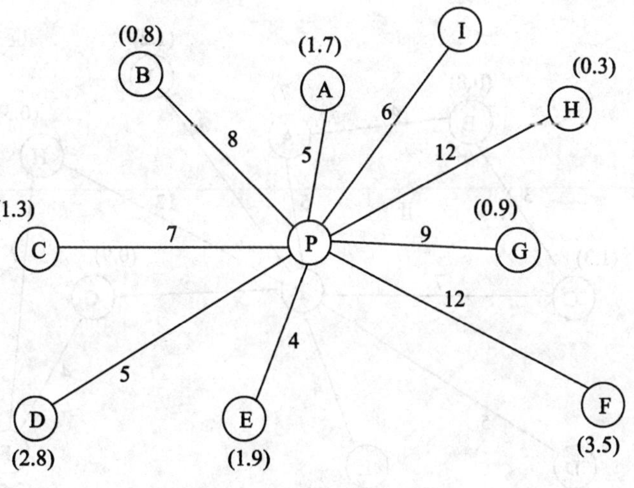

图 11-13　初始解结果

二次解：按照节约里程的大小顺序连接 F—G，F—H，如图 11-14 所示。

此时配送运输路线为 7 条，总运行距离为：2×（5+8+7+5+4）+（9+4+7+12）= 90（千米），需要 2 吨车 5 辆，5 吨车 2 辆。配送路线 I（P—G—F—H—P）运行距离为 32 千米，装载量为 4.7 吨。配送路线 I 不能继续添加节点，否则会超过运行距离和最大装载量的限制条件。

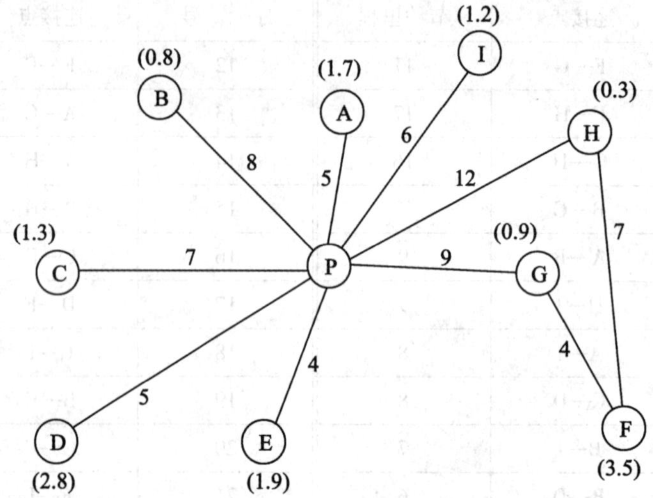

图 11-14　二次解结果

三次解：连接 B—C，A—B、H—I 如图 11-15 所示。尝试将 H—I 加入路线Ⅰ，但因载重和运行距离均超过实际限制，不予连接。此时由 P—A—B—C—P 形成配送运输路线Ⅱ，其运行距离为 5+4+3+7＝19（千米），载重量为 1. 7+1. 3+0. 8＝3. 8（吨）。

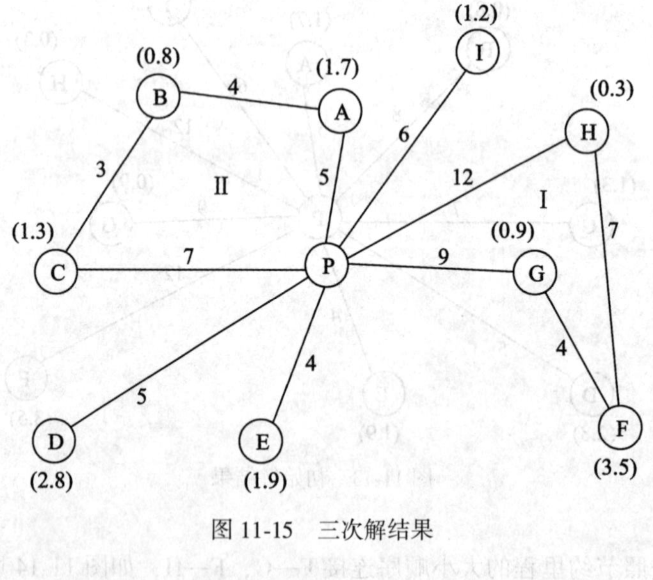

图 11-15　三次解结果

四次解：连接 A—I 到配送路线Ⅱ，如图 11-16 所示。此时配送线路Ⅱ为 P—I—A—B—C—P，其运行距离为 6+3+4+3+7＝23（千米），载重量为 1. 2+1. 7+0. 8+1. 3＝5（吨），因载重的限制，配送路线Ⅱ不能继续添加。此时，总的配送路线为 4 条，需 5 吨车辆 3 辆，2 吨车辆 1 辆，总运行里程为 32+23+2×（5+4）＝73（千米）。

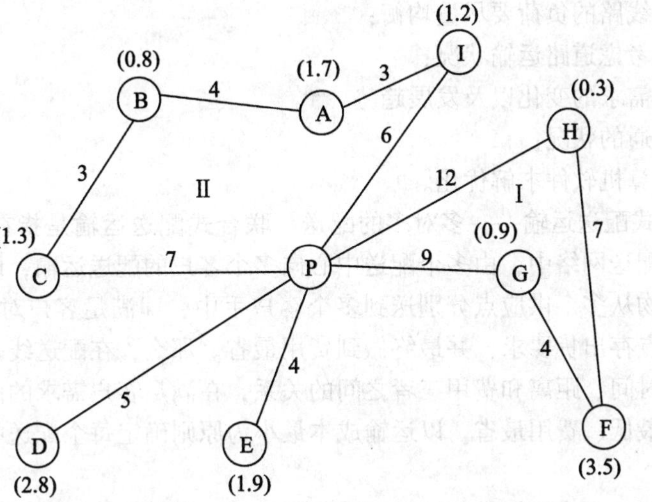

图 11-16　四次解结果

最终解：连接 D—E，形成配送线路 III，即为 P—D—E—P，该条线路的运行距离为 5+3+4＝12（千米），装载量为 2.8+1.9＝4.7（吨）。

这样就完成了全部的配送路线设计，总共有 3 条配送路线，运行距离为 67 千米，需要 2 吨车 0 辆，5 吨车 3 辆。

其中，配送路线Ⅰ：运行距离 32 千米，装载量 4.7 吨；配送路线Ⅱ：运行距离 23 千米，装载量 5 吨；配送路线Ⅲ：运行距离 12 千米，装载量 4.7 吨，如图 11-17 所示。

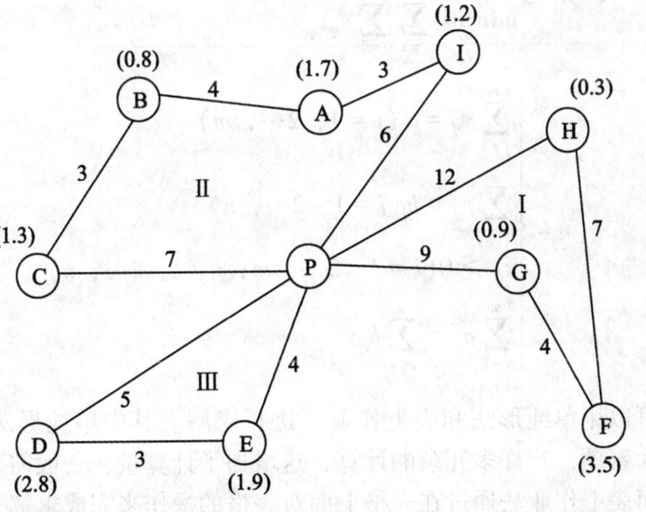

图 11-17　最终结果

④节约里程法需考虑的因素和注意事项：

- 适用于顾客需求稳定的配送中心；
- 各配送线路的负荷要尽量均衡；
- 要充分考虑道路运输状况；
- 要预测需求的变化以及发展趋势
- 考虑交通的状况；
- 利用计算机软件求解优化。

（3）联合式配送运输——多对多的配送。联合式配送运输是指在同属于一个中央级配送中心的配送网络中，由多个配送中心向多个客户的配送运输，即多对多配送，它的宗旨是将货物从多个供应点分别送到多个客户手中，即满足客户对货物的配送需要，又满足各供应点存出货要求，并最终做到费用最省。那么，在配送线路设计时，要充分考虑配送中的时间、距离和费用三者之间的关系，在满足客户需求的前提下，做到总的配送运输成本最低、费用最省。以运输成本最小为原则确定每个配送中心到配送点的线路。

多对多的配送模式根据供与销是否平衡又分为以下两种：

①供销平衡模式。供销平衡模式可以用如下的数学语言描述：已知有 m 个生产地 A_i（其中 $i=1, 2, \cdots, m$）生产相同的物品，每个生产地可生产供应的数量分为为 a_i（其中 $i=1, 2, \cdots, m$）个单位；有 n 个需求地 B_j（其中 $j=1, 2, \cdots, n$），其需求量分别为 b_j（其中 $j=1, 2, \cdots, n$）个单位，总生产量与总需求量相等。从第 i 个生产地 A_i 运到第 j 个需求地单位物质运价为 c_{ij}（$i=1, 2, \cdots, m$；$j=1, 2, \cdots, n$），问如何调运使总运费最小。

用 x_{ij}（$i=1, 2, \cdots, m$；$j=1, 2, \cdots, n$）表示从第 i 个生产地调运给第 j 个需求地的物质单位数量。该问题的数学模型为：

$$\min z = \sum_{i=1}^{m}\sum_{j=1}^{n} c_{ij}x_{ij}$$

$$s.t.\begin{cases} \sum_{j=1}^{n} x_{ij} = a_i(i = 1, 2\cdots, m) \\ \sum_{i=1}^{m} x_{ij} = b_j(j = 1, 2\cdots, n) \\ x_{ij} \geqslant 0(i = 1, 2\cdots, m; j = 1, 2\cdots, n) \\ \sum_{i=1}^{m} a_i = \sum_{j=1}^{n} b_j \end{cases}$$

这类问题可以用单纯形法和表上作业法进行求解。其中单纯形法求解相对比较准确，但计算较为繁琐，有许多冗余的计算，这增加了计算量，一般需要借助于电子计算机进行求解。而表上作业法通过在表格上面对表格的操作来完成求解，该算法适合于较为简单的问题，求解过程方便直观，而且计算量不大，可以用手工直接完成。

该问题的求解包括三个基本步骤：

第一，确定基可行解（即初始方案）。

第二，用最优性条件检验，如果满足，则停止。否则，从非基变量中确定一个入基变量。

第三，从现行解中确定一个出基变量，然后求新的基可行解，返回第二步。

②供销不平衡模式。上面阐述的是产销平衡的模式，而在实际运输配送活动中更常遇到的是产销不平衡的情况，即生产量大于需求量。此种情况要运用上述方法求解的话，可进行简单的处理，具体的操作方法为：设产地有一库存 A_i（n+1），其库存量为 x_i（n+1），可看作虚拟增加一个需求地，就地库存的运价为零，这样就将产销不平衡问题转化为产销平衡的问题，运用上述模型进行求解。

产销平衡和不平衡问题是多个生产地向多个需求地时所遇到的问题，也是配送优化调度的问题。

思考题

1. 什么是配送运输？其影响因素有哪些？
2. 配送运输的基本作业流程是什么？
3. 配送运输中常见的问题及解决方案有哪些？
4. 不合理配送运输的表现形式有哪些？
5. 实现合理运输的措施有哪些？
6. 直送式配送运输和分送式配送运输线路优化的主要方法有哪些？其方法的思路和求解步骤是什么？

案例分析

“双十一”快递再现爆仓 困局年年重复该怎么破？

在体验了“双十一”购物狂欢的快感后，“剁手党”们又要经历等待快递的痛感，因为快递爆仓了！

在“双十一”过去的第六天，湖南快递物流集散地长沙市长星路附近，依然排着等待卸货装货的挂车长龙。一边是网购消费者对快递包裹翘首以待，另一边是物流货运司机抱怨等待卸货装货时间太长，而快递员更是忙得晕头转向。“双十一”快递爆仓困局年年重复，怎么破？

司机：从卸到装要等五六天，卸货还得“找关系”

走进物流企业聚集的长沙市长星路，两旁停满了全国各地的挂车和货车，它们都在等待进场卸货装货。记者在现场看到，路两边的外地货车像长龙一样排着队，使得路面变窄了一半。

一位从成都拉货过来的货车司机马师傅告诉记者，平常不需要等，车子随到随卸，而“双十一”以来，必须要等两三天才能卸货。“快递公司给我们司机每个人发一个号，轮到我们卸货时再打电话通知。我们没办法，只好睡在车上等。”

马师傅说，卸货之后本来可以马上装货返程，结果现在装货也要排队等。“平时从卸货到装货，全程只要 20 个小时，而现在卸货要等两三天，回城装货也要等两三天。”在这期间，他们要吃饭，还要押车，没法好好休息，快递公司也不给加钱。

还有货车司机透露，在个别快递公司的转运场所，保安的态度非常不好，货多车多时，总是对司机骂骂咧咧。更有甚者，有些快递公司的工作人员利用司机想快点卸货的心理，只要司机愿意出点钱，就让其“走后门”插队卸货。

“一天卸几十台车，许多是有关系或出了钱的车，而我们外地车就一直排队等着。”一位司机说。马师傅说，一到快递高峰期，卸货装货都没有准确时间，耗费了大量时间，以后还是运别的货物靠谱些。

爆仓：包裹为平日 3 倍多，大学生“兼职”救场

跟货车司机一样在煎熬等待的，还有五六天前就下单的消费者。长沙一位网购达人小丁对记者表示，他每天都查询快递物流信息，明明显示快递已到了长沙地区，但是三天了却没有任何信息更新，原来是堵在了集散仓库，没法投递。

记者走进湖南申通快递有限公司长沙转运中心的包裹分拣工作区，只见所有的传送带都在运转，员工都在忙着分拣。“我们现在每天都要加班，一天要工作 10 多个小时，连晚上都要加班 3 个小时。”一位分拣工边说边赶着去食堂吃中饭。

湖南申通快递长沙转运中心朱经理告诉记者，该转运中心每天要进场 120 台挂车，处理 70 万件包裹，而平时的日处理量仅为 22 万件。为了应对这一状况，申通快递公司增加了临时仓库，临时租了很多运输车辆，并每天请 400 多个临时工帮忙。

在分拣区，记者还见到不少正在卸货分拣的大学生。长沙理工大学一位学生说，他和几个同学是看到快递公司发布的“兼职”消息而赶来帮忙的，赚点零用钱。“光一台车，就有四五十个临时工在帮忙。”

作为中国邮政业务进出湖南的“总关口”，湖南邮政长沙邮区中心局 16 日的快递包裹装卸量达到 45.8 万件。

天天快递的投递员小陈告诉记者，平日里基本不用加班，每天送 100 多个快递，而这几天每天要送 200 多个快递，不加班就送不完。

目前，离“双十一”已过去 6 天。朱经理表示，这些堆积的快递包裹库存预计要到 19 日才能完成扫尾处理工作，之后就会恢复到正常处理速度。

破局：满意率大打折扣，多想办法解难题

爆仓不仅造成快递变慢递，不少包裹还出现丢失、破损的情况，导致每逢“双十一”针对快递的投诉激增。在网购消费需求与日俱增的背景下，如何破解快递爆仓的困局，提升网购的满意度，已成为网络商家与快递行业共同的挑战。

业内人士认为，面对激增的业务量，快递企业要想方设法提高处理包裹的能力，并预留一定的冗余空间。比如，引进更加先进分拣设备等，优化工艺流程，加快包裹的处理速度。

为了应对快递爆仓，湖南邮政长沙邮区中心局在“双十一”前夕启用了投资

7000万元的先进流水化工艺，从组网理念、时限标准、生产流程、处理工艺等方面均进行了彻底的改造，使每天的实际包裹处理能力达到30万件。

部分物流货运司机认为，各大快递企业针对“双十一”提前做好预案，额外增加人力物力，增设更多的装卸货场所，不能一味地让货车排队等待。

有消费者建议，各大电商平台要完善线下网点或仓库的配套，“双十一”前可以在全国各地的仓库或网点，特别是偏远地区储备部分热卖商品，进而实现从当地仓库直接配送或上门自取。

业内人士提出，在“双十一”期间，商家还可推出更多错峰寄递优惠服务，引导消费者让非紧急的商品避开快递高峰期。这样既享受了优惠，又保证了快递效率。

资料来源：http：//biz. zjol. com. cn/system/2015/11/19/020919156. shtml。

思考题：

1. 每年的“双十一”爆仓说明了什么问题？
2. 假如你是一位快递业物流经理，你能想到哪些应对措施？
3. 先进的物流技术是否能解决案例中的所有问题？

◎ 实训设计

配送中心配送运输线路优化研究

【实训目标】

配送中心线路优化是降低配送成本，提高配送效率的重要手段。通过实训，学生更好地理解配送运输线路优化的理论知识，并能将所学运用于实际，在现实环境中掌握配送中心配送运输线路优化的步骤、方法，认识到配送运输线路优化的重要性，并分析在进行配送运输线路优化时可能遇到的困难，同时培养学生收集、整理分析资料和解决实际问题的能力。

【实训内容与要求】

1. 描述配送中心的概况

（1）配送中心所处领域、业务功能和区位等方面优势；

（2）配送中心周边的交通、自然环境；

（3）对配送中心配送运输的客户分布、客户需求量及配送运输线路优化所需的其他相关因素的调查和分析。

2. 实训内容

根据配送运输线路优化的理论知识，结合实际情况，在教师和企业人员指导下分组制定配送运输线路优化方案：

（1）调查配送中心的基本情况；

（2）对配送中心线路优化的影响因素进行分析；

（3）调查配送中线配送运输线路优化所需的基础数据；

（4）运用所学方法对配送中心的配送运输线路进行优化；

（5）结合实际情况对优化方案给予评价。

2. 实训要求

据具体情况，选择配送中心，经调查、分析的基础上给出该配送中心的配送运输线路优化方案，限期一周。

【成果与检验】

将各小组的情况填入下表，并计算总分。

小　组	设计构想（35 分）	设计效果（25 分）	报告表述（25 分）	分工合作情况（15 分）	总　分
1					
2					
3					
4					

参考文献

[1] 王述英．物流运输组织与管理［M］．北京：电子工业出版社，2008.

[2] 白世贞，言木．现代配送管理［M］．北京：中国物资出版社，2005

[3] 杨家其．现代物流与运输［M］．北京：人民交通出版社，2003.

[4] 梁军，李惠芳．运输与配送（第二版）［M］．杭州：浙江大学出版社，2008.

[5] 徐天亮．运输与配送［M］．北京：中国物资出版社，2002.

[6] 邹龙．物流运输管理［M］．重庆：重庆大学出版社，2008.

[7] 李殿柱．铁路货物运输［M］．成都：西南交通大学出版社，1992.

[8] 吴芳铁．路运输设备［M］．北京：中国铁道出版社，2007.

[9] 霍娅敏．交通运输经济［M］．成都：西南交通大学出版社，2007.

[10] 梁麦秋．铁路运输中的法律问题［M］．北京：团结出版社，1990.

[11] 江少文．运输实务［M］．北京：中国时代经济出版社，2006.

[12] 沈志云．交通运输工程学［M］．北京：人民交通出版社，1999.

[13] 夏洪山．现代航空运输管理［M］．北京：人民交通出版社，2000.

[14] 黄远新．物流运输管理［M］．成都：四川大学出版社，2006.

[15] 骆勇．道路运输组织学［M］．北京：科学技术文献出版社，2005.

[16] 佟立本．交通运输概论［M］．北京：中国铁道出版社，2001.

[17] 孙志浩．物流环境与地理［M］．武汉：武汉理工大学出版社，2008.

[18] 冯树民．交通运输工程［M］．北京：知识产权出版社，2004.

[19] 林涛．公路运输组织与优化［M］．北京：科学技术文献出版社，2006.

[20] 罗松涛．新编物流运输与实务，［M］．北京：清华大学出版社，2007.

[21] 濮小金．现代物流［M］．北京：机械工业出版社，2005.

[22] 潘波．物流运输组织与管理［M］．北京：机械工业出版社，2008.

[23] 李骏．现代交通运输与载运工具［M］．成都：西南交通大学出版社，2006.

[24] 梁金萍．物流设施与设备［M］．郑州：河南科学技术出版社，2009.

[25] 李振福．交通运输与物流工程［M］．大连：大连海事大学出版社，2007.

[26] 董千里．交通运输组织学［M］．北京：人民交通出版社，2008.

[27] 王国华．物流技术装备［M］．北京：人民交通出版社，2005.

[28] 王捷．船舶货运［M］．北京：人民交通出版社，2002.

[29] 李长俊．天然气管道输送［M］．北京：石油工业出版社，2008.

[30] 王绍周．粒状物料的浆体管道输送［M］．北京：海洋出版社，1998.

[31] 顾奕镆．国际航空运输实务［M］．上海：上海科学技术文献出版社，1992.

[32] 金戈．运输管理［M］．南京：东南大学出版社，2006.
[33] 姜大立．现代物流装备［M］．北京：首都经济贸易大学出版社，2004.
[34] 刘颖，陆影．物流运输与配送实务［M］．北京：经济管理出版社，2007.
[35] 陈杰伦，陈纪锋，缪兴锋．物流设施与设备［M］．广州：华南理工大学出版社，2006.
[36] 郭丽颖．集装箱运输学［M］．武汉：武汉理工大学出版社，2008.
[37] 杨如璧．集装箱运输业务［M］．大连：大连海事大学出版社，2004.
[38] 王鸿鹏．国际集装箱运输与多式联运［M］．大连：大连海事大学出版社，2004.
[39] 徐淑芬．集装箱运输基本知识［M］．北京：中国铁道出版社，2002.
[40] 陈心德，姚红光，李程．集装箱运输与国际多式联运管理［M］．北京：清华大学出版社，2008.
[41] 陈志红．运输组织技术［M］．北京：人民交通出版社，2003.
[42] 高明波．集装箱物流运输［M］．北京：对外经济贸易大学出版社，2008.
[43] 陈琳．集装箱多式联运［M］．上海：上海财经大学出版社，2006.
[44] 冯耕中．物流配送中心规划与设计［M］．西安：西安交通大学出版社，2004.
[45] 孙红．物流配送中心管理［M］．北京：高等教育出版社，2005.
[46] 方仲民．物流系统规划与设计［M］．北京：机械工业出版社，2003.
[47] 邬星根．仓储与配送管理［M］．上海：复旦大学出版社，2005.
[48] 贾争现，刘康．物流配送中心规划与设计［M］．北京：机械工业出版社，2004.
[49] 黄世秀，李述容．配送中心运作与管理［M］．重庆：重庆大学出版社，2006.
[50] 刘明广，李高扬．物流配送中心选址问题研究［J］．现代管理科学，2008（2）.
[51] 郭美娜，李波．物流配送中心选址方法［J］．统计与决策，2007（3）.
[52] 赵月霞，马宏伟，吴青松．配送中心选址方法研究［J］．中国制造业信息化，2007（11）.
[53] 杨赟．物流配送中心选址研究［D］．东北大学，2006.
[54] 王月玲．物流配送中心选址策略研究［D］．大连海事大学，2005.
[55] 俞明艳．物流配送中心选址规划研究［D］．湖南大学，2005.
[56] 张弦．物流设施与设备［M］．上海：复旦大学出版社，2006.
[57] 周全申．现代物流技术与装备实务［M］．北京：中国物资出版社，2002.
[58] 中国国际货运代理协会．国际航空货运代理理论与实务［M］．北京：中国对外经济贸易出版社，2003.
[59] 张晓莺．运输管理实务［M］．武汉：武汉理工大学出版社，2007.
[60] 贺静，韦钢，张一尘，钱珞江．电网规划方案经济评估方法研究［J］．华东电力，2004（7）.
[61] 朱伟生．物流成本配送［M］．北京：机械工业出版社，2004.
[62] 吴彩霞．配送管理与实务［M］．北京：中国轻工业出版社，2005.
[63] 施建年，李富仓．物流配送［M］．北京：人民交通出版社，2003.
[64] 钱芝网．配送管理实务［M］．北京：中国时代经济出版社，2007.

[65] 赵涛．物流经营管理：理论、案例、制度、实务［M］．北京：北京工业大学出版社，2006.
[66] 刘联辉．配送实务［M］．北京：中国物资出版社，2004.
[67] 向海峡．配送物流员［M］．北京：中国劳动出版社，2006.
[68] 祁洪祥．配送管理［M］．南京：东南大学出版社，2006.
[69] 郑克俊．仓储与配送管理［M］．北京：科学出版社，2005.
[70] 丁立言，张铎．物流配送［M］．北京：清华大学出版社，2002.
[71] 王焰．物流运输配送企业规划与管理［M］．长沙：湖南人民出版社，2006.
[72] 齐二石．方庆琯．物流工程［M］．北京：机械工业出版社，2006.
[73] 李云清．物流系统规划．上海：同济大学出版社，2004.
[74] 蔡临宁．物流系统规划——建模及实例分析［M］．北京：机械工业出版社，2003.
[75] 王燕，蒋笑梅．配送中心全程规划［M］．北京：机械工业出版社，2004.
[76] 徐春雨．物流配送中心选址模型的分析［J］．科技创新导报，2008（14）.
[77] 杨磊，黄晓燕．物流配送中心选址的设计及评价模型［J］．统计与决策，2008（9）.
[78] 宾厚，单圣涤．物流配送中心选址模型及其算法分析［J］．中国流通经济，2008（7）.
[79] 姚城．物流配送中心规划与运作管理［M］．广州：广东经济出版社，2004.
[80] 谭刚，姚振美．仓储与配送管理［M］．北京：中央广播电视大学出版社，2005.
[81] 姜宏．物流运输技术与实务［M］．北京：人民交通出版社，2002.
[82] 高本河，缪立新，郑力．仓储与配送管理基础［M］．深圳：海天出版社，2004.
[83] 王煜洲．现代仓储与配送运作管理［M］．成都：西南财经大学出版社，2006.
[84] 俞仲文，陈代芬．物流配送技术与实务［M］．北京：人民交通出版社，2002.
[85] 纪寿文，李克强，缪立新，资道根等．仓储与配送管理［M］．深圳：海天出版社，2004.
[86] 麻桂英．配送运输问题的模型与优化方法［J］．阴山学刊（自然科学版），2007（2）.
[87] 张理．现代物流案例分析［M］．北京：中国水利水电出版社，2005.
[88] 赵启兰．库存管理［M］．北京：高等教育出版社，2005.
[89] 陈秀锋．物流企业经营绩效评价方法及实证研究［D］．吉林大学，2004.
[90] 毛荐其，霍保世，杨海山．高新技术项目投资的风险评价［J］．数量经济技术经济研究，2002（8）.
[91] 李晓峰．企业技术创新风险测度与决策及其预控研究［D］．四川大学，2005.
[92] 徐刚．铁路货物运输成本特性研究［J］．铁道学报，2002，24（6）.
[93] 刘雅丽．运输管理［M］．北京：电子工业出版社，2009.